历史杂货店

90个你不知道的奇闻趣事

郑云鹏◎著

中国文史出版社

图书在版编目（CIP）数据

历史杂货店：90个你不知道的奇闻趣事 / 郑云鹏著 .—北京：中国文史出版社，2020.1

ISBN 978-7-5205-1617-4

Ⅰ.①历… Ⅱ.①郑… Ⅲ.①历史故事—作品集—中国—当代 Ⅳ.①I247.81

中国版本图书馆CIP数据核字（2019）第265373号

责任编辑：牛梦岳　　张春霞

出版发行：中国文史出版社
社　　址：北京市海淀区西八里庄路69号院　邮编：100142
电　　话：010-81136606　81136602　81136603（发行部）
传　　真：010-81136655
印　　装：北京温林源印刷有限公司
经　　销：全国新华书店
开　　本：710mm × 1010mm　1/16
印　　张：19.75
字　　数：273千字
版　　次：2020年3月北京第1版
印　　次：2022年8月北京第2次印刷
定　　价：52.80元

目录

第四章　历史上那些八卦事儿 / 137

第五章　细节中的历史 / 171

第一章 皇室风云

在中外历史上，皇室永远是人们关注的焦点。帝制时代，皇室的一举一动往往会影响整个帝国的走向。那就让我们看看中外皇室发生的那些趣闻逸事吧，他们或荒唐，或悲怆，或感人，给后人留下了无数的话题。

皇后入殓前的一个惊人秘密

西汉文帝后元元年（公元前 88 年）三月，随着宫中一个人的死亡，汉宫中发生了几件怪事。先是宫女在她临死之时，听到了空中有美妙的音乐声，而后她的寝宫内有种沁人心脾的异香数日不散。

她病逝了，要入殓下葬。按照规制，没有亲属在身边，只好由宫女们为其沐浴清理妆容。望着主人美妙的胴体，宫女们赞叹不已，她们实在不忍心就这样让美若天仙的主人入殓化为灰土，她们想抓住最后的时间再多看主人一眼。突然间，在为主人检视下体的宫女惊叫一声："皇后竟然是女儿身！"众宫女惊呆了，她们没有想到陪伴了先帝四年的皇后竟然仍是处子之身！

要说起这位皇后，她的一生可谓不幸。她就是汉惠帝的皇后张嫣。

在公元前 202 年，代表当时亚欧大陆文明顶峰的中国和罗马各自发生了一件大事。西楚霸王项羽垓下一战自刎乌江，随后刘邦建立了中华民族为之骄傲的西汉王朝。罗马大将西庇阿和迦太基战神汉尼拔在扎马会战，这一战的胜利也挽救了濒临灭亡的罗马共和国。东西方这两件大事发生的同年，某日，大汉宣平侯张敖在府邸中正来回踱步焦虑地等待着什么。随着一声清脆的婴儿啼哭，张敖抢步推门而入，妻子鲁元公主正在幸福地抚摸着襁褓中刚产下的婴儿。是个女儿，她雪白粉嫩，那大大的眼睛在好奇地打量着这个陌生的世界。

张敖夫妻非常喜欢这个女儿，给她取名张嫣，并请了最好的教师教授她诗书。虽然是女儿，但他们也决心把她培养成一个知书达礼的优秀女子。

小小的张嫣出身极为显赫。她的外公就是大汉开国皇帝刘邦，外婆乃是开国皇后吕雉，她父亲是宣平侯张敖，母亲是鲁元公主，舅舅是刘盈，而他正是大汉第二任皇帝，也是影响了张嫣一生的男人。

张嫣的童年是幸福而快乐的，父母视她为掌上明珠，但是十岁那年，一件事情却改变了她的一生。

这天张敖府邸之前来了一大队人马，他们带了十二匹宝马良驹、万两黄金作为聘礼，遵吕太后之命来聘张嫣为小皇帝刘盈的皇后。难道吕太后不知道张嫣是刘盈的亲外甥女么？虽然西汉时候伦理观念并不像后来的宋明那样严格，可是身为舅舅的刘盈从内心是极力排斥这门婚姻的。他无法想象娶十岁的外甥女为妻。可是吕太后却想到自己这个外孙女知书达礼，同时也相貌出众，如果跟儿子刘盈结婚无疑可以亲上加亲，巩固儿子的帝位。同时，看到刘盈越来越叛逆的表现，吕太后让外孙女为后，也有控制他、监控他的目的。

吕太后极力说服儿子，以舅舅和外甥女不在五伦之内且张嫣高贵漂亮为理由说服儿子接受这门婚姻。虽然极其不情愿，但是刘盈想到那被做成了血肉模糊的“人彘”的戚夫人，还有自己惨死的弟弟刘如意，也担心自己这位狠毒的生母什么事情都能做得出来。万般无奈的他只好勉强同意了。

皇帝大婚这天，长安城未央宫殿前，面无表情的刘盈迎娶了他的新娘、自己的外甥女张嫣。看着这个十岁的小女孩稚嫩的脸庞，他勉强挤出了一丝笑容……洞房之夜，二人相对无言。嫁给了亲舅舅的小张嫣真的没有想到命运会如此捉弄自己，自己还未通人事，却已是一国之后，而且丈夫竟然是自己从小一声一声舅舅喊着的亲人。身为弱女子，她又能怎样，只好屈从于命运的安排了。

二人的婚姻是政治婚姻，又有悖于人伦，所以注定他们不会幸福。吕太后看到儿子刘盈跟其他嫔妃已经有了四个儿子，而张嫣肚皮却丝毫没有动静，不禁焦虑万分。她密切关注起了儿子的私生活。她要求儿子要经常跟皇后同房，而张嫣知道惠帝刘盈体弱多病，经常劝他静养，而刘盈面对自己的外甥女，始终没有突破自己心里的那道坎，故二人仍是名义上的夫妻。蒙在鼓里的吕太后见张嫣仍然没有生育，气急败坏，干脆拿其他嫔妃相威胁，说如果皇后不生育，其他跟惠帝接触过的嫔妃都要被杀死。为了救一个怀孕的后宫美人，生性善良的张嫣不得不违心地同意了外婆吕太后的一个建议。那就是假称自己怀孕，然后收他人之子为己子，立为太子。

张嫣虽然贵为皇后，却没有任何的幸福可言。只有每次母亲鲁元公主来看望她的时候，她才是最开心的。只有在夜深人静、身旁无人之时，母女二人才敢说些体己话。还是一个孩子的张嫣会依偎在母亲的怀里纵情地倾诉、撒娇、哭泣。鲁元公主安慰她说她是天上仙人下凡，才能保住女儿之身，这都是天意。言至于此，母女二人也会相拥而泣。

张嫣虽然年龄小、出身也好，但是她从来不娇纵，还能时常为他人考虑，良好的修养、宽容的性格使她在宫中人缘极好。她喜欢读书。有一次刘盈来到她寝宫外，就听到了她朗朗的读书声。刘盈半开玩笑地问她："你不知道焚书坑儒之事么？为何效仿酸腐的儒生？"张嫣却起身正色说道："父亲常常跟我说起秦朝速亡，很大原因就是焚书坑儒。如今陛下英明圣武，却还沿用亡秦的法律，妾深深为陛下惋惜。"刘盈听到皇后的劝谏，深深折服，下令取消了沿用自秦朝的"挟书令"，这项禁令的取消也为文化的发展、书籍的流通开辟了通道。

张嫣平时喜欢种植花草，一件事情的发生也证明了她不是弱不禁风的娇娘子。有次她如厕之时，突然遇到野猪袭击，连刘盈都惊慌失措，她却毫不畏惧，拔剑砍死了野猪，这也让皇帝和后宫之人对这位年幼的皇后刮目相看。

张嫣之美让人惊叹。汉惠帝刘盈有男宠名叫闳儒，年方十五，极其俏丽。他穿上皇后的衣服，乔装打扮，宫人都误认为是张嫣皇后，并惊叹于他的美色。而当闳儒有缘远远看到真皇后出行之时，望着张嫣如九天玄女般的娇艳面容和富贵天成的仪态，闳儒彻底惊呆了。自惭形秽的他只好承认皇后之美真是天下无双。

婚后三年，丈夫兼舅舅刘盈便早早逝去了。被张嫣养为己子的刘恭被吕太后立而又废，之后吕后临朝称制，吕氏一门势力达到了顶峰。吕雉死后，诸吕被陈平、周勃等大臣一网打尽，刘恒继位，是为汉文帝。受到吕氏牵连的张嫣被废除后位，幽居在偏僻的北宫十七年，四十岁时恹恹离世。于是也就发生了开篇那一幕。

张嫣仍然是处子之身的消息不胫而走，流传天下。百姓们为了纪念这位冰清玉洁的皇后，尊她为花神，她的庙宇也被称作“花神庙”。

张嫣的一生是悲剧的一生，本该幸福的她却因为外婆吕雉的一个决定陷入了悲剧，真的让后人无限感慨。

刘秀的首任皇后不是阴丽华

最近随着一部古装剧《秀丽江山之长歌行》的热播，很多朋友被剧中刘秀、阴丽华之间荡气回肠的爱情所感动，男女主角的精湛演技把这段东汉开国史演绎得惟妙惟肖。小编无意看到了一处剧透，后面的剧情中会出现一个反派人物，她作为剧中阴丽华的最大情敌而存在，在后宫跟阴丽华争宠，最终因为害死了阴丽华的儿子被刘秀废除皇后之位。

那各位朋友就纳闷了，刘秀的初恋情人也是他最爱的人不是阴丽华吗？怎么她不是东汉王朝的首任皇后，哪里冒出个大反派皇后跟她争宠？

其实历史上东汉王朝首任皇后还真不是阴丽华，而是郭圣通。

拜那句刘秀著名的人生格言“娶妻当得阴丽华”所赐，这位女子的知名度可是大得很。但是郭圣通又是何许人也？她为何能成为东汉首任皇后？那时阴丽华在哪儿呢？请听我慢慢道来。

首先咱们唠叨几句刘秀。这位皇帝可是中国历史上有名的高富帅皇帝。首先说高，三高：学历高、修养高、出身高。他有太学博士的求学经历；他儒学修养极高，人品几乎无有可指摘之处；他是汉高祖刘邦九世孙，根正苗红的皇室后裔。富有四海、开国帝王这就不用提了。帅，拿刘秀的帝王像看看就知道他年轻时候是风度翩翩的儒雅俊俏后生。

毛泽东曾经评价过很多历史上的开国皇帝，很多人都被他指出各种缺点。但是对于这位汉光武帝刘秀，毛泽东用了三个“最”来评价，说刘秀是“最有学问、最会打仗、最会用人”的皇帝。就是这样一位皇帝做了一件也是历代开国帝王没有做过的事情，那就是废后。

“娶妻当得阴丽华”，说出这句豪迈誓言的刘秀，那时候还是埋头种地的刘老三。当老实人刘秀骑着牛跟随大哥刘縯起事造反之后，他的人生就开始了华丽转身。昆阳大捷之后，取得胜利的刘秀迎娶了自己的梦中情人阴丽华。面对美貌的新娘，那一刻的刘秀志得意满，爱情事业双丰收。新婚宴尔才三个月，乱世中想有一番作为的刘秀离开娇妻，去往洛阳。阴丽华也被送回娘家暂住，可是这一“暂住”就是三年离别。

三年时间，足以发生太多的变故。有志于重振大汉江山的刘秀遇到了他人生中的一个重大选择。刘秀这次出远门，一个重要任务就是安抚河北州县。在河北，刘秀遇到了劲敌王郎。此人自称汉成帝后人，兵力强大，悬赏捉拿刘秀。兵少将寡的刘秀经常被他追得上天无路，入地无门。

为了改变不利局势，刘秀必须要争取到河北豪族的支持，他把目光投向了河北望族真定王刘杨。刘杨手下的十万兵马将会是决定战局的关键。刘秀派出的说客说服了刘杨跟自己联合。刘杨为了表示诚意，主动提出把外甥女郭圣通嫁给刘秀。郭圣通出身名门大族。她的父族是郡中大姓，母亲是真定共王刘普的女儿，说起来她身上也流淌着汉朝宗室的血液。

为了巩固与刘杨的联盟，也为了江山大业，刘秀做出决定，迎娶郭圣通。虽然拿现在的眼光来看，这对于阴丽华是不公平的，但那毕竟是在近两千年前的古代，从一而终、一夫一妻只是个美好的想象而已。娶得郭圣通以后，刘秀与她也可谓恩爱。婚后不久，郭圣通就为刘秀生下了第一个儿子刘彊。随后刘秀的事业也是一路上升，公元25年，刘秀在鄗邑称帝，是为东汉王朝开国皇帝汉光武帝。

开国为帝，刘秀自然要考虑皇后的人选。他内心还是希望自己最爱的结发之妻阴丽华成为皇后的。但是出乎意料的是，阴丽华拒绝了他，这又是为何呢？

阴丽华不光拥有美丽的外表，更拥有一颗睿智的心。她自叹自己在几个方面都不如郭圣通，也是出于为丈夫江山社稷的大局着想，她才做出了违心的选择。

首先，从出身来说，豪族出身的阴丽华不如望族加宗室出身的郭圣通；从资历来看，服侍刘秀三个月的阴丽华更不能跟陪伴丈夫三年的郭圣通相比；再次，从对于东汉王朝建立的作用来分析，在刘秀最艰苦的打江山岁月里，一直陪伴他的恰恰是郭圣通，而且郭圣通舅舅刘杨的十万兵马对刘秀帮助巨大；再次，这些年一直陪伴刘秀的都是郭圣通，群臣很少有人知道阴丽华，从认可度来说也是郭圣通占优。群臣纷纷支持立郭圣通为后就是最好的例证。最后也是很关键的一点，那就是郭圣通为刘秀生下了子嗣，这在帝制王朝可是非常重要的事情。有如此多的劣势，阴丽华深知仅仅凭着刘秀对自己的感情，立自己为后，势必不能让众人心悦诚服。基于这些考虑，阴丽华为了丈夫刘秀的大局考虑，忍痛放弃了皇后之位。

在娶郭圣通的事情上，刘秀其实对于阴丽华是有愧疚的。因此在阴丽华固辞后位之后的一年时间，他都没有立后，而是把阴丽华和郭圣通并封为贵人。但是后位终不可久虚，建武二年（26 年）六月，刘秀立郭圣通为后，并以其长子刘彊为太子。

可是刘秀心中最爱的始终还是阴丽华。行军打仗的时候，他都要带着有孕在身的阴丽华，须臾难离自己的结发之妻。接下来他跟阴丽华生下五个儿子，同时也渐渐疏远了郭圣通。本来他跟郭圣通就是一场政治婚姻，如今局势稳定，郭家在政治上的利用价值已经不大，加之这些年郭圣通对刘秀专宠阴丽华不满，也发了一些牢骚，传入刘秀耳中。

终于在建武十七年（41 年），刘秀废掉了当了十五年皇后的郭圣通，立自己心爱的女人阴丽华为后。废后的借口是担心自己百年后郭圣通学吕后对待虞姬的残忍手段来对待阴丽华，并说郭圣通心怀冤愤，没有后德。其实刘秀自己明白这些都是欲加之罪。郭圣通何时有过一丝一毫加害阴丽华的想法？她也是个善良本分的女人，在自己最艰苦的时候陪伴自己，为东汉的建立也立下了功劳。

怀着愧疚之心，仁德天子刘秀对待郭圣通仍然非常好，他立她为中山王太后，并加封赏赐郭家族人，可算尽力补偿了郭圣通。

最后郭圣通死在了刘秀前面，刘秀把她葬入北陵。郭圣通和阴丽华，是刘秀生命中最重要的两个女人，她们都是善良的女子，并没有像电视剧上演出那样的争宠之战，这是历史的幸运，也是她们人生的幸运。

由英雄到痴狂：开国皇帝的蜕变

北齐天保七年（556年）冬天，大齐的都城邺城出现了一系列匪夷所思的怪事：一个穿着华丽女装的男人涂脂抹粉，扭扭捏捏地走在繁华热闹的街市上，全然不顾围观人群的嬉笑，旁若无人地进行着一场T台时装秀，最新最潮的女装被他展示无遗，常引得围观的大姑娘小媳妇老大妈们一阵阵鼓掌喝彩声呢！更搞笑的是，闹到兴头上，他还把自己脱得一丝不挂，赤身裸体地在呵气成冰的寒冷冬日奔跑。

此人全然不顾身旁男人们的嬉笑和女人们的尖叫，陶醉在自己裸奔的快乐中。

他还爬上了京城那些高大建筑的屋脊之上奔跑如飞。要知道那几十米高的建筑之上，连建筑工人都要系上绳子战战兢兢、小心翼翼地行走，而他没有任何防护措施却从未失足。

裸奔、异装癖、行为艺术……现在社会上常见的一些前卫行为，这位健壮丑陋的男子竟然全都会！而且每次他的身边都会跟着一群侍卫，看样子他应该是官宦子弟。可是百姓们都猜错了，他竟是当今圣上——北齐开国皇帝文宣帝高洋！

高洋的行为明显是精神病人的表现，可就是这样一个怪人，却是北齐的开国皇帝，而且他还曾因自己的英明治国之举被称作“英雄天子”。

北魏孝昌二年（526年），高欢的夫人娄昭君生下第二个儿子高洋。这孩子其貌不扬，甚至可以说丑陋，母亲并不喜欢他。据说他开口第一句话竟然是“得活”两个字，让所有的人感到惊讶。父亲高欢为了测试诸子，在每个儿子面前扔了一团乱丝线，几个儿子手忙脚乱地解丝线，只有高洋抽刀砍断了丝线，口中狠狠说道：“乱者须斩！”高欢对他这个二儿子刮目相看了。

幼年的高洋整日流着长鼻涕，傻憨憨的，一副痴呆模样，沉默寡言的他经常被兄弟们欺负。其实他在韬光养晦，故意装傻，等待时机。武定七年（549 年），兄长高澄被刺身亡。二十三岁的高洋处变不惊，轻松平定了局势，并继承了长兄的权势。

第二年，高洋逼迫东魏孝静帝元善见禅位于他，建国号为齐，改年号天保，定都邺城。昔日那个被人视为弱智的高洋华丽转身，竟然成了开国皇帝。

西魏权臣宇文泰欲讨伐高洋，高洋不慌不忙，集合精锐军队进行了一场规模空前的军事演习，令宇文泰不禁感叹：“高欢并没有死啊！”被高洋军事实力震慑的宇文泰在整个天保年间不敢东向。

为了边境安定，高洋四处征伐。他北击库莫奚，东破契丹，西攻柔然和山胡，南占淮南。他把北齐疆域扩展到最大，经济建设也使得北齐国家富庶，国力已然全盛。高洋傲视天下，几无对手，他功业超越父兄，被人称赞为“英雄天子”。

可是天保六年（555 年）以后，他开始有了巨大变化，可以说，他成了一个严重间歇性精神病患者。

说起高洋性情大变，原因也很复杂。他家族几个皇帝基本都有精神病症状，这是家族性的精神病因子爆发。再说高洋个人的成长经历，幼年因为貌丑，母亲不爱他，兄弟欺负他，长期的压抑也扭曲了他的心灵。继位之后随着功业的显赫，高洋渐渐志得意骄，长期酗酒也加重了他的病情。

天保五年（554 年）讨伐山胡的战争中发生的一件事情成为他精神病发作的开始。高洋手下一个都督因为没有及时得到救助而战死。高洋迁怒于什夫长，把他破心挖腹，然后大卸八块，强迫十人小队的其他九人把他尸体分吃掉。这种残暴行为已经是严重精神病人的表现了。

高洋睚眦必报，想到昔日的不快，便把自己的两个兄弟高浚和高涣关在笼子里，用火烧他们，还让手下不停拿剑捅他们，最后两个兄弟被烧为灰烬。高欢时代重臣高隆之因为曾经瞧不起他，被他赏赐一百拳，活活打死，所有儿子被排成一排砍死。

前文已经交代，他喜欢冬天裸奔，穿女人衣服，还在十几米高的屋脊上奔跑如飞。有一天高洋到街市上玩耍，遇到一个妇人，便问她自己这个皇帝怎么样。妇人回答："疯疯癫癫，何成天子！"结果惹怒了高洋，被他一刀砍下头颅。

高洋酗酒，用酒来麻醉自己空虚的心灵。他日夜饮酒，醉后就杀人为乐。在宫殿之上，常年摆着锥子、大锯、镬等可怕的杀人工具。他把一群死囚犯押到高台之上，然后给他们一人一副草翅膀，推下高台，称之为放生。高洋在旁边看得手舞足蹈，兴奋异常。

醉酒之后的高洋六亲不认。他一次醉酒后掀翻了母亲娄昭君坐着的小榻，结果老太后被摔了个半死。酒醒后的高洋又后悔不已，要自焚谢罪，娄太后苦苦相劝才拦住。还有一次大醉的高洋来到岳母家里，当头一箭射透了她的腮帮子，然后痛打了岳母一百鞭子。

醉酒的他常常无缘无故杀人，欺辱大臣妻女甚至宗室女子。他已经是极度变态了。

人骨琵琶事件更是把他的精神病症状暴露无遗。他有个宠爱的薛贵嫔，是从堂叔高岳处得来的美女。一日，高洋看到薛美女正在床头对镜梳妆，突然想到此女以前曾经被高岳占有过。一时恶起，遂拔出佩剑，一剑砍下了她的头颅，收入怀中。第二天高洋东山大宴群臣，正在酒酣之时，他突然从怀里拿出血肉模糊的一个东西往桌上一放，大家定睛一看，差点吓死，原来是薛贵嫔的人头！然而接下来发生的事情的恐怖效果却是任何恐怖片所不及的。

只见高洋派人把薛美女的无头尸体抬了进来，摆在了他的桌案之上。他做起了屠夫，亲手拿刀解剖尸体，剔骨剥筋，把大腿骨剁下来，安上弦，做成琵琶。双手血淋淋的高洋弹起了人骨琵琶，边弹边唱。看得在座的大臣们胆战心惊，惊怖不已。他弹奏完毕，竟又泪流满面，叹息："佳人难再得！"随后命人把薛美女尸体入棺，自己亲自送葬，大哭不止。

突然有一天高洋宣布禁酒了，他焚毁了所有酒具。可是不久故态复萌，又开始日夜饮酒。为了防止前朝元氏皇族复辟，他把元氏数百人全数杀掉，将尸首投入漳河，以至于百姓们不敢在河中打鱼。因为鱼肚中经常会发现人指甲、头发之类的东西。

高洋儿子高殷文弱喜读书。高洋在金凤台杀人，逼着高殷亲手杀犯人。胆战心惊的高殷几次都砍不下犯人脑袋，高洋大怒，用鞭子狠狠抽了儿子三下。结果可怜的高殷受了惊吓，从此患上了口吃，精神也不是太正常了。

三十三岁那年，高洋终于因为酒精中毒身亡。暴虐无道如高洋者，真是世间少有，如果说桀纣只是上古的传说，高洋就是实实在在的暴君样本了。他从一代有为君主到暴君的转变让后人无限感慨，这也注定了北齐王朝的短寿。

《大唐荣耀》的大反派：张皇后的悲喜人生

大唐宝应元年（762 年）四月的一天，病重的唐肃宗李亨正躺在大明宫长生殿龙榻之上静养。几天前太上皇李隆基凄凉离世的消息加重了他的病情。在他人挑拨下，父子失和，一度闹到剑拔弩张的地步。但是真正当父皇离世的消息传来时，李亨却痛断肝肠，他也懊悔自己之前对父皇的苛刻薄情，现在一切都晚了，这一打击也加重了他的病情，他卧床不起了。

躺在病榻上的李亨被外面的一阵喊叫声惊醒。一个女人披头散发地冲进了寝宫，她声嘶力竭地大喊："陛下，救救臣妾啊！他们要杀我！"原来这人正是皇后张氏。李亨惊讶地张大了嘴，正要问话，突见两个宦官领着一群全副披挂的御林军冲进来。

张皇后惊恐不已，她跑到李亨榻前紧紧抓住他的胳膊，大喊大叫："陛下，臣妾不想死，救救我啊！"为首的一个身材高大、相貌丑陋的宦官冷笑一声："皇后，请你上路吧！"他朝旁边御林军士兵使个眼色，两个如狼似虎的士兵不由分说，冲了过来，硬生生扯着她的头发，把她从李亨身边拉走。

然后那两个宦官带着皇后扬长而去，竟然对他这个皇帝视而不见。李亨看到眼前的一幕，大怒，他想大喊来人，嗓子眼却像堵了什么，怎么喊也没有声音，突然他感到心里一阵恶心，嗓子眼发咸，一口殷红的鲜血吐了出来，眼睛一翻，人事不省。

那两个宦官就是李辅国和程元振。他们把张皇后带到外殿幽禁了起来。唐肃宗遭此大变，几天后被活活气吓而死。太子李豫继位，是为代宗。李豫宣布张皇后谋反，废了她的皇后位，并将其赐死。卫士们用红绫活活勒死了她。张氏死前瞪着美丽的大眼睛仍然不肯闭上，她想仿效武则天，最终却死于宫廷政变。

那张皇后究竟是何许人也，为何有如此野心？让我们看看她的人生经历。

张氏是在天宝年间选入太子李亨宫中为良娣的。张良娣身材丰满，容貌美丽，而且善解人意，在太子最失意的时候给他以安慰和鼓励。李亨一开始选定的太子妃是韦氏。后来李林甫欲陷害太子，李亨为了自保被迫跟韦氏离婚。那些年失意的李亨低调做人，闭门不出。是张良娣在他身边陪伴他度过无数个提心吊胆的夜晚。二人的感情也日渐升温。她还是贤内助，能言善辩，善于揣测公公玄宗李隆基的态度，为保丈夫的太子位也为他出了很多主意。

夫妻两人同心处事严谨低调，不给政敌任何机会。有一次，唐玄宗李隆基突然来到他们家，却发现堂堂太子宫中竟然没有仆人打扫，太子生活之简朴给他留下了深刻印象。

安史之乱爆发，太子李亨随唐玄宗逃亡川蜀。在他们路过渭水时，百姓苦苦哀求太子留下收复长安。旁边的张良娣和宦官李辅国也一起力劝。为了让丈夫李亨有更大的发展空间，有孕在身的张良娣亲自在公公前苦苦哀求允许太子北上抗击叛军。最终太子李亨得以北上灵武。

张良娣为了丈夫的安全，常常在住宿时把房间隔成内外两间，她自己睡外间，李亨睡内间。李亨说：“抵御敌人不是妇道人家的事情，你一个女人家怎能睡在前面如此危险的地方。”张良娣回答：“如果遇到突然袭击，臣妾好歹可以在外面抵挡一阵，陛下就可以从内间逃跑了。”李亨听闻此言十分感动，一股浓浓的温情让他潸然泪下。

张良娣在灵武为李亨生下儿子李佋。她生完孩子才三天，就下地为将士们缝衣服。李亨劝说她多休息，张良娣反问："现在国家局势危急，难道是可以安逸休息之时吗？"李亨感叹有妻如此贤惠，自己也可谓有福。

李亨继位为帝，是为唐肃宗。他封张良娣为皇后。

然而，晋身皇后之后，母仪天下的张氏心态也开始发生变化。张皇后个性要强，善于计谋，对懦弱的丈夫李亨来说是互补，李亨也须臾离不开她。她想趁着皇帝的宠爱把自己的儿子立为太子，但前有建宁王李倓和广平王李豫两个阻碍，便一直处心积虑要除去二王，为自己亲生儿子上位准备条件。一天太上皇李隆基派人送给李亨玉玺，送给张皇后七宝鞍，李泌建议把七宝鞍分赏给有功将士。肃宗之子建宁王李倓赞成此说，且此前也多次在父皇面前说过张皇后的不是，由此惹怒了皇后。

张皇后联合李辅国一起在李亨面前说李倓的坏话，说他欲行不轨，要杀死弟弟李豫。听信谗言的李亨竟然杀死了儿子李倓。

张皇后跟李辅国勾结，开始祸乱朝政。太上皇李隆基被从兴庆宫迁到了太极宫，这里面就少不了张皇后在李亨耳边吹的枕边风。

张皇后野心越来越大，竟然想效仿前朝武则天来控制朝政了。

乾元二年（759 年），张皇后暗中让大臣建议给自己上尊号为"翊圣"，最后因为日食而作罢。

张皇后所生二子都夭折了。眼看丈夫李亨病重不起，又不想看着年轻有为的广平王李豫为帝，便想扶持一个傀儡上台以实现自己的专权梦想。她跟内廷宦官密谋拥立越王李系为帝，而且想把李豫诱入宫中杀掉。不料消息走漏，宦官李辅国和程元振带领宦官杀入宫中，把她从皇帝李亨面前强行拖走。最终，张皇后在新帝李豫登基后因谋反罪被赐死。

张后的故事令人感叹，权力是魔兽，让一个本可以好好做一辈子贤妻良母的女人走向了悲剧的结局。

寻母四十年：唐德宗找妈妈的故事

“妈妈，你别走，孩儿找得你好苦！”已届中年的李适紧紧抱住母亲沈氏，像一个孩子一样放声大哭，“妈妈，你知道吗？孩儿已经苦苦找了你快四十年了，你让孩儿找得好苦，我宁愿不做这天子，只求妈妈回到我身边，好吗？”李适抬头看母亲沈氏，这还是他少年时记忆中的母亲，秀美端庄慈祥。可是母亲沈氏却一言不发，只是眼角还挂着泪水，一阵风吹来，母亲沈氏的背影渐渐离开李适的视线，渐行渐远。李适想追，脚下却犹如千斤铅沉，根本迈不动步；李适想喊，喉咙却像堵了什么东西，一个字也喊不出……

唐德宗李适终于从梦中惊醒，汗水已经湿透了衣襟。自从母亲失踪之后，在长达四十年的时间里，这样的场景已经无数次出现在他的梦中。这么多年了，他一直没有放弃过找寻母亲的努力，如果时光可以倒流，他宁愿不做太子，不外出征战，而是一直守护着母亲。深深的自责让他陷入无限的痛苦之中。

唐德宗的生母沈氏，出身于江南大族“吴兴沈氏”。唐明皇开元末年（741 年），以良家子身份被选入东宫。当时的太子是后来继位为帝的唐肃宗李亨，李亨将此国色天香的美女赐给了自己的长子广平王李豫也就是日后的唐代宗。李豫和沈氏十分恩爱，婚后生下了儿子李适，也就是本文主角唐德宗。

渔阳鼙鼓动地来，惊破佳偶鸳鸯梦。幸福的日子总是短暂的，安史之乱的爆发，把盛唐时代的中国打入了万劫不复的境遇，无数个家庭支离破碎，皇室也不能幸免。

天宝十五载（756 年），安禄山叛军打入长安，唐玄宗带着皇子皇孙仓皇逃亡川蜀。慌乱之中，很多皇亲国戚都没有来得及撤离，被叛军所获，其中就有李适的生母沈氏。其后李豫任兵马大元帅，带兵收复了洛阳，终于找到了已经被囚禁一年多的沈氏。但在兵荒马乱之中，李豫又负有讨叛的重任，没有来得及把沈氏接到长安，她被一直留在了洛阳。但后来战事的发展让李豫为这个决定懊悔终身。史思明叛军再次攻陷洛阳，团聚不久的夫妻再度失散，而且这次沈氏永远失踪了。

李豫继位后下令找寻沈氏，十几年间除了出现了几个冒牌货外，一无所获，只好把没有完成的任务留给了儿子李适。

唐德宗李适对于母亲的再次失散也是懊悔万分的，当时自己跟随父亲南征北战，为什么也没有想到把母亲一起带在军中？自己 15 岁就跟母亲失散了，如今继位为天子，一定要凭借皇帝的权威，找遍天下也要找回母亲。李适继位后首先封拜了自己娘家人多达一百二十七人，他把能给的荣华富贵都给了他们，聊以慰藉自己对母亲的思念。建中元年（780 年），他给生母沈氏上尊号“睿贞皇太后”，在含元殿的册礼上，李适亲自奉册，跪倒痛哭不已，此情此景，令群臣泪流满面。

李适听从了中书舍人高参的建议，派使者分行天下，四处找寻母亲，并告示天下有提供线索者必重赏。功夫不负有心人，第二年好消息终于传来了。沈太后在洛阳被找到了。如果不是旁边有臣下，听到消息的唐德宗早就高兴地蹦起来了，他努力压下心中的狂喜，立即下令准备车驾，要去洛阳迎接母亲回来。

其实事情并没有那么顺利。这个所谓的“沈氏”其实是宦官高力士的养女。她熟悉宫廷之事，年轻时候和女官李真一经常跟随沈氏出游，样貌跟沈氏也有几分相似。而且更巧的是，沈氏在为小李适削水果时，不小心伤了左手指，而高力士的养女左手指上也有因为削瓜留下的伤痕。而且她还喜欢絮絮叨叨地谈论宫廷之事，于是好事之人贪图富贵，在没有明察的情况下，以为她就是沈氏，上报了官府。因为年代久远，当时宫中已经没有认识沈氏的人了，于是这位老妇人被认作沈氏奉养到了上阳宫。

举国欢庆之下，群臣一起来祝贺唐德宗终于找到了失散多年的母亲，有一人却惴惴不安。他鼓足了勇气，找到了唐德宗，告诉皇帝这个母亲可能是假的。他就是高力士的养子高承悦。唐德宗大惊失色，连忙找来了高力士的养孙樊景超去查看真伪。樊景超到了洛阳一看竟是自己的姑母。他连夜赶回长安，替姑母向唐德宗请罪。没想到唐德宗爽快地赦免了假太后欺君之罪。唐德宗说："朕宁愿上当一百次，只要有一次真的就可以了。如果治罪，以后还有谁敢给朕提供线索呢？"这事情导致的一个后果就是冒充者层出不穷，唐德宗终其一生苦苦寻觅自己的母亲，却依然没有结果，带着深深的遗憾离开了人世。

人世间贵如帝王也有做不到的事情，有时候在至尊的权力面前，亲情才是最值得珍惜的。

公主离奇死亡酿成惊世冤案

大唐咸通十年（869 年），京城长安京兆狱。一阵阵瘆人的哀号声从狱中传出。以韩宗绍、康仲殷等为首的二十多名御医正被吊起来严刑拷打。狱卒恶狠狠地问："快快招认，省得皮肉之苦。到底是谁让你们毒害公主的？再不说，让全家人给你们陪葬！"韩宗绍已被打得血肉模糊，他吐了一口鲜血，用尽全身力气大喊一声："陛下，我们冤枉啊，公主真的不是我们害的，我们已经尽力了啊！"

案件的最后结果是，以韩宗绍为首的二十多名御医被推上市曹斩首，他们被斩杀时口中仍不停地大喊冤枉。而受他们牵连，家属三百多人或是被拘系或是被流放边疆。

这个案件不但牵涉到了御医，丞相、侍郎等高官三十多人也受到牵连，或被杀头，或遭流放。更让人胆寒的是，当朝皇帝唐懿宗李漼竟然逼着公主身边的侍女、保姆自杀，让她们给公主殉葬。这场大案到底是因何而起？那些被杀被罚的官员到底冤枉与否？这还得从本案的关键人物同昌公主说起。

在李漼还是皇子的时候，父皇宣宗李忱对他不是很待见，他也只好夹起尾巴，老老实实。在府邸无所事事的李漼沉浸在温柔乡中。众多爱姬美妾里，他最喜爱的是郭姬。此女不但美貌绝伦，而且温柔多情，甚至为他品尝一切可疑的食品，以防有人毒害李漼。

李漼跟她感情非常深，郭姬为他生下了长女也就是同昌公主。同昌公主自幼就眉清目秀，长得跟母亲很像，李漼对她疼爱备至，恨不能把天上的星星摘下来给女儿。奇怪的是，同昌公主三四岁都不会说话，突然有一天她开口了："今日可以得活了。"正在李漼和郭姬对宝贝女儿这句话百思不解的时候，突然天大的喜事降临到了李漼身上：迎接李漼为帝的仪仗来到了郓王府前，大喜过望的李漼觉得是女儿的这句话给自己带来了好运，因此更加把女儿视为福星。

登基后李漼把爱姬郭氏封为郭淑妃，把长女封为同昌公主。同昌公主精通琴棋书画，还绣的一手好刺绣，可以在一床普通棉被上绣出三千只彩色鸳鸯。如此美貌多才、冰雪聪明、恬静温柔的公主，怎么能让父亲不疼爱！

女大不中留，年届十九岁的公主终究还是要下嫁的。经过千挑万选，唐懿宗为同昌公主选中了英俊潇洒又多才的新科进士韦保衡为驸马。

同昌公主出嫁这天的阵势轰动了整个长安城。父皇恨不能把皇宫珍藏的所有奇珍异宝全部作为女儿的陪嫁。公主的陪嫁队伍更是长得一眼看不到头，百姓们感叹已经多年没有看过如此隆重奢华的公主婚礼了。公主嫁妆宝物太多，我们就挑两件有代表性的说说。

火蚕棉：这种棉如果用来絮棉衣，一两足矣，如果超量，就是数九寒天穿上它，整个人也像火烤一样难以忍受。

香烛：据说用蛤蜊油制成，虽然长仅尺余，香味却可以传到百步之远，并且据说缓缓上升的香烟可以形成烟台楼阁的样子。

公主府邸的富丽奢华更是让人惊叹，就连打扫卫生的簸箕也是金丝编织而成，这派头恐怕就是安乐公主、太平公主也要自叹不如了。即使如此，唐懿宗还怕公主钱不够用，又送了五百万贯给公主使用。

韦家见娶回这样一个高贵还趁钱的公主，恨不得把她高高供起，对她的生活起居丝毫不敢大意。公主衣食住行都不用自己动手，出行有车驾伺候，一切活动有仆人侍奉，至于说到公主的吃喝之奢华就更让人惊讶了。

唐懿宗怕女儿在夫家吃不惯饭菜，命令宫中特制食品送给同昌公主食用。如有一道“灵消炙”的菜用喜鹊舌、羊心尖等制成，一只羊只用四两肉，而且此菜经过酷暑都不会腐败。“玫瑰露”则需几十个人花费一个早上才能从清晨的玫瑰花上采集一小瓶。其他还有凝霜浆和桂花酒等珍贵饮品。

难得的是，同昌公主虽然被父皇如此宠爱，在夫家却从不娇纵。她经常宴请韦氏族人和韦保衡的朋友，并让他们分享自己的珍宝。

同昌公主跟韦保衡过了一年多的幸福生活。一天在午睡时做了一个怪梦，她梦见有人告诉她：“南齐潘淑妃要来取她的九鸾钗了。”这个九鸾钗是稀世之宝，也是同昌公主经常佩戴之物。同昌公主把这个怪梦告诉了侍女。不久，她就病倒了。

得知爱女生病，唐懿宗慌了手脚，他把以韩宗绍、康仲殷为首的二十多名顶级御医集中在一起给公主看病。但是他们面对公主来势汹汹的病情却束手无策，最后用尽全力，却也只能眼巴巴看着公主病亡。

痛失爱女的唐懿宗哭得昏天黑地，别人怎么劝也劝不住。这时驸马韦保衡也害怕了，他担心皇帝会把公主的死怨到他头上。为了自保，他到懿宗面前抱怨御医诊断不力，有毒害公主之嫌疑。于是二十多名御医都被杀死，家属三百多人被牵连。韦保衡这时候暴露出了小人的一面，他借助公主的死，又乘机诬陷丞相刘瞻、大臣温璋等是毒害公主的同党，于是三十多名大臣又被下狱或者流放。

疯狂的杀戮让失去理智的唐懿宗在面临丧女之痛时，心里多少得到了一丝安慰。可在这场惊世冤案中枉死的亡魂却不知该向谁去诉冤了。随后唐懿宗为同昌公主举办了隆重的葬礼，两年之后也恹恹离世。真小人韦保衡也没有好下场，在新皇唐僖宗登基之后不久就被流放，还没到流放地，一道追加的圣旨把他杀死在了半路。还是那句话，“出来混总是要还的”。

唐懿宗作为一国之君在爱女离世时，丧失了理智，酿成了冤案确实不应该。同时，在某种程度上也许正是父皇的溺爱，让公主生活得太安逸享受，过于精细的饮食与缺乏运动导致了公主的病亡。

钻进钱眼里的皇后

公元926年，后唐同光四年，洛阳皇宫，兴教门燃起了熊熊大火，宫外不时传入叛军的喊杀声。

后唐庄宗李存勖带兵抵抗叛军，身中数箭落马，他被侍卫拼死抬入绛霄殿廊下。由于失血过多，李存勖感到极度口渴，他吩咐身边侍卫找水并传刘皇后过来。但是刘皇后接到消息后却只派宦官送来奶酪给皇帝丈夫，自己却不肯见一眼伤重的丈夫——她正忙着搬运自己聚敛的宝贝钱财跑路呢！

李存勖伤重弥留之际，眼前浮现出了往日的场景，他想起了自己平日对伶人的优待，对皇后刘氏的无底线的纵容，肠子都悔青了，那个女人真的值得自己深爱吗？关键时刻，刘后舍不得拿出库存财物赏赐部下才导致军队的叛乱，进而引发了伶人郭从谦之乱，才有了今日他李存勖的重伤在身。这个吝啬的女人，钱财对她真的比江山、丈夫还要重要啊！

刘后历史上没有记载下她的名字，我们只好称她为刘氏。她是魏州成安人。她父亲刘叟长着黄色胡须，是一个江湖郎中兼算命先生。刘氏五六岁时，被晋王李克用的副将掠走，送入李克用宫中，李克用之妻曹氏见小女孩聪明伶俐而且样貌清秀，十分怜爱，就教给她乐器和歌舞。随着刘氏年龄的增长，出落成一个水灵灵的女孩，漂亮而且能歌善舞。当年同样年轻的李克用养子李存勖对她可谓一见钟情。

李存勖后来继承晋王之位，在他的一次生日宴席上，养母曹氏让刘氏在席间吹笙以助酒。宴后，曹氏就把美人刘氏作为礼物献给了养子。得到这样一份生日大礼的李存勖乐不可支，从此对刘氏恩宠不断。不久，刘氏产子，起名为李继岌。这孩子各方面都非常像父亲，深得李存勖疼爱，刘氏随之也更加受宠。刘氏经常跟随李存勖出军作战，富有心机的她也善于迎合夫君，百般柔情让李存勖更加离不开她了。

刘氏得到晋王李存勖专宠的消息传到刘叟耳朵里，为了生计辛苦奔波了大半辈子的老人家欣喜不已。终于有盼头了，他想，如果父女相认，自己下半辈子的幸福也有保障了。带着对未来幸福生活的憧憬，老人家来到晋王宫中求见。李存勖找来刘叟的旧交袁建丰来辨认，袁一眼就认出他就是刘氏的父亲刘叟，确切无疑。消息报到了刘氏那里，刘氏却闹心起来。原来此时她正跟韩氏、伊氏两位夫人为争宠而明争暗斗，家世上她比不过富贵人家出身的两位夫人，极度的虚荣心和自卑感让她不得不编造谎言，说自己也是富贵出身。如今平白冒出一个乡巴佬的父亲，后宫其他人会怎么看？夫君李存勖会怎么看？想到这里，她暗下决心，不认爹了！

面对李存勖的追问，她说："我幼年离家之时，依稀记得父亲不幸死于乱军中，当时臣妾还抚尸大哭，这个乡下老头怎么可能是我爹呢！"不但不认爹，她还下令鞭打刘叟。听着父亲痛苦的呻吟声，她眼前浮现出了一幅场景：当年因为家里穷和父亲的职业，总有孩子在她出来玩的时候嘲笑、欺负她。他们学着父亲一瘸一拐的样子对她说："我是你算命的瘸子爹，快喊爹！"她奋起反抗，却被那些坏孩子痛打一顿。这时候父亲总会及时出现驱赶那些坏孩子，把自己紧紧抱在怀中："妮子，别怕，有爹在，谁也不能欺负你。"如今她富贵了，得宠了，却翻脸不认亲爹。她的良心在那一刻忽有所不忍，可也只是一瞬间，旋即想到，小时候那种穷日子她再也不想过一天，荣华富贵不能因为这个寒酸老爹而葬送，狠狠心，对父亲的呻吟声充耳不闻。

登基为帝的李存勖打算册立皇后，他本属意刘氏，但是韩、伊二夫人位次皆在她之上，按序也轮不到她，再加上太后的反对，让李存勖深感此事棘手。宰相豆卢革、枢密使郭崇韬此时恰到好处地表示支持立刘氏为后。有了朝中重臣的支持，李存勖无所顾忌，终于立了自己心爱的女人刘氏为后。

李存勖灭梁以后，开始骄傲自满，注重享受了。而本应该及时规劝丈夫的刘氏不但没有起到好的作用，反而更加沉溺于敛财。她派人到集市上叫卖柴薪果品等，说是中宫所卖。并且令四方进贡给天子的财物一分为二，一份给天子，一份入她的私家腰包，中宫财宝堆积如山。因为她信佛，唯独对和尚尼姑比较大方，时有施舍赏赐。

贪财的刘皇后还时常展现她的小聪明。李存勖得了一个美姬，而且她还为皇上生了儿子，刘皇后非常担心这个宫中劲敌会威胁到自己的地位。恰好大臣元行钦死了妻子，李存勖有一次问他想不想续弦。刘皇后指着美姬说："皇上为何不把美姬赐给他？"李存勖只好答应下来，在刘皇后的撺掇之下，庄宗竟然只好眼巴巴地看着自己的女人为臣下所得。

贪财之外，刘皇后还插手政治，冒天下之大不韪，下教令杀害了郭崇韬，要知道郭崇韬可是当时后唐的顶梁柱。

同光三年（925 年）秋天，黄河大水，两岸灾民四处流亡。这也导致了京城赋税紧张，军中缺粮，常有将士饿晕甚至饿死。百姓被预征第二年的赋税，小民难以生存，多聚在路边哭诉，可庄宗和刘皇后却忙于打猎出游。当时天降大雪，随行将士万人每天都消耗大量的供给，他们每到一处都像土匪一样烧房拆屋，逼得地方官吏纷纷逃亡。

次年三月，占星官告诫朝廷说，御前恐怕有乱兵作乱，应该散出库存的钱财以避灾。大臣们也纷纷上疏，建议皇帝散财赏赐军队。李存勖同意了，但是刘皇后坚持不从。她对群臣说："我夫妻拥有天下，虽然是靠着武功，但是也有上天的眷顾。天命在我们这里，别人能拿我们怎样！"

当宰臣在延英殿开会讨论时，刘皇后偷偷附耳在屏后偷听，而她接下来的举动则让宰相、大臣们目瞪口呆，不敢相信这是一国之母的所作所为。

她走出屏风，拿出自己的化妆盒、三个银盆子还有三个幼小的皇子，跟宰相大臣们说："别人都流言说宫中积蓄很多，但是四方贡献的东西都赏赐给了臣下，现在就剩下这些了，你们都卖了拿去犒劳军队吧！"宰相大臣们真的被雷翻了，只好摇头叹气地悻悻离去。直到赵在礼造反之时，朝廷才拿出财物赏赐，士兵们边拿边骂道："我们的妻子儿子都饿死了，拿这些有什么用！"

唐庄宗李存勖前半生是典型的明主范，后半生却又昏庸不堪，宠幸刘后，他重用伶人，时常会穿上伶人服饰登台演戏，仿佛活在戏剧的世界里。胡闹起来的时候，还会打扮成刘叟的样子，背着破药篓子，拿着占卜的幌子，衣衫褴褛地来到刘皇后宫中说要找女儿。这样一个胡闹的皇帝，这样一个贪财的皇后正好凑了一对，把后唐天下闹得乌烟瘴气。

同光四年（926 年），郭从谦叛乱，于是出现了文头的那一幕，李存勖被射死，刘皇后带着财物逃亡，在路上还跟李存勖的兄弟李存渥通奸。刘皇后到太原后削发为尼，却终难逃一死。继位的后唐明宗李嗣源心知肚明义父的江山是怎么败落的，他秉承除恶务尽的原则，派人赐死了刘皇后。

贪财如命，置江山的存亡和皇帝丈夫的性命于不顾，千载之中，唯此一人，最后送刘皇后一首歪诗以示讽刺之意：

闭门不认老父亲，须知亲情值万金。
败家祸国贪财女，徒留骂名传古今！

宋朝也有个鲜为人知的杨贵妃

唐朝的杨贵妃为四大美女之一，关于她的故事可谓妇孺皆知。但鲜为人知的是，宋朝也有过一位杨贵妃，其传奇故事并不亚于唐朝杨贵妃。这位贵妃集美女、才女、政治家、书法家身份于一身，并且深刻影响了南宋中后期的历史走向。她就是杨妹子，南宋宁宗时被封为贵妃，后又晋位为皇后。

杨妹子，一个散发着乡土气息的名字，让人无法把她跟母仪天下的尊贵皇后联系在一起。她的一生注定就是一部传奇。她出生在浙江严州青溪一户普通人家，自幼失去了父亲，由母亲张夫人抚养成人。张夫人是宫廷中的教坊乐女，其演唱技艺曾得到宋高宗吴皇后的欣赏。后来因为生病，张夫人不得不出宫，病故后被安葬在了西湖放马场。出身卑微的杨妹子善于学习，精通经史，并且擅长王羲之的书法。

吴皇后是一个艺术发烧友，对音乐有着自己的欣赏和理解。她觉得教坊那些乐女的歌声实在让人难以忍受。有一天，她问起身边人："张氏现在哪里呢？"左右之人回答："已经病故，她有个女儿很聪慧。"吴皇后想念传奇歌神张夫人，就把她的后人杨妹子召入了宫中。那年杨妹子十一二岁。也许继承了母亲的基因，杨妹子善于歌舞，被宫中人称为"杂剧孩儿"。杨妹子因此深得吴皇后喜爱，在她身边一留就是二十多年。

直到吴太皇太后的曾孙宋宁宗登基。有一次，宋宁宗赵扩拜谒太皇太后，邂逅了杨妹子。她的美丽深深迷倒了宋宁宗，二人一见倾心。此后，赵扩频频去太皇太后宫中请安，醉翁之意不在酒，其实他每次去，眼睛都会直勾勾地盯着杨妹子看。这一切，被吴太皇太后看在眼里。

庆元元年（1195年），吴太皇太后设宴，席间郑重其事地把杨妹子赐予宋宁宗，叮嘱曾孙一定要好好待她。此时的杨妹子已经三十三岁了，在宋代可以算是超级剩女了。年长皇帝六岁，却迎来了自己人生迟来的爱，杨妹子陶醉在爱情的甜蜜之中。同样陶醉的宋宁宗册封她为婕妤，六年之后，杨婕妤又被晋封为杨贵妃。此刻，三十八岁的杨贵妃离皇后之位只有一步之遥了。

巧合的是，这一年，宋宁宗的韩皇后病逝。立后问题被提上了日程。权臣韩侂胄提出的新后人选却不是杨贵妃，而是曹美人。他的理由是杨贵妃太有心机，善于权术，将来必定不好驾驭。杨贵妃知道此事之后，一日晚间设宴款待宁宗，席间她美目盼兮，柔情似水，用自己的万般柔情融化了宁宗的心。终于宁宗不再犹豫，下旨立杨妹子为皇后。

杨皇后正位之后，恨透了给自己下绊子的韩侂胄。她嘱咐兄长杨次山寻找可与共事的朝臣一起对付韩侂胄。恰好韩侂胄北伐失败，加之以前他在朝中飞扬跋扈，得罪了一批朝中大臣。大臣史弥远加入了密谋集团，在杨皇后的授意之下，到底除掉了韩侂胄。

无子的宋宁宗立宗室之子赵竑为太子。但是赵竑对史弥远的专权极为不满，史弥远得知后，欲废之而后快。

宋宁宗驾崩，史弥远深知：要想废掉赵竑，另立宗室之子赵昀为新帝，必须要经过杨皇后同意。他请杨次山的儿子杨石、杨谷把废立之事告知杨皇后。二人一夜之间七次出入宫廷，可是杨皇后却始终不肯答应。最后杨氏兄弟跪拜，声泪俱下哭诉道："内外军民已经归心赵昀，如果不立他，必将发生祸乱，皇后您也没有立足之地了。"杨皇后何尝不知其中奥妙，她之所以不爽快地答应史弥远，也是为了磨一磨这个权臣的锐气。最终，杨皇后下诏让赵昀入宫相见。见到赵昀后，她抚着他的后背说："你现在是我儿子了。”这等于宣布了赵昀是帝位的继承者，实则也是一种暗示：决定皇位的是我杨皇后，而不是他史弥远！这一手腕，对杨皇后来说，于国于己皆是一招妙棋。

赵昀继位，是为宋理宗。他感激杨皇后的拥立之恩，尊她为太后，并主动提出让她摄政。杨太后非常理智，她没有贪恋权力，很快就归政给理宗。在享受了最后八年宫廷悠闲时光之后，七十一岁的杨太后病逝，结束了传奇的一生。

杨妹子多才多艺，她的书画传世作品见诸两岸的故宫博物院。她的书画存世作品题名多为杨妹子，我们在正史之上找寻不到她的名字，只好以题名来称呼她了。她还曾经有一部反映宫廷生活的诗集，被宋理宗命名为《杨太后宫词》。

在政治上，杨妹子也多有体恤百姓之举。出身民间的她深知浙江百姓苦于一种叫作“生子钱”的重赋，很多人为了逃避这种税负，甚至做出了溺婴这种残忍之事。杨妹子建议宋宁宗取消这种重赋，这是她惠泽百姓的善举。另外，对于自己的兄长杨次山，她孜孜教诲，使杨次山也成为当时一代贤臣。杨氏一门显贵而不为恶，没有欺压百姓之事，这也大大有别于唐朝杨贵妃的杨氏家族。

如今，她的传世书画价值连城。看着那些造诣深厚的书画，遥想八百年前那位多才多艺，以一介平民晋位皇后的奇女子，确实令人神往。

午门外的辩论赛

公元1421年，大明永乐十九年，在中国历史上是一个特殊的年份。这一年农历四月的一天深夜，北京风雨大作，上天仿佛要把积蓄已久的愤怒一股脑儿地爆发出来。突然天空中“咔嚓”一声闷雷，正好击中了皇宫奉天殿屋顶正脊，瞬时一团火光腾空而起。风雨中，火借风威，风助火势。眼看着火越来越大，宫中已经乱作一团，宫女、太监、侍卫纷纷跑来救火，可是火势太大，蔓延起来的大火延续了几天，雷火无情地烧毁了奉天殿、华盖殿、谨身殿三大殿。

听闻消息的永乐大帝朱棣犹如重重挨了一记重拳，颓坐在了龙椅上。在古代讲究天人感应，如果帝王有失德之处，上天便会降下诸如地震、洪水、干旱、雷火等灾异之兆。体现在政治上，皇帝一般要下诏“求直言”，也就是要求臣下根据当朝皇帝当政的缺失，实事求是地提出批评意见，以便于改进。这次三大殿全部被毁，对朱棣的打击是巨大的，他举全国之力营建北京的宫殿，现在一场雷火把皇宫最重要的建筑毁于一旦。“是不是上天真的认为朕做错了什么？”怀着这样的担心和疑问，朱棣下诏群臣上疏直言。

礼部主事萧仪应诏上疏。因为这一年正月朱棣正式宣布迁都北京。他提出这次雷击三大殿正是由于迁都北京所致。萧仪认为迁都北京丢弃了南京的明太祖龙脉陵寝之地，而且迁都也造成了诸多不便之处，这是上天降灾示警了。看到这份奏疏，朱棣气得浑身发抖，他觉得萧仪是故意诽谤朝政，迁都之事是他一生最重要的功业，不允许任何人反对此事。他下令杀了萧仪。

人虽然杀了，众人之口却难以封住。大部分言官是同情并支持萧仪的。明代的言官由六科给事中和十三道监察御史组成，他们大多慷慨敢言，而且大部分人代表了江南士绅的利益。他们普遍认为离开江南富庶之地去北方苦寒之地定都是不明智的。而部院大臣多是追随朱棣靖难起兵的老臣，来自北方的居多，他们对北京充满了好感，也极力支持朱棣的迁都决议。

朱棣面对这两派意见争执，思索良久，终于想到了一个巧妙的办法。

朱棣想到的办法就是让这些反对迁都的科道言官和支持迁都的部院大臣一起跪在午门外开一个露天辩论赛，而他作为“裁判”，站在午门之上聆听群臣关于迁都利弊的争论。

这个主意可是让大臣们苦不堪言。先不说跪着争论膝盖和喉咙要受多少折磨，就是那不期而遇的雨水也浇透了他们的衣襟，让不少年老体弱者瑟瑟发抖。群臣在雨中跪着争辩了一天，毫无结果。站在午门城楼上的朱棣下旨第二天接着辩论。第二天在风雨中，群臣又激烈地辩论了一天，可是双方还是谁也不能说服对方。朱棣看在眼里，他只冷冷地说了一句话：“彼书生之见，乌足以达英雄之略哉！”意思是这些人都是书生，根本不懂得我英雄的情怀！

那他英雄的情怀是什么呢？迁都北京其实是朱棣经过深思熟虑，定下的关于明朝未来发展的一项重要国策。首先，他在北平封藩、起兵并以此为后勤基地。应该说他对北平的感情是极其深厚的。其次，考虑到明朝建国后最严重的边患来自北方蒙古人。地形极利于防守的北京也就成了首选。天子守边，朱棣把自己陵寝放在了北京昌平，就是要后代子孙坚守北京，决不能放弃北方。再次，他心中一直有一个超越古代帝王的梦想。前代元朝以大都为都城，控制四方，威震天下的宏伟霸业一直是他向往的。他夺取了侄子的皇位，可谓“得位不正”，他要用自己的功业证明自己夺取皇位的正确性。而以北京为都傲视天下，称霸四方正是他的必然选择。最后，跟随他起兵的靖难功臣基本都是北方人，而文官很多来自南方。他们在南方势力盘根错节而且很多人都是建文帝的同情者甚至拥戴者。定都南京更容易受到这些人的势力影响，为了政权的稳固，摆脱南方文官集团的影响，朱棣更希望通过迁都来满足北方靖难功臣集团的利益。

朱棣迁都北京深刻影响了以后五百年的中国历史。关于迁都北京的利弊也有很多争论，是一个永恒的历史话题。迁都确实有诸如供给困难和加重南方经济负担这些负面影响，不过更多的应该是正面意义。如果不是定都北京，恐怕土木堡之变后，南明就要跟历史上的东晋、南宋一样提前二百年出现了。定都北京才使得明朝成为一个延续近三百年的长寿王朝！就这一点来看，永乐大帝朱棣功不可没。

贤后的真性情

随着一部中医加宫廷题材的古装剧《女医明妃传》的热播，越来越多的人开始对明代历史感兴趣。剧中比较切合明代历史的服饰，以及英宗、代宗两位兄弟皇帝的权力之争，还有朱祁钰和谈允贤、汪美麟之间的感情纠葛都成为该剧的看点。剧中汪美麟一角尤其令人印象深刻，电视剧出于剧情的安排，把汪美麟刻画成了怨毒之妇。她极其刻毒、自私、骄横，处处与情敌允贤作对，是一个典型的大反派。

但是汪美麟的原型明代宗汪皇后在历史上究竟是怎样一个人，她真的如电视剧中那般不堪么？

汪皇后是北京顺天府人，家族世代为下层武官。她在十七岁那年，也就是正统十年（1445 年）八月，嫁给了郕王朱祁钰为妃。汪妃深知礼法，非常贤惠，明英宗的母亲孙太后非常喜欢她。如果不出意外，她跟朱祁钰会像大明其他的亲王一样，被皇帝兄长封藩外地，然后一辈子逍遥快活，做个享福的王妃。但是命运的安排改变了她跟丈夫朱祁钰的一生。

正统十四年（1449 年），土木堡之变，御驾亲征的明英宗朱祁镇被俘。国不可一日无君，国家危亡时刻，在众人的拥立下，朱祁钰继位为帝，是为明代宗。王妃汪氏也被册立为皇后。

作为一国之母的汪皇后主持内宫事物井井有条，并且在丈夫朱祁钰最困难的时候予以支持和帮助，为他省去了很多后顾之忧。作为一个皇后，她是称职的。

土木堡之变后，瓦剌军攻击北京城，军民死伤甚多，根本来不及掩埋，以致于露尸城外。贤德的汪皇后心有不忍，命令将校们去掩埋安葬，并且还劝说皇帝设斋醮为他们超度。

朱祁钰的皇位得来有很大的偶然成分，本来众人拥立他的时候，他还有拒绝之举，等打退了瓦剌人，自己的功绩也得到了臣民的认可之后，他的心态开始了变化。他不仅想自己当皇帝，还要把皇位传给子孙后代。这个想法直接导致了他跟汪皇后的激烈冲突。

景泰三年（1452 年），朱祁钰想废掉原先孙太后立的太子，也就是自己的侄儿朱见深，改立自己的独子朱见济为太子。他跟汪皇后商议此事，想事先取得皇后的支持。哪承想，汪皇后听闻此事，竟然极力反对。不但如此，在夫妻争执之时，汪皇后竟然提出朱祁钰应该归政于已回朝的兄长朱祁镇。这深深触怒了朱祁钰。狂怒之下，朱祁钰废了汪皇后的皇后之位，另立杭氏为皇后，立杭氏之子朱见济为新太子。

其实汪皇后反对改立太子是为了朱祁钰也是为了朝政稳定考虑。她不想看到朱祁钰在权力的魔咒中越走越远，兄弟之间的矛盾进一步加深只会对国家稳定不利。况且皇位本来就是朱祁镇的，他并未有失德之处，土木之败也不完全是他一个人的责任，毕竟他也是为国家的安全亲征被俘的。现在他回来了，已然是太上皇，如果再改立太子，于道义上也是说不过去的。可是丈夫朱祁钰已经被权力蒙蔽了双眼，她这番出于大局考虑的劝告最终使得夫妻反目。

世事多变，景泰八年（1457 年）正月，一班投机分子拥立朱祁镇复位，是为夺门之变。朱祁钰随之病重身亡，汪氏又被明英宗降为郕王妃。英宗拟定的为朱祁钰殉葬的名单里面也有汪氏，多亏李贤和英宗钱皇后等人力劝，才使得英宗改变了主意。汪氏当初在做皇后时曾善待幽禁南宫的钱皇后，并反对废太子朱见深，这些善举都为她幸免于殉葬埋下了伏笔。

明英宗最终同意汪氏搬回原先郕王府邸居住。一天，英宗突然想起自已有一个玉玲珑的腰带不见了。经询问，太监刘恒告诉他是汪氏拿走的。英宗便命人去找汪氏索回。汪氏的真性情此时又一次得以体现。她生气地把玉玲珑腰带悄悄扔进井里，然后对来人说："那腰带找不到了。"来人无奈只好回报。待来人走后，汪氏生气地跟身边人说："我夫君好歹也当了七年天子，也有功劳，难道这几片玉都不能拥有吗？"后来这话传入英宗耳中，惹得他大怒，派人追索了汪氏从宫中搬出时带走的所有财物。

朱见深继位后，与母亲周太后感念当年汪氏反对废太子的恩情，待汪氏非常好，还经常把汪氏接入宫中嘘寒问暖，聊聊家常。在朱见深的主持下，已经降为固安郡主的汪氏长女也得以以公主礼仪出嫁。

汪氏晚年的生活还是很幸福的，她一直活到了朱祁镇的曾孙朱厚照在位的正德元年（1506 年），才安然长逝，享年八十岁。一代贤后汪氏经历坎坷，却始终有颗善良的心，她是真性情的女人，能坦然面对人世沧桑，这也是她得以高寿的重要原因吧。

选择殉国的最后一位汉族皇后

这是一个悲剧时代的悲剧女人的故事。

公元1662年（清康熙元年，也是南明永乐十六年）4月，一队清兵押解着十几辆囚车正向昆明方向行进。其中一辆囚车关押的是一个三十多岁的女子。只见她云鬓凌乱，发髻蓬松，身上穿着朴素，但是看脸庞自有一股富贵气质。秀眉美目，鹅蛋脸，皮肤白皙，虽然此刻身处囹圄，举手投足之间仍然不失大家闺范。她就是南明永历皇帝朱由榔的皇后王氏。后面一辆囚车押送的是马太后。再后面一辆是永历帝朱由榔。一行人是被吴三桂的部下押送到昆明打算处决的。

永历帝朱由榔口渴难忍，途中要求清兵拿一口水喝，却被无情呵斥："亡国之君还要喝水！"这句话被王皇后听到，勾起了她的亡国愁绪。是啊，自从丈夫朱由榔登上皇位，她跟随他颠沛流离十六年，从广西到云南，再到缅甸，也曾中兴有望，但是最终国破家亡，一切成空，她绝望了。想到清兵一路南下的所作所为，他们对于年轻貌美的女子从来不会放过，前几天押送路上几个年轻貌美的宫女不堪凌辱，自杀或者被清兵所虐杀。君王死社稷，先帝崇祯殉国之前，周皇后也是自杀殉国殉夫。一想到这里，她打定了主意。

王皇后之前也暗中跟马太后商量过自杀殉国的事情。她们约定今日一起实施。王皇后含泪深情地看了后面囚车中的丈夫朱由榔最后一眼，心中默念：夫君，陛下，你可不能为大明丢脸，臣妾先行一步了。想到这里，在队伍休息时候，她趁着看守不注意，朝旁边囚车的马太后使了一个眼神。马太后心领神会，二人用尽全身力气互相扼住了对方的脖子……最后王皇后被扼死，马太后却没有死成，后被清廷赡养，高寿而终。

让我们一起回顾下王皇后的一生吧。她是苏州人，其父王略做过广东的知府。出身官宦人家的王氏自幼知书达礼，性格谦和，处事稳重，后嫁给永明王朱由榔为王妃。本来王妃的一生应该过着平稳祥和的生活，但是甲申国难又把各地藩王推上了风口浪尖。公元 1646 年，桂王朱由榔被拥立为帝，是为永历皇帝。王氏由王妃被册立为皇后。

而她这个皇后当得并不安稳。清军南下，战事不断。她跟随永历帝逃亡桂林，在路上遇到暴雨发了高烧仍强咬牙关，坚持步行，指挥士兵们有序撤退。永历二年（1648 年），王皇后为朱由榔生下一子，取名朱慈煊。清军进攻桂林时候，王皇后为了鼓舞士气，变卖自己的首饰做军费，并把宫中的财物粮食拿出赏赐将士们。在此激励下，南明军心大振，多次击败清军。

永历十三年（1659 年），受形势所迫，朱由榔一行被迫逃亡缅甸。大家对局势绝望，很多人选择自杀。每当听到这样的消息，王皇后说："我并非贪生怕死不肯殉难，但是想到还要照顾太后，我万一离去，皇帝和太后怎么办。"她强拖着病体，支撑着危局。

但是随着"咒水之难"的到来，皇帝和她等一干人等被清军所获，他们的命运终于到了终点。

王皇后选择了扼喉自杀这样惨烈的方式殉国，让人钦佩。南明这段抗争史是中国历史上悲壮的一幕，王皇后是最后一位汉族皇后，她的殉国之气节也让后人感叹。

乾隆南巡为何再也不进济南

乾隆三十年（1765 年）正月十六，乾隆帝带着皇太后一行人等，大队人马浩浩荡荡从北京出发，开始了他的第四次南巡之旅。到达山东德州府时，乾隆还赏赐前来献诗之人大小荷包等物，大家看得出，年已五十五岁的天子心情不错。接下来的行程，按照路线，要经过济南府了。南巡队伍进入济南境内时，随行侍奉皇帝的太监、宫女们发现之前还乐呵呵的乾隆，突然心情大变，一股忧伤涌上了皇帝心头。传旨太监很知趣地告诉随行队伍：照例，绕开济南城不进，大队驻跸城外休息。

夜幕降临，行营中的乾隆久久不能入眠，一阵阵长吁短叹之后，他找来纸笔，饱含深情地写下一首诗："四度济南不入城，恐防一入百悲生。春三月莫分偏剧，十七年过恨未平。"平心而论，在高产诗人乾隆一生的诗作中，这首算是上乘之作了。

写完诗后的乾隆，心情极度低落，他走出大帐，望着夜空中明亮的群星，一行浊泪夺眶而出。到底是何人，让风流天子如此痴情，如此念念不忘，如此魂牵梦萦，以至于四次过济南城而不入？

那是雍正五年（1727 年）一个阳光明媚的日子里，虚龄十七岁的弘历遇到了他今生的最爱——富察氏，也就是他未来登上帝位后第一任皇后孝贤纯皇后。出身贵族的富察氏皮肤白皙，秀丽端庄，虽不是国色天香，却由内而外透着一股贵族小姐的典雅气质。父皇雍正，这个铁腕皇帝有很多做法，年轻的弘历其实从内心并不赞同。而这一次赐婚，他对父皇是由衷感激的，父皇选中的富察氏正是他理想中的人生伴侣。

她聪明烂漫，善解人意。弘历心情失落时，她是解语花；弘历心情愉快时，她又是可以陪着他一起疯、一起乐的同行者。在弘历顺利登基之后，富察氏被册封为后，后宫在她的打理下，井井有条，这也使得乾隆无后顾之忧，一门心思投入到国家大政之中。

富察皇后，可以说是乾隆的灵魂伴侣。无论乾隆说什么，想什么，她都能很快领会并配合丈夫一起完成。有一年秋天，乾隆无意间跟皇后聊起当年祖宗在关外艰苦创业之际，衣袖之上用鹿尾绒毛做一个边，就是非常奢华的装饰了。而现在，这些八旗子弟竞相穿金戴银，不以俭朴为荣，反以奢侈为夸，这真是世风日下。这句话，乾隆无意中一说，富察皇后却记在心间，回京后，她就亲手做了一个鹿尾毛边装饰的小荷包送给了丈夫，以表示跟丈夫一起不忘艰苦朴素，反对奢华之风。乾隆对皇后的善解人意十分欣慰，暗暗得意有如此贤后相伴。

富察皇后还是生活上的贤内助。无论是服侍乾隆还是皇太后，富察氏都放下皇后之尊，亲力亲为，尽心尽力。皇太后生病时的饮食作息都由富察皇后在床前亲自侍奉，彻夜不眠。这对于极重孝道的乾隆来说，无疑是最大的安慰和幸福。

乾隆后宫充盈，嫔妃很多，但他深知自己爱的还是富察皇后。乾隆登基之后，毫不犹豫地按照父皇留下的秘密立储制度，亲笔写下永琏的名字，并把密诏放置在乾清宫“正大光明”匾额之后。当时年仅五岁的永琏，正是他跟富察皇后诞下的第一个皇子。

沉浸在幸福中的乾隆夫妇，怎么也想不到上天注定要夺走他们的挚爱。乾隆三年（1738 年）九月，永琏高烧不退，御医也束手无策，乾隆夫妇眼睁睁看着不到九岁的爱子离他们而去。这一事件对富察氏的打击是巨大的，她重病了一场，如果不是悉心调治，也许会就此追随爱子而去了。

上天仿佛不忍心看着这对神仙眷侣如此悲痛，乾隆十一年（1746 年），他们的第二个皇子诞生了。乾隆为之取名永琮。久违的笑容悄悄浮现在了富察皇后的脸上。夫妻二人倾注了全部心血来疼爱这个孩子，可是命运就是爱捉弄人，一年多之后的除夕夜，永琮因天花病亡。这一次的打击是致命的，为了不让丈夫太难过，富察皇后强忍着悲痛，其实她知道，自己的心已经彻底支离破碎，无法修补了。

为了安慰皇后，乾隆决定带她参加第一次东巡之旅。希望皇后散散心，修复一下悲伤的心情。可是钦天监的一条奏陈却让他大吃一惊。钦天监观测天象的结果是中宫皇后会大祸临头。一向重视天命的乾隆得知这个消息，心头不禁一震，但又转念安慰自己：之前爱子病逝，已经算皇后的灾祸了，这一次只是误判而已。对，只是误判……

东巡如期举行，乾隆十三年（1748 年）三月，乾隆、富察皇后与酷爱旅游的皇太后登上了泰山之巅——玉皇顶。一家人心情大好。谁也没有料到，灾难还是不期而至。登山时，因为受了风寒，富察皇后一病不起。乾隆赶忙把皇后安顿在济南城内养病。在济南驻跸三日，皇后的病情却不见好转。通情达理的皇后劝说乾隆，这只是普通的风寒，回京休养也是一样的。早日离开济南，顺水路从德州回京，这样一来可以减轻济南地方的供给压力，二来不耽误皇帝的行程。乾隆只好顺从了皇后的意思。在德州上船之后，皇后的病情突然加重，乾隆连忙赶到皇后的画舫，已经病入沉疴的皇后勉强挤出了一丝笑容，用尽全身力气对丈夫说："你怎么又来了，我没什么大事。"言毕，皇后昏迷不醒。黄昏时分，在御医们的长吁短叹声中，在乾隆悲痛不已的凝视中，一代贤后富察氏溘然长逝。

乾隆伤心欲绝，只有用诗来悼念知心爱人。回到京城后，他下令，皇后寝宫长春宫的所有陈设都要保持原样。为了怀念皇后，他又下令把皇后生前最后乘坐的青雀舫运入北京城。因为船舫体积过于庞大无法进城，乾隆甚至一度产生过拆毁北京城门的想法。多亏礼部尚书海望想出一个好主意，用木轨、木架加上菜叶的润滑，动用了上千工人，最终把船舫运送到了北京城内。

此后许久，乾隆都沉浸在悲痛和怀念之中。他也记不清了，多少次午夜梦回之际，习惯地看看身旁，只是发现空空如也，斯人已去，天人永隔，人生挚爱再也回不到自己身边了。想到这里，一阵深入骨髓的寒冷袭遍了他的全身，泪如雨下……

虽然在皇太后的压力之下，乾隆又册封了乌那拉那氏为皇后，但是对于这个新皇后，却谈不得什么爱。剪发风波之后，新皇后也被废了。乾隆在日常繁杂的政务之后，还是会时时想起他一生最爱的富察皇后。

乾隆在南巡东巡途中，立下规矩，只要经过济南城，绝对不会进入。因为当年富察皇后就是在这里病倒，他怕只要一看到济南城内的一切，他会想起她，会当着随行文武百官的面，恸哭失态。因此，此后东巡加南巡总共八次，乾隆每次经过济南都不进城，只怕勾起伤心的回忆。

嘉庆元年（1796 年），已经八十六岁的耄耋老人再一次在侍从的搀扶下，来到皇后陵前。陵前的松树已然长成了参天大树。抚摸着松树，年迈的老皇帝喃喃而语："皇后，朕来看你了。你走了四十八年了，真快！朕还记得成婚那天，你笑得是那么美。你知道吗？朕这些年过得苦啊，朕每天都在想你。朕活的那么久有什么用，没有你的陪伴，这帝位、这富贵只是过眼云烟啊！我们很快就团聚了，你等着朕，朕还要跟你一起骑马出游，你陪朕说说话，朕命你活过来！朕真的好想你啊……呜呜呜……"说完，乾隆老泪纵横，旁边的侍从们也纷纷落泪。

三年之后，八十九岁的乾隆病逝，终于可以到另一个世界去寻找他最爱的富察皇后了。此一番，有分教：

鹣鲽情深贤伉俪，一生挚爱永铭记。

谁说帝王无真情，八避济南伤心地！

被溥仪拒绝的佳人

很多人受到清宫剧毒害，误以为清宫的嫔妃、格格们各个美若天仙，皇帝仿佛生活在芙蓉国中。其实不然，我们通过晚清留下来的格格、嫔妃们的照片，会发现，原来所谓的天姿国色不过是中人之姿，甚至有的人连普通人都算不上，比如隆裕太后，那也只能有一个字来形容——丑！

鲜为人知的是，晚清竟然出现了一位“最美格格”，她痴恋着末代皇帝溥仪，并终身未嫁，成为近代史上一段小小的传奇。她出生于1913年，名叫王敏彤，满名完颜立童记，满洲镶黄旗人，父亲完颜立贤，曾祖父是军机大臣完颜崇厚。她的母亲是乾隆皇帝的第五世直系孙女——爱新觉罗·恒慧。

王敏彤身上流淌着清朝皇室的血液，出身高贵的她自幼就出落得端庄秀丽，长大成人后更是相貌出众，身材颀长，皮肤白皙，性格温婉。后人通过她年轻时的照片，感叹于她的美貌，于是她有了“最美格格”的称号。通过照片的对比，我们可以毫不夸张地说，她比溥仪后来的皇后婉容要美上十倍！

王敏彤从小出入皇宫，对大她七岁的小皇帝溥仪充满了崇拜之情。王敏彤一天天长大，对溥仪的崇敬之情也慢慢转化为了男女感情，只不过，碍于溥仪的身份和出于少女羞涩的性格，她只能把这份爱悄悄埋在心底。

1922年，溥仪与内务府大臣荣源的女儿婉容结婚，婉容成了“末代皇后”，听说这个消息的王敏彤，只能在无人之时暗自神伤，悄悄落下几滴相思泪。

王敏彤十七岁时，遵母亲大人之命，与一爱新觉罗姓氏之人订婚，但后来因为男方与某戏剧女演员有染，最后被迫解除婚约。之后，敏彤和家人回到北京东四三条祖屋定居。

当时，王敏彤家跟孟小冬家一墙之隔，时值妙龄的孟小冬和年龄相仿的王敏彤成了闺中密友，梅兰芳对她也很熟悉，戏称敏彤为“小大格格”。

20世纪30年代，国内局势风云跌宕，溥仪在东北被日本人立为傀儡皇帝。王敏彤当时已年届三十，仍然是未曾出嫁的老姑娘。此时溥仪的弟弟溥杰看上了王敏彤，想娶她为妻，却遭到了日本人的拦阻，这桩婚事也不了了之。

一晃多年过去，1959年，溥仪被特赦回到北京。王敏彤的母亲听说溥仪回来了，欣喜非常，特意邀请溥仪来家中吃饭。母女两个亲自下厨，做出了一桌可口的饭菜。酒酣之际，溥仪也在饭桌上对着王敏彤说了一些笑话，这让一直暗恋他的敏彤心如撞兔。

虽然王敏彤已经46岁，但看起来依然年轻。她不想再错过这段爱情，便托溥仪的三妹夫润麒从中撮合，邀请溥仪再次来家中赴宴，但溥仪却一口拒绝了。有了婉容的前车之鉴，他不想再跟旧式满族女子处对象了。

王敏彤屡屡对他“死缠烂打”，屡屡托人说合，这也更加让溥仪反感，一提到这位王大格格就心烦不已。1962年，溥仪与李淑贤结婚，王敏彤得知后，伤心得大哭了一场。

1965年，溥仪患病住进了医院。王敏彤还经常去医院探望，一坐就是一下午。随着王敏彤探望的频率越来越高，溥仪也越来越烦，后来直接轰走了王敏彤，还气呼呼地对妻子李淑贤说：“她真是太讨厌了！”溥仪还找来润麒，让他转告王敏彤再也不要来医院了。

春节前后，王敏彤又来到医院看望溥仪。这一次，很少发火的溥仪大光其火，毫不客气地对她下了逐客令：“我不想见到你，你给我滚出去！”

王敏彤只得伤心地哭着离开了。

据知情者说，王敏彤为了追求溥仪，甚至去医院做了妇科诊断证明，证明她仍然是完璧之身！

1967 年，溥仪去世，王敏彤对他的最后一点希望也破灭了。晚年的王敏彤孤独而寂寞，2003 年，这位一生命运多舛的格格悄然离世。

痴迷演唱的罗马皇帝

皇帝喜欢歌剧，痴迷表演？没错。咱中国四百多个皇帝里面就有。唐明皇亲自创办梨园，兴致来了，也上台吼上几嗓子。号称李唐后裔的唐庄宗有样学样，也亲自上台跟伶人们一起演出，还有个艺名叫“李天下”。

古罗马也有个皇帝不甘寂寞，喜欢撸胳膊挽袖子登台一展歌喉，他就是罗马帝国有名的暴君尼禄。

尼禄这孩子出生之时，就与众不同，占星师说他不是善茬，将来会弑母，母亲自然不信，终于把他拉扯成人。

尼禄从小就受到音乐的熏陶，对歌剧有着非比寻常的挚爱。他在继位为帝之后，立即找来了当时最著名的竖琴大师特尔普努斯，一连接着好几天让他为自己弹奏，常常从午饭后一直弹奏到深夜。

其实尼禄的嗓音条件并不是太好，声域狭窄，而且是一个沙哑嗓。但他是一个极有表演欲的人，他渴望上台一展歌喉。为了有一副金嗓子，尼禄煞费苦心：他经常仰卧，胸上放置一块铅板，通过导管和呕吐来清洗肠胃，不吃任何有核的果实和对嗓子不利的食物。这种魔鬼训练的效果到底如何，我们也不得而知。

他的处女秀演出是在那布勒斯的剧场里进行的。演出当中正巧发生了地震，剧场内也在晃动，但是这位皇帝爷在舞台上毫不畏惧，泰山压顶面不改色，极具职业精神地坚持把一首曲子完成。

此后尼禄演出上了瘾，他在那布勒斯连续举办个人演唱会，一唱就是好几天，然后只做短期休息，只为保护自己的嗓子。他曾跟大家宣称：只要润一下嗓子，他就能把任何歌曲唱得悦耳动听。

他还挑选了五千人作为自己的啦啦队，让他们在自己演唱时用力鼓掌，而且还鼓出了花样，掌声分为蜜蜂声、瓦声、砖头声等多种形式。

尼禄也在首都罗马举办演唱会。他经常戴着英雄和神的面具演出，有时也戴女英雄和女神的面具，甚至让人专门打造类似于他本人面庞和他钟爱女人面庞的面具。

尼禄的表演如此卖力，以至于达到了以假乱真的效果。有一次，他演出一场悲剧，锁链缠身。一个不明真相的站岗卫兵远远望去，以为皇帝被绑架了，连忙上去解救。

但观看尼禄皇帝的个人演唱会可不是什么愉快的事情。只要他唱歌，任何观众有任何燃眉之急的事情都不能离开剧场，以至于剧场里发生了很多啼笑皆非之事。孕妇观众不能离场，以至于她们只能在剧场中生下孩子。尼禄在台上那略带沙哑的歌喉，伴随着阵阵响亮的新生儿啼哭声，令人哭笑不得。

很多观众实在是听腻了皇帝唱歌，便偷偷越过剧场的院墙逃跑，或者有人急中生智，干脆装死，让别人把他们抬出去，从而逃离剧场。

尼禄皇帝是如此珍惜他“美妙的歌喉”。他身边随时随地都有一个声乐老师，提醒皇帝爱护自己的嗓子和用手绢捂住嘴巴呼吸。为了保护自己的“金嗓子”，他从来不在公众场合向士兵们发表演说，如果有这种场合，他会让人代劳宣读演讲稿。

尼禄虽然热爱音乐，但作为皇帝在治国上却倒行逆施，最后众叛亲离，被迫自杀。临死之前，他还不忘来上一句对自己的人生总结：“多么伟大的艺术家就要死了！”

从风尘女子到皇后的传奇人生

出身贫贱的皇后，中外历史上不乏其人。

在东罗马帝国历史上，就有这样一位皇后，她曾是风尘女子，在登上皇后之位后，实行女权主义改革，把自己的名字永远留在了历史长河中。

她就是狄奥多拉。这个名字在希腊语中意为“上帝的赠礼”。狄奥多拉出生于君士坦丁堡一个希腊底层家庭，父亲阿克修斯是一名竞技场的驯熊师，母亲是一名舞女兼女演员。

为了谋生，长大成人后的狄奥多拉曾经在滑稽戏院做过滑稽演员，在舞台上毫无顾忌地展示自己的曼妙身材。此外，她还曾是总督赫塞波鲁斯的情妇，并为他产下一子。

一个偶然的机会使她结识了当时还是禁军统帅的查士丁尼。查士丁尼对这位出入于风月场的美丽女子一见倾心，二人于公元 523 年举行了婚礼。

四年之后，查士丁尼登上皇位，立狄奥多拉为皇后。

此后她的政治才华很快就展现了出来。公元 532 年，君士坦丁堡发生了尼卡暴动，查士丁尼试图劝解暴动群众，却被情绪激昂的群众骂作“下流胚”“蠢驴”“伪君子”。查士丁尼见势不妙，准备把财宝打包装船，逃离首都。关键时刻，狄奥多拉怒斥丈夫：“如果只有在逃跑中才能寻求安全，我宁可放弃逃亡的道路。头戴皇冠的人不应该在失败时苟且偷生。我不再被尊为皇后的那一天是永远不会到来的。如果您想逃，陛下，那就祝您走运。您有钱，您的船只已经准备停当，大海正张开怀抱。至于我，我要留下来。我欣赏那句古老的格言：紫袍是最美丽的裹尸布。”她的勇敢和坚定给了查士丁尼勇气，他选择留下来平定暴动。

狄奥多拉在宫中指挥调度，名将贝利撒留带兵对暴动者进行血腥镇压，杀掉了三万多人。

暴动平复后，查士丁尼正式宣布皇后狄奥多拉为他的共治者。

特别值得一提的是，共治者狄奥多拉为女性争取了很多的权利。这些都在《查士丁尼法典》中有所体现，如明令禁止男性无故抛弃女性，明确女性具备财产继承权，强奸罪判死刑。狄奥多拉还将宫殿改建为修道院，专门收容失足女性；明令女性在离婚问题上有更多的权力，并允许女性堕胎。

相比于蛮族治下的查理曼帝国，这一时期的东罗马帝国女性拥有着更多更高的权利和地位。

狄奥多拉先于丈夫查士丁尼二十多年病逝，此后查士丁尼没有再立皇后。公元 559 年，也就是狄奥多拉死后第十一年，查士丁尼战胜了匈人。大军凯旋之际，他命令军队绕道来到了圣使徒教堂的一座墓前。查士丁尼皇帝在墓前亲自点燃了一支蜡烛，双手合十，虔诚地祈祷默哀。随从们发现，从不肯轻易落泪的皇帝已经泣不成声。

这一刻，他的眼泪只为一生挚爱的狄奥多拉而流。

伊丽莎白一世终身不嫁之谜

伊丽莎白一世是英国都铎王朝的杰出女王，在她统治时期，英国国力达到了鼎盛：国内政局稳定，确立了国教制度；对外英国获取海上霸权，在东方不断扩展势力。伊丽莎白一世是一位女政治家，但是她在个人婚姻问题上，却留下一个大大的谜团——为何她终身不嫁呢？

伊丽莎白是英国国王亨利八世之女，1533 年 9 月 7 日出生在格林尼治宫。她的母亲安妮·博琳本是一名宫女，与亨利八世婚后三个月，便生下了伊丽莎白。伊丽莎白由此被认为是私生女，而按照天主教规，她不能成为天主教徒。

在伊丽莎白 2 岁的时候，母亲因为没有生下男孩，被亨利八世以“不忠”罪名处死。年幼的伊丽莎白饱尝丧母之痛，不过她十分聪明，接受了良好的教育，精通各国语言。1553 年，伊丽莎白的同父异母的姐姐玛丽登上英国王位，即玛丽一世。她致力于镇压新教教徒，以手段残酷而著名，人称“血腥的玛丽”。玛丽本来就对妹妹伊丽莎白不满，借口妹妹涉嫌卷入新教运动，将她关押入伦敦塔。幸运的是，玛丽死后，因为没有子女，在新贵族和新教徒拥护下，伊丽莎白登上了英国王位。

当时伊丽莎白只有 25 岁，身材婀娜，美丽的鹅蛋脸上闪烁着一双会说话的大眼睛，而且伊丽莎白对穿着十分在行，她穿着时髦，谈吐优雅，是当之无愧的美女国王。很多欧洲国家的王公贵族争先拜倒在她的石榴裙下，他们使尽手段，希望能迎娶这样一位女王。英国议会里的大臣们也强烈要求女王早日结婚，以利于维持国家稳定和王位继承。

最先向女王求婚的是她的姐夫，西班牙国王腓力二世。在伊丽莎白被囚禁期间，腓力二世就曾给予过特别关照，但是西班牙是一个顽固的传统天主教国家，玛丽女王和腓力二世的结合，曾经给英国带来的巨大伤害，仍令人记忆犹新。

因其私生女身份，伊丽莎白初登王位时，英国女王的合法地位一直得不到承认。她不动声色地利用腓力二世，对他的求婚态度暧昧。但是当她地位稳固之后，便以宗教信仰不同为由明确拒绝了腓力二世。之后，伊丽莎白又以自己的婚姻为筹码，周旋于欧洲各大强国之间，为英国谋取最大化的利益。

1578 年，伊丽莎白离婚姻只有一步之遥。法国国王亨利二世的弟弟，23 岁的安休公爵来到了英国做客，尽管当时伊丽莎白的年龄比安休大了近一倍，两人还是一见钟情，甚至手拉手在御花园里嬉笑调情，乃至当众拥抱。

伊丽莎白起初答应了安休的求婚，但考虑到英法和西班牙之间复杂的国际关系，还是在即将举办婚礼的当天，宣布解除婚约，并表示要一辈子单身。她向英国国民发表了一番充满深情的演讲：“我不需要结婚。因为我在加冕典礼时就已经将结婚戒指戴在了我国臣民的手指上，我与全体臣民为伴，将我的生命和贞节献给英国。”英国人民大受感动，并以“贞洁女王”来称呼伊丽莎白。

那么伊丽莎白为何选择孤老终生？对此，后人有各种各样的推测。

有一种说法认为，伊丽莎白幼年深受父亲的影响，父亲亨利八世曾经杀死过三任妻子，六次结婚迎娶皇后，对于这样暴虐的父亲，伊丽莎白在心理上有一层深深的阴影。她不信任男人和婚姻，由此患上了“婚姻恐惧症”。另一种说法是伊丽莎白的政敌们宣称的，他们说女王并不是正常的女人，她是一个阴阳怪人，根本没有婚姻的需求。

还有一种美丽的说法，伊丽莎白女王虽然终身未嫁，但是她曾经有过一个情人，这个神秘情人就是英国伯爵罗伯特·达德利。达德利和伊丽莎白是青梅竹马的玩伴，因为达德利有过两任妻子，女王自然不能成为他的第三任妻子。不过，女王与达德利常年通信，并且在信中还亲密地称呼他为“甜蜜的罗宾”，还给他取了一个昵称“我的眼睛”。1588 年 7 月，达德利指挥英国舰队与西班牙舰队交战期间曾写过一封情书给女王，称呼伊丽莎白为“我最最亲爱的女士”。但是写完此信一个月后，达德利就战死沙场。他的死讯给了伊丽莎白沉重打击，女王把自己锁在了卧室里，几天几夜不吃不睡。最后，还是大臣们破门而入，将女王抬出了卧室。

最后一种说法为历史学家所公认。他们认为女王之所以终身未嫁，还是出于政治考虑。王室婚姻与国家政治、经济和国际关系有着千丝万缕的联系，伊丽莎白是个聪明人，她不想让婚姻成为自己处理国家关系时的牵绊，她将英国的国家利益看得高于一切。

谁是主凶？——王妃戴安娜之死

英国王妃戴安娜曾是世界关注的焦点人物之一，其传奇经历至今仍被人们津津乐道。戴安娜 1961 年出生在一个平凡家庭，幼年就遭受了父母离异的打击。不过老天对她似乎又有所垂怜，年轻美貌的灰姑娘 16 岁时邂逅了她的白马王子——英国王储查尔斯，这一段爱情又让多少人艳羡。1981 年 7 月 29 日，戴安娜与查尔斯在白金汉宫举办隆重婚礼，当时全世界 7.5 亿观众通过电视收看了这场震撼人心的“世纪婚礼”，大家纷纷为他们美丽的爱情祝福，有媒体称戴安娜的婚姻是“20 世纪最美丽的童话”。从此之后，戴安娜的一举一动都成了英国媒体争相报道的话题。直到美丽的爱情童话破灭，王储夫妇发生了婚姻危机，最后正式离婚，这些都被大大小小的媒体拿来炒作。

戴安娜离婚后，英国民众普遍对她表示同情，指责查尔斯对婚姻破裂负有不可推卸的责任。戴安娜也结识了埃及的富豪多迪，进入了新的感情生活。可是，谁也预料不到的一场悲剧突然降临了。

1997 年 8 月 31 日 0 时，戴安娜和多迪在巴黎市郊的里茨饭店共进晚餐，之后乘车前往位于巴黎 16 区的豪宅。由于媒体对戴安娜的新感情十分关注，而戴安娜又不想过于高调，为了躲避媒体记者的追踪，里茨饭店专门找到一个名叫保罗的人做戴安娜的司机。保罗驾车十分娴熟，汽车时速很快超过了 160 公里。但即使如此，记者们还是穷追不舍。戴安娜的座车行驶到塞纳河畔的阿尔马桥下隧道时有一个急转弯，由于车速过快，失去了控制。汽车先是猛烈撞击在隧道立柱上，然后翻滚着又撞到了隧道右边的墙体，最终重重摔落在隧道车道中央。

受到猛烈的冲击力，多迪和司机保罗当场毙命，坐在后座的戴安娜身受重伤，送往医院，但终因肺部出血于凌晨 4 时离开人世，年仅 36 岁。

这场突如其来的车祸震惊了世界。英法两国连夜对事故展开调查。根据法国巴黎检察署发布的声明，司机保罗属于酒后驾车，其每公升血液所含酒精超过了法定含量的 3.5 倍。但是里茨饭店却不承认这个说法，他们提供了监控录像，从录像上看，保罗在事发之前，行走十分正常，并没有喝醉酒的迹象。一位服务员也声称保罗早在一年之前就已经戒酒，当晚并没有酗酒。新西兰法证学家斯普罗特从专业角度怀疑检验保罗血液酒精含量的方法出现了错误。

人们谴责的矛头又指向了追踪戴安娜的媒体记者。一直以来，戴安娜就深受英国报界记者的骚扰，她生前曾经几次指责过这些人打扰了她的正常生活。而这一次的事故，正是因为记者的疯狂追踪，才迫使保罗超速驾驶，以致发生车祸。而事发之后，记者们第一时间竟然不是给予人道救助，而是忙于拍照摄像。戴安娜的弟弟斯潘塞激烈地指责新闻界，说他们双手沾满了戴安娜的鲜血！

由于多迪也死于车祸，埃及官方媒体又提出了一种新说法，他们认为是种族主义阴谋策划了这次车祸，而策划者就是英国情报机构。

由于这场车祸扑朔迷离，涉及面过广，直到今天人们还在争论其原因。更多的人则为这位传奇女子的悲惨遭遇而感到痛惜。

第二章

中外历史舞台上的传奇女子

一部中外历史，尤其是中国古代史的主角，几乎都是男人。不过，女性撑起半边天，她们也以自己的方式在影响改变着世界。我们从历史的犄角旮旯翻出这些传奇女子的故事，与诸君分享。

后宫亲姐妹争宠的悲剧

公元 499 年 4 月的一天，北魏皇宫内传出一个女人尖厉的喊声：

“不，我不能死！你们伪造遗旨，是你们要害我。我是皇后，你们怎么能让我死！我还年轻，我要活着！”

两个王爷站在她面前，一个是彭城王元勰，一个是北海王元详。两个王爷看着这个歇斯底里的女人，无奈地摇摇头，朝身边卫士使了个眼色。两个卫士冲上前，一人按住她的身体，一人拿着盛满毒酒的酒杯强行给她灌下。毒性发作，女人疼得遍地翻滚，口吐白沫，最后她的眼睛开始迷离，仿佛看到了童年的自己：那是一个阳光明媚的日子，她牵着妹妹的小手，无忧无虑地在郊外一起捉蚱蜢，捕蝴蝶，采野花。妹妹采下一朵美丽的小红花戴在她头上，拉着她的手说：“姐姐，我们要永远在一起，永不分开，我们是好姐妹！”她开心地点着头，拉紧妹妹，把她拥进怀里……

这个被逼殉葬的女子就是冯润，她是北魏孝文帝元宏的第二任皇后。

冯润是太皇太后冯氏的侄女，她有一个同父异母的妹妹冯清，姐妹俩一起长大，感情很好。冯润的命运在她十四岁时发生了转折，当时的冯太后为了保持家族的权势，决定把两个侄女一起嫁给孙子——孝文帝元宏。换句话说，元宏娶了自己的两个表姑。

两位十几岁的小姑娘都是天生的美人胚子，大家闺秀的气度也让人喜爱。她们不知道自己的未来会怎样，怀着惴惴不安的心情进入了那神秘莫测的宫廷。

见到这对美丽的姐妹花，元宏非常喜欢。尤其是姐姐冯润，不但妩媚多情，而且善解人意、活泼大方，又时常说些笑话逗得元宏哈哈大笑。渐渐地，元宏越来越喜欢冯润，并有了立她为后之意。但就在这关键时刻，一场大病却终断了冯润的皇后之路——她得了咳血病。冯太后怕冯润传染孙子，就打发她回家养病。不止如此，太后临终之前还要求元宏立冯清为皇后。

面对祖母的这个要求，元宏为难了。要说相貌和修养，冯清并不输于姐姐冯润，但是姐妹两人性格却大不相同，冯清沉静端淑，性格内敛，而冯润热情活泼，浪漫多情。元宏喜欢的恰恰是姐姐这种活泼外向的性格，但又不得不屈从祖母的意思立冯清为后。册后大典以后，冯太后终于满意地闭上双眼离去了。

尽管如此，元宏始终对冯润旧情难忘，冯润痊愈后，皇后冯清也劝他早日把姐姐接回宫中居住。这时候姐妹两人的关系还是融洽的。回宫之后的冯润被立为左昭仪，在位置上仅次于皇后。

孝文帝元宏对冯润旧情重燃，两人的爱更炽烈了，自然就冷落了正牌皇后冯清。为争君王之爱，姐妹之间渐生间隙。冯润凭借皇帝对她的宠爱，几次三番吹枕头风，说尽妹妹的坏话。本来元宏就对祖母强行安排的皇后不满，这样一来，索性废除了冯清的皇后之位。心灰意冷的冯清看破红尘，到瑶光寺出家为尼。

公元 497 年，冯润终于得到了自己梦寐以求的皇后之位。当上皇后的她独霸后宫，其他嫔妃都不得承幸。而对如此妒妇，元宏还为她开脱："妇人妒忌防范，就是王者也不能避免，何况士大夫和百姓。"

孝文帝出兵攻打南齐，不甘寂寞的冯润竟然跟假宦官高菩萨私通，秽乱宫廷。二人甚至出双入对，闹得宫中人尽皆知。

有个名叫刘腾的官员把他们私通之事密报了元宏。起初元宏还不信自己深爱之人会背叛自己，但当彭城公主亲自赶往军中，当面揭发了皇后的丑事，便由不得元宏不信了。一气之下，元宏病倒在军中。冯润安插在军中的密探告诉了她事情败露的消息。冯润闻后大惊失色，找来母亲常氏一起商量对策。两人的对策便是让女巫咒死孝文帝，然后立少主，由冯润临朝称制。

孝文帝得知此消息，再也不能容忍。他突然回到京城，下令处死高菩萨和其党羽双蒙，并单独提审冯润，还从她身上搜出了三寸长的匕首。但是元宏真的太爱皇后了，竟没有下令处罚皇后。

经过这次打击，元宏的病情加重，很快到了弥留之际。他临终留下遗诏，说皇后失德，自寻死路，自己驾崩以后，让皇后殉葬，仍以皇后之礼安葬，这样可以掩饰冯氏一门的大过。

这才有开篇元详和元勰秉承皇帝遗旨，处死冯润的场景。冯润临死前一定后悔自己苦心夺来皇后之位，到头来却是镜花水月，一场空欢喜。想起被自己害得青灯孤影的妹妹冯清，冯润临死前又不知有何感想。

三嫁帝王后出家为尼的女子

放眼中国历史，嫁过两位帝王的女子有之，如西晋惠帝皇后羊献容，如隋炀帝之皇后萧氏（她虽六嫁，其中四位不是自封为帝的草头王就是草原可汗，只有两个是真正的帝王），可是正史记载嫁过三位帝王的仅仅一位，这位传奇女子就是尔朱英娥。

尔朱英娥是北魏权臣尔朱荣之女。尔朱荣平定六镇叛乱有功，孝明帝元诩为表示恩宠，在赏赐他高官厚禄的同时，还纳了他的女儿尔朱英娥为嫔。当时元诩还有一个考虑，就是利用尔朱荣的兵权为自己摆脱胡太后的控制，与尔朱英娥的结合也注定了是一场政治婚姻。年轻貌美的尔朱英娥眼睁睁看着皇帝丈夫沉迷于潘妃的寝宫，而自己只能独守空房。

武泰元年（528 年），孝明帝联络尔朱荣入朝夺权，事情泄露，胡太后竟然将亲生儿子杀死，更加荒唐的是随后即改立自己亲孙女为皇帝，对外宣传是皇子继位，并下令后宫所有嫔妃都出家为尼。

尔朱荣得知消息，以此为借口杀回朝中，拥立元子攸为帝，是为孝庄帝。胡太后与同党大臣两千多人都被投入黄河淹死，史称“河阴之变”。为了控制新皇帝，尔朱荣逼迫元子攸立自己女儿尔朱英娥为皇后。

元子攸心里可是一万个不情愿，从辈分来说，尔朱英娥可是他堂嫂。但是迫于尔朱荣的权势，元子攸不得不同意。皇后尔朱英娥有强势父亲的撑腰，开始变得对人颐指气使，目空一切，常常连皇帝丈夫也不放在眼里。

元子攸只能暗气暗憋。

隐忍的皇帝终于等到了机会。尔朱英娥九个月身孕时，元子攸对外谎称皇后产下皇子，尔朱荣大喜过望，不顾心腹的劝阻，一心进宫看望外孙。结果元子攸布下天罗地网，手刃了老丈人尔朱荣。

遭此变故，外朝失去了最大的支持，尔朱英娥只好收敛气势，低调做人。两个月后，尔朱荣的侄子尔朱兆杀回洛阳，逼死元子攸，还当着尔朱英娥的面摔死了她刚产下的皇子。经此巨大变故，尔朱英娥开始变得精神恍惚。

形势很快又发生了变化。永熙二年（533 年），北魏将领高欢攻入朝中，打败并杀死了尔朱兆等人，控制了朝政。高欢生前虽然没有称帝，却实际控制了北魏朝政，并开创了北齐王朝，死后被追尊为“神武皇帝”，堪称一代帝王。他纳尔朱英娥为侧室，对她的敬重甚至超过了对正室娄昭君。每次见尔朱英娥，高欢都要正衣冠、束襟带，自称下官。夫妻之间如此生分，也表明高欢只是把尔朱英娥当成摆设，娶她更多是为了拉拢她背后巨大的家族势力。

在为高欢生下两个儿子以后，历尽变故，早已看透人生的尔朱英娥索性出家为尼。高欢尊重她的意愿，并专门为她建了佛寺。不久高欢病亡，高洋自立为帝，尔朱英娥被封为彭城太妃。

北齐天保七年（556 年），垂涎尔朱英娥美色已久的文宣帝高洋酒后来到尔朱英娥出家所在的佛寺，欲行不轨。尔朱英娥抵死不从，反抗中惹怒了高洋，被高洋一刀捅死。

尔朱英娥是一个可怜的女子，虽然她嫁过三个皇帝，却都没有真感情，自己只是政治游戏中的工具和牺牲品。最后想要在青灯孤影中安度余生，却被暴君非礼并杀害，确实让人同情。

中国古代唯一的女皇帝是武则天？你错了！

说起中国的女皇帝，大家第一时间想到的就是武则天。确实，她经历传奇，在位十五年对中国历史影响深远，也因此成为各种历史影视剧的热点人物。很多朋友便认为她是中国古代唯一的女皇帝。其实仔细扒一扒中国历史，至少还有两位女性也曾经登上帝位，不过她们的故事却很少为人所知。

第一位是北魏殇帝元姑娘，因为史书没有记载她的名字，只能称呼她元姑娘了。

元姑娘出生于北魏孝昌四年（528 年），是孝明帝元诩唯一一个孩子。但就在她出生不久，祖母也就是胡太后却对外宣称是皇子出生了。为何临朝称制的胡太后如此奇怪，非要造假说孙女是孙子呢？原来孝明帝元诩四岁登基，生母胡太后以其年幼无知得以临朝称制。胡太后掌权的这些年，把朝政搞得一团糟，而且生活还很不检点，这些都让儿子极为不满。元诩后来找机会杀了母亲的情夫清河王，导致母子之间产生了难以弥补的裂痕。胡太后一气之下，竟找机会毒杀了儿子孝明帝元诩。为了稳定人心，她对外宣称刚出生五十天的皇女元姑娘是皇子，立她为帝。而这场闹剧仅仅持续了一天，女婴元姑娘继位当天，祖母胡太后见大局已定，又对外宣布小皇帝实为女婴，改立宗室之子元钊为帝。而当时元钊也才三岁。后来元姑娘夭折，胡太后给她谥号殇帝。

军阀尔朱荣以胡太后立女婴为帝为借口兴兵讨伐，最后杀入京城，把以胡太后和小皇帝为首的两千多人杀死，是为“河阴之变”。整个事件之中，女婴元姑娘虽还在襁褓中，却坐上了皇位，也成为中国历史上第一个女皇帝。

第二位女皇帝就是武则天，而第三位也是中国历史上的最后一位，是西辽王朝的承天皇帝耶律普速完。她是西辽仁宗耶律夷列的妹妹，仁宗驾崩之前，因为太子耶律直鲁古年幼，遗诏妹妹辅佐太子，临朝称制。于是耶律普速完改年号为崇福，自己临朝称制，号为承天太后。崇福十四年（1177 年），耶律普速完自称皇帝，号承天大帝。她掌权期间，西辽对内积蓄国力，对外用兵，国势得以快速发展。但这位女皇帝天命不长，称帝第二年便死于宫廷政变。

武则天在中国历史上可谓家喻户晓的人物，而另两位女皇帝，一个是在位才不到一天，一个是位处新疆的少数民族政权皇帝，所以普遍不为人所知。

武周之后，女性参与政治的热情不减，韦皇后欲做武则天第二，安乐公主要当皇太女，都失败于宫廷政变。宋朝刘娥权势日大，也做过皇帝梦，但是明智的她最后还是选择乖乖地做赵家儿媳。宋朝开始，随着中国政治体制日益完备和传统礼教、理学思想的兴起，女人称帝也只能是一个遥不可及的梦想了。权势大如慈禧也只能垂帘听政，前面坐着皇位的始终是爱新觉罗皇族之人。

被《武媚娘传奇》“黑化”的贤惠嫔妃

2014年，一部古装大剧《武媚娘传奇》在湖南卫视热播。此剧大牌云集，场景华丽，服饰炫目，剧情跌宕起伏，还一度触发“禁播”风波。历史剧有一个好处，那就是能够引发观众对历史的兴趣。剧中有一美丽配角即徐慧，起初与刚入宫的武媚娘结拜为姐妹，二人可以说是有难同当、有福同享的好闺蜜。可是后期好闺蜜徐慧却变脸，处处陷害武媚娘不遗余力，成为面目可憎的恶闺蜜典型。徐慧历史上确有其人，原型就是唐太宗的爱妃徐惠，与电视剧中只有一字之差。

那历史上真实的徐惠确实如剧中所描述的那样厚黑吗？恰恰相反，让我们掀开历史的画卷，走进一代贤妃的前世传奇。

在李世民登基改元那一年，湖州长城出生了一个小女婴，她就是徐惠。徐惠是东海徐氏之后，父亲是果州刺史徐孝德，家世显赫。徐惠与弟弟妹妹皆有文才，姐弟三人也常常被时人比作汉朝班氏。

据说徐惠出生五个月就会说话了，四岁即可熟读《论语》《毛诗》等典籍，八岁已经开始写作诗文，可以说是典型的女神童。父亲徐孝德为了试试她的能力，让她以《离骚》为题作诗，小徐惠挥笔而就《拟小山篇》：“仰幽岩而流盼，抚桂枝以凝想。将千龄兮此遇，荃何为兮独往？”文采之妙，让很多成人都自愧不如。

从此徐惠之才名传遍内外，不久连唐太宗李世民也听说了有这样一位绝世才女，于是徐惠被召入宫中，并被赐予才人封号。

入宫之后的徐惠不时展现出超人的才华，信手拈来的美妙诗句让李世民每每赞叹不已。有一次，徐惠因为耽误了李世民的召见，令皇帝等得有些恼怒。徐惠为此作了一首小诗："朝来临镜台，妆罢暂徘徊。千金始一笑，一召讵能来？"李世民闻听此诗，怒气顿时云消雾散。在大唐这个诗的国度，后宫中能有如此佳人才女相伴，李世民可谓志得意满。

李世民晚年曾经大兴土木，在多地修建宫殿，并且打算征兵攻打高丽。熟读史书的徐惠知道前朝杨广就因三次征伐高丽，耗费了国力民力，以致忍无可忍的百姓揭竿而起，终使强盛一时的隋帝国轰然倒塌。如今英明一世的李世民也要重蹈覆辙，她看在眼里，急在心中，于是挥笔写下一篇劝谏李世民的政论文章，后世称之为《谏太宗息兵罢役疏》。此文有史有据，分析入情入理，为历史上罕见的由女性写就的政论文章，成功起到了劝谏作用，为历代史家所称颂。

贞观二十三年（649 年），盛年的李世民因为误服丹药而"龙驭上宾"。皇上驾崩了，悲痛万分的徐惠思念成疾又不肯服用药物。她流泪说道："先帝待我恩重情深，我希望能去侍奉先帝的陵寝，这是我最大的心愿。"

第二年，病重的徐惠就追随太宗李世民而去了，时年二十四岁。

后人评价徐惠之贤不亚于长孙皇后，所以电视剧《武媚娘传奇》中对她进行了"黑化"，还是那句话，电视剧毕竟不能当历史来看。

帮助丈夫登基为帝的她为何不能做皇后

大唐会昌六年（846 年）四月的一天夜晚，大明宫寝宫之内，一盏微弱的烛光在摇曳，蜡炬眼看要燃光。卧榻之上，一位三十多岁的年轻人正在呻吟着，两眼无力地盯着榻前跪着的一名女子。这位年轻人就是操控大唐之舟的总舵主唐武宗李炎，此刻他的生命之火恰如那夜风中摇曳的残烛之光，正在一步步走向黑暗……

脸色蜡黄的他，无力地抬抬手，示意跪着的女子起身。女子正值青春年华，一头如黑瀑的长发，明亮的美眸，梨涡浅笑的万种风情，让人看也看不够。李炎挥挥手示意她走到榻前，拉住女子的手，未语泪先流，哭着说："朕当这个皇帝，你也是有功的。你我夫妻一场，情深意长，朕气数已尽，恐怕要与你诀别了！"女子努力压抑住自己的泪水，强作欢颜，安慰道："陛下青春鼎盛，洪福齐天，怎说此不祥之语？"李炎无奈地摇摇头说："如果真的如我说的那样呢？"女子看着与自己朝夕相伴的丈夫，曾经年轻英俊的面庞，此刻已经被病魔折磨得形容枯槁。她再也控制不住自己的泪水，大声哭道："陛下万岁之后，妾当殉葬追随陛下而去！"听到这里，李炎再也不说什么了，只是闭上眼睛，任由自己的泪水顺着脸颊肆意流淌而下。这是自己最爱的女子对爱情最忠贞的誓言，做皇帝、做男人做到这个份上，满足了！

这位唐武宗一生最挚爱的女子正是王才人。昔日佳人常相伴，笑语欢声恨日短，今日一切皆成梦，离别竟在一线间！此刻的李炎脑海中浮现出了他们共同经历的美好往事……

王才人，邯郸人，出身贫民之家。她十三岁那年，就已经出落得美丽脱俗，仿佛落入凡尘的一位百花仙子，加之能歌善舞，家人决定把她送入宫中为乐伎。当时在位的皇帝唐穆宗把小王美女送给了儿子颍王李瀍（唐武宗李炎原名叫李瀍），当时李瀍也只有十岁。

那时候的李瀍当然还不懂男女之事，他只是把小王美女当成大姐姐或是玩伴。二人一起玩耍，一起成长，从某种意义上说，小王美女算是李瀍青梅竹马的伙伴。陪伴就是一种感情，随着小颍王越来越大，小王美女也感觉到了李瀍看自己时那种火辣辣的眼神。两人之间产生了一种名叫爱情的多巴胺。

李瀍这时候还是一个放荡不羁的王爷，他经常带着小王美女出入各种教坊，饮酒作乐。如果不是他后来当了皇帝，也许两个人真的会好好享受人生，做一对神仙眷侣。

开成五年（840 年），唐文宗驾崩，且没有留下子嗣。宰相跟宦官们就下一任大唐帝国的皇帝人选展开了博弈，热门人选有三个：文宗的侄子陈王李成美、文宗五弟颍王李瀍、文宗八弟安王李溶。手握兵权的大宦官仇士良看中的是安王李溶，遂命神策军军士前去大唐皇子亲王的聚居区十六王宅传旨。

神策军士基本都是一帮不读书的粗人，他们来到了十六王宅却记不得仇公公让他们迎立的是哪位王爷了。情急之中，有个宦官喊了一句："迎接大的！迎接大的！"面对如此纷乱的场面，加上全副武装的神策军兵士，李瀍吓得藏身在画屏之后。而此刻李溶则非常从容淡定，他已经打算出来，坐上神策军抬来的肩舆了。正在这时，一名女子闪身而出，大喊一声："你们所说的大的，正是颍王殿下，颍王身材魁梧而且排行居长，宫中都喊他作‘大王’，这等重要的事情，你们要谨慎！”说话的正是小王美女。说完，不由分说，小王已把颍王推到神策军兵士面前。大家一看，果然颍王身材高大而且气度不凡。此刻，安王李溶也被小王美女的气魄所震撼，踌躇不前了。神策军将士们此刻也认为仇士良要拥立的正是颍王，李瀍就这样当上了皇帝，是为唐武宗。

唐武宗继位后，封小王美女为才人。天长日久的陪伴，竟然让王才人跟唐武宗有了夫妻相，加之二人都是纤颀身材，从远处看颇为相似。唐武宗每次游猎，都要带上王才人，王才人身着跟武宗相似的男装骑马跟随，围观的百姓都分不出谁是皇帝了。武宗非常宠爱王才人，他要立自己心爱的女人为皇后，却遭到了宰相李德裕的极力反对，理由是王才人无子而且出身贫寒。在重臣的反对之下，无奈的唐武宗只好作罢，从此以后他也没有立任何人为皇后。

唐武宗统治时期内外都取得了一些成绩，让衰落的大唐重新焕发了青春，史称“会昌中兴”。但是武宗在位末期，却开始沉迷于丹药。他听信术士的胡言乱语，认为吃丹药可以延年益寿，但服用丹药之后，身体反而开始变得消瘦。这时候王才人看在眼里，急在心间，多次劝说皇帝不要服食丹药。武宗对此置之不理。

终于，天长日久的服用丹药导致了武宗慢性中毒，他的身体开始急剧衰败。会昌六年（846 年）四月，改名为李炎的唐武宗，并没有找到好运气，他已经处于弥留之际了。

在大明宫寝宫，李炎跟王才人诀别，王才人含泪为自己深爱的男人唱了一曲《何满子》。一曲歌罢，斯人已逝，看着声息全无的唐武宗，王才人那裂人心肺的哭声在大明宫中久久回荡。

之后，王才人把自己珍藏多年的财物全部散发给宫人，然后默默地在寝宫中悬梁自尽，兑现了她殉葬君王的诺言。

几年之后，大诗人李商隐就这一段唐宫绝恋赋诗一首：“神仙有分岂关情，八马虚随落日行。莫恨名姬中夜没，君王犹自不长生。”

千载之后，世人在唐武宗端陵柏城游览之时，是否也会想起埋葬于此的李炎和王才人，他们之间曾有过一段旷世绝恋……

辅佐四代皇帝的金婚皇后

她是中国历史上唯一一位与皇帝走过金婚的皇后，同时又是居后位最久的皇后。这两项纪录的保有人就是宋高宗的皇后——吴氏。

吴氏的故事还得从她父亲做的一个梦说起。北宋徽宗政和三年（1113年），大宋江山表面的浮华掩盖了社会痼疾，开封这座当时世界上最繁华的都市已经坐在了火山口上，可是意识到这一点的人寥寥无几。吴氏之父吴近也如千万个普通的大宋子民一样正享受着大宋最后的繁华盛世。那一日，吴近梦见自己来到一个亭子，亭子上的横匾是“侍康”两字，亭子旁边种着芍药，但是只有一朵花儿在盛开，花朵之下有一只白羊。梦醒之后的吴近对这个梦境百思不得其解。第二年是农历乙未羊年，吴近的女儿吴氏出生了。那一年，在冰天雪地的北方，大金开国皇帝完颜阿骨打正带领三千多人的队伍对抗辽国十万大军。

吴氏十四岁那年，金人南下，兵火无情，东京梦碎，盛世繁华一夜毁于金人的铁蹄。吴氏随军逃难，并在建炎二年（1128年）被选入了宫中，而当时的宋高宗赵构也刚二十一岁。

吴氏的父亲习武出身，之前也经常教习她武艺。宋高宗赵构继位初期，时局不稳，战争频仍，吴氏就经常身着戎装，腰佩兵器，侍奉在赵构左右。那时候赵构最缺乏的就是安全感，经常被金军追得狼狈而逃，身边有如此美丽而且有一身好功夫的女子陪伴，相信他也是非常欣慰的。有一次因为宫廷卫士不满皇帝身边宦官的胡作非为，发动了兵变。闯进宫内的士兵问皇帝在何处，吴氏不慌不忙，用自己的智慧轻松应对，度过了险境。

不仅如此，吴氏口才也不错。赵构为了躲避金兵，常年漂泊海上。那种朝不保夕的感觉让他惶惶不可终日。有一次，一条鱼跳到了高宗赵构乘坐的大船上，吴氏说："此乃周人白鱼的祥瑞啊！"赵构听到了这句吉利话，非常高兴，封吴氏为和义郡夫人。

吴氏不但胆识过人，口才出众，而且文采斐然。她博通书史，善于写作，这也深得赵构喜爱，赵构本人的书法就是历代皇帝里面的翘楚，得此知音，岂能不乐哉？不久，吴氏又晋位为贵妃。在赵构的原妻邢氏病逝之后，宫中后位的人选提上了议程。而此时一个人的话对赵构最终确定吴氏为皇后，起到了关键作用。

这人就是赵构的生母韦太后。她从金国回归南宋后即由吴氏负责照顾起居。吴氏尽心尽力，无微不至，深得婆婆韦太后的满意。此外，吴氏曾经绘了一幅《古烈女图》在自己座位之上，时时刻刻作为借鉴。她还在宫中的居所挂了一块"贤志"的牌匾作为座右铭。这两件事也让韦太后觉得自己这个儿媳妇是贤良淑德之人，足以母仪天下。在韦太后的大力支持下，赵构于绍兴十三年（1143 年）正式册立吴氏为皇后。

不育的赵构收养了两个宗室之子赵伯玖和赵伯琮为养子，并交予吴皇后抚养。吴皇后对两个孩子一视同仁，后来因为赵伯琮表现出了优异的品质，吴皇后力劝丈夫立他为太子。

之后赵构禅位给太子，太子继位，是为宋孝宗。孝宗对自己的这位养母十分尊重，尊吴氏为太上皇后。淳熙十六年（1189 年），孝宗又禅让皇位给自己的儿子宋光宗。光宗曾经向这位祖母讨教用人之道，吴氏意味深长地告诉他应该重用老臣。在吴氏八十大寿之际，她对侍奉在身旁的曾孙嘉王赵扩说要好好读书，尊崇纲常，这番勉励也饱含了她对未来皇位继承人的一片期许。

绍熙五年（1194 年），太上皇孝宗驾崩，光宗也病倒无法理政，朝廷上下乱作一团，连宰相留正都不辞而别，逃离了京城。在此国家危难之时，群臣一起来到宫中，请年逾八旬的吴氏出宫，主持孝宗的丧事。架不住群臣的力劝，吴氏只好出马主持孝宗的丧礼，并在丧礼上宣读光宗的诏书，立嘉王赵扩为帝，是为宋宁宗。吴氏以八十多岁老迈之身仍然带领南宋王朝安然渡过了危机，这也赢得了朝野一片赞誉。

三年后，病重的吴氏在弥留之际留下遗言，以日代月，为她服哀五天即可。从公元 1128 年到 1187 年赵构去世，吴氏与赵构夫妻两人一起走过了 59 年的金婚岁月，他们如能再坚持一年就是钻石婚了。

令皇帝念念不忘的传奇女人

明正德十六年（1521年），北京。

豹房之中，剧咳不止的明武宗朱厚照又吐出一口殷红的鲜血。自从南巡途中在清江浦钓鱼时不慎落水以后，原本身体壮实的朱厚照就一病不起。到了京城，虽经御医多方调治，病情也未见缓解。

“来人，传王满堂侍驾。”朱厚照抹去嘴角的血迹，传旨给身边的老宦官。老宦官抬头看到皇帝消瘦的面容，本想劝说，可是又不敢说，只好摇摇头，缓步退出殿外。

这位王满堂到底是何方奇女子，让重病中的皇帝如此眷恋、念念不忘？

王满堂是河北霸州人，父亲是专门帮人打官司、写讼状的讼师。虽然是混迹生活底层的小人物，但是王父却没有重男轻女的思想，在那个年代也是非常难得了。他对自己的女儿寄予厚望，给她取了个响亮的名字“满堂”。要知道在那个时代，女子社会地位低下，很多人根本没有自己的名字，多数嫁入夫家以后，随夫姓，以某某氏被人简单称呼而已。随着年龄的增长，王满堂出落成一个美丽动人的俊俏姑娘，其美艳甚至在霸州一带也小有名气。

当时的皇帝正是正德天子朱厚照，这位风流天子被后世所诟病的重要一条正是他的风流好色。这年，他下诏选妃。被派往霸州的使者一到此地，就听说了王满堂的艳名，便将时年十五六岁的王满堂带到北京豹房应选。跟全国各地精挑细选的美女相比，“霸州一枝花”王满堂明显逊色，再加上明武宗个人癖好“熟女”，还是小姑娘的王满堂自然就在落选之列了。

但一个奇怪的梦让落选的王满堂再度燃起了希望。梦中有神仙告诉她，如果有一个叫赵万兴的人来聘她，他会给她带来富贵人生，让她一定要抓住机会。美梦之后的王满堂从此坚定了信心，今生自己必定富贵。回家之后，王满堂把这个梦告诉了父母，把希望寄托在女儿身上的父母也非常高兴，认定自己的女儿必将变成凤凰上枝头。

王满堂的父亲有个和尚朋友，为了宽慰他故意说他家屋顶有紫气缠绕，说不定就是喜事到来的征兆。闻听此言，王父便说起了女儿的那个梦，和尚当时并未在意，只是当一个灵异故事听听而已。一次闲聊时，和尚又把王满堂的这个梦讲给了自己的道士朋友段长。哪知道，这个段长是个花花道士，对王满堂的艳名早有耳闻，听闻此事，脑瓜一转，计上心头。

几天以后，经过一番精心打扮的段长敲响了王家的大门，假装过路人投宿王家。王家一见来人，模样也算端正，自称名叫赵万兴。听闻此名，王父大惊，连忙殷勤招待。化名赵万兴的段长看王家的表现，心中窃喜，表面却不动声色，谎称第二天就要离开继续赶路。王家赶紧找各种理由来挽留他多住几天。在这几天里，王家暗中观察来人，觉得他应该就是女儿梦中的贵人。于是他们出面主动提出要把女儿王满堂嫁给这位“赵万兴”。

段长顺水推舟，顺势娶得娇妻王满堂，得到了梦想已久的美人。可是不安分的段道长想给妻子“圆梦”，顺便让自己的富贵更“长”。经过精密计划，段长就在自己的朋友圈四处散布王满堂的那个奇梦。市井之中都流传王满堂有皇后命，她的丈夫赵万兴将来也是富贵之人，跟着他干，将来肯定能享受荣华富贵。

渐渐地，一些恶少和无业游民聚集到段长身边，段长把这些人拉到了深山之中，并建立山寨，决定暗中起事。段长让手下人在山寨中用茅草搭建了“宫殿”，并且称帝，改年号为“大顺平定”，设立了左右丞相和诸大臣。麻雀虽小，五脏俱全。而夫人王满堂充其量只是个压寨夫人，却也被段长封作了“大顺平定皇后”，从这个角度来说，王满堂也算圆了她的皇后梦。

虽然这伙人搭建了草台班子，跟唱戏一样玩当皇帝的过家家游戏，根本威胁不到明朝的统治。但是毕竟也属于造反，官府出兵轻而易举就抓获了包括段长、王满堂在内的所有人犯。

一干人犯被押送京城以后，明武宗处决了段长等主要人犯，却留下了王满堂，王满堂被暂时送入了浣衣局“劳动改造”。

当明武宗朱厚照南巡回来后，又想到了审问人犯时，王满堂那充满魅力的可怜眼神，又想到了王满堂做的那个奇怪的梦，此女梦遇贵人，应该也是富贵之人啊。自己已经三十多岁，膝下仍无子嗣，意味着父皇这一系的江山在自己身后将无人继承。想到这里，他不禁打了一个寒战，并产生了一个奇怪的想法：也许此女能给朕带来子嗣。要知道，朱厚照极端笃信藏传佛教和因果之说，他之所以在生命的最后时刻，不顾染病在身也要召幸王满堂，也有为自己留下子嗣的想法。但是这一个月，尽管他频频宠幸王满堂，却仍然没有实现自己的梦想，只是让自己的病情更加严重，加速了死亡。

朱厚照在与王满堂温存之时，也曾戏言要立她为后。但是一个月后，随着他的驾崩，王满堂的皇后梦也只能是一个永远不能实现的幻梦了。

随着新皇帝的登基，王满堂这个在宫中没有任何名分的女人又被送回了浣衣局继续她的劳改生涯。每天面对着洗不完的衣服，干不完的活和旁人异样的眼光，每天耳朵中都充斥着别人“浣衣皇后”的蔑称，也许只有在静寂的夜晚，王满堂才能得到一丝喘息。那时候她也许会望着圆圆的月亮，感叹自己悲苦的遭遇，也许会后悔为什么要把那个梦当真，又为什么一门心思要当皇后，做一个普通女子不是挺好嘛……

她是林黛玉的原型？

自从《红楼梦》问世以来，无数痴男怨女为小说中的女主角林黛玉而痴迷。她美丽多情，心思缜密，善良而善解人意，只是命运安排最后以悲剧告终。相信她的粉丝们在看到她悲怆离世的一幕时，心也随之破碎了。

林黛玉作为一个文学人物，她的形象已经深入国人心中。她集天地灵气于一身，她有诗的灵魂，美的气质，她的哀怨忧愁让人心碎。这样一个人物，在历史上到底有没有原型呢？无数红学学者和爱好者一直在探索，但终究是众说纷纭，莫衷一是。

在明末历史上，曾经有这样一个才女，她名叫叶小鸾，冥冥之中竟与林黛玉有着太多的相似之处，以至于越来越多的人开始认为林黛玉的原型就是她。

叶小鸾，字琼章，一字瑶期，苏州人。她出身书香世家，父亲叶绍袁是著名文学家，官做到了工部主事。母亲沈宜修是著名才女，姐姐叶纨纨和叶小纨、妹妹叶小繁均工于诗词。全家可以说是一门书香，个个才气惊人。

叶小鸾出生后，母亲沈宜修因为家贫缺乏乳汁，将她送给表妹张倩倩抚养。

小鸾聪颖过人，三四岁时就可以口诵诗词。十岁时，她被父母接回家中。这一天晚上，她跟父亲燃灯夜坐。外面天气寒冷，父亲作了一个上联：

“桂寒清露湿。”小鸾不假思索，对出下联：“枫冷乱红凋。”才思敏捷真有当年才女谢道韫柳絮因风之思。十二岁时，小鸾长发覆额，体态颀长，宛若出水芙蓉，已经出落成了一个亭亭玉立的美女，后又随父到南京，琴棋书画皆有所成。

她性情高旷，喜读佛经，淡然无求，视金钱如粪土。虽然有天姿国色，却不喜梳妆艳服。几件旧衣服一直保存到去世，竟然宛如新衣。

她喜欢独处，可以一整天对着香炉，临帖《洛神赋》或者怀素的草书，时刻与琴书为伴。

她善于作诗。这是她的一首《咏梅》：

堪笑西园桃李花，强将脂粉媚春华。
疏香独对枝梢月，深院朦胧瘦影斜。
傲骨欺霜映碧绮，数竿修竹伴清幽。
年年燕子无消息，春信谁将寄陇头。

诗中充满愁情哀怨，让人看到了林黛玉的影子。

小鸾自幼被许给了昆山大族张鲁唯之子张立平。叶小鸾十七岁时，张家提出完婚要求。父母纵有千般不舍，也热热闹闹地为她张罗了婚宴。可是谁也没有想到，叶小鸾在婚礼之前却突发重病。她紧紧依偎在母亲怀中，口中诵念佛经，溘然而逝，安详而宁静。

十七岁的生命宛如昙花一现。一代才女犹如落入凡尘的天使，生命在最美好的时光中戛然而止。她的才情令人感叹，她的命运令人感伤。

叶小鸾和林黛玉，才情性格、命运有着太多相似，二人就像一对并蒂莲，空留后世无数痴男怨女凭吊感伤。

让皇帝在她墓前长跪并痛哭不止的女子

秋风瑟瑟，苍茫大地一片静寥孤寂。只有抬头望云天，才会发现几只孤雁悲鸣而过。

突然一声啼哭惊动了这深秋的静寂，哭声悲戚而令人震撼。原来是一个中年健壮男子正在一座墓碑前哭泣。他哭得如此哀痛，感染了旁边的侍从们，他们都陪着他默默流泪。

这位中年男子就是清朝开国皇帝皇太极（他于继承汗位第十一个年头称帝，并改年号崇德）。此刻他正在墓碑前痛哭，越哭越伤心，后来竟然跪在了墓碑之前。随行的文武官员惊呆了。为什么？如果皇太极跪的是父母，那无可厚非，但他跪的竟然是爱妃！

而且他长跪不起，任何人阻拦都无济于事。要知道皇太极可是文武兼备的才智君主，在大风大浪前巍峨不动，带领满洲从一个小小部族逐渐壮大到了可以和大明朝掰手腕的程度。群臣更是很少看到这样一个铁腕皇帝当众流泪。可是这一次，他严重失态了。而且自从爱妃去世后，他也不是第一次失态了。那墓碑的主人正是皇太极的宸妃海兰珠，在一年前去世。

这到底是怎样一个女子，让一代枭雄皇太极如此眷恋难忘？

海兰珠，蒙古科尔沁人，博尔济吉特氏，成吉思汗二弟哈撒尔十九世孙女。关于她二十六岁之前的历史记载基本为零，这也引发了人们众多的猜测。那个时代女子十几岁嫁人的比比皆是。别人不说，就说海兰珠的姑母哲哲嫁给皇太极时是十六岁，妹妹孝庄嫁给皇太极时是十三岁，她二十六岁才出嫁，已经是大龄剩女了。至于为何晚婚，也许是她心性高，非旷世英雄不嫁；也许是她曾经有过一段婚恋，秘而不宣；也许她的家族一直为她精挑细选未来的夫婿，为的是找一个依靠，可以让家族的利益得到有力保障。

崇德元年（1636 年），皇太极册封五大福晋，其中海兰珠被封为宸妃，地位仅次于她的姑母哲哲。不仅如此，皇太极还特意为其寝宫赐名“关雎宫”，取《诗经》中“关关雎鸠，在河之洲，窈窕淑女，君子好逑”之意，可见宸妃海兰珠在皇太极心目中的地位。

海兰珠用自己的温情和成熟魅力征服了皇太极的心，皇太极也把知心爱人比喻为和自己双宿双飞的比翼鸟，须臾也难以离开她了。崇德二年（1637 年），海兰珠为皇太极生下一个儿子，即皇八子。皇太极狂喜，宣告大赦天下。要知道，皇帝只有立太子才有此举，可见在皇太极的心目中，早已把此子视为自己的接班人了。只可惜此子无福，还未取名，不满周岁便夭折了。

受到沉重打击的海兰珠一病不起，几年之后终于沉疴不治。

当时正在松锦前线和明军激战的皇太极得到爱妃病重的消息，心急如焚。他全然不顾决定清朝命运的这一战，二话没说，当天就快马加鞭，赶回盛京，孰料却晚来一步，海兰珠早已香消玉殒。没有来得及跟爱妃见上最后一面，皇太极痛苦万分。他不顾在场的文武官员，放声大哭。此后更是四五天不思饮食，终日痛哭流涕。他自己也说连父亲努尔哈赤去世时也未尝如此悲伤。

安葬宸妃用的是皇后的规格，宸妃丧期有两名高级官员饮酒作乐也被皇太极夺官下狱。

伊人已去，芳华何在？面对爱妃离世的打击，皇太极身心健康受到了极大影响。此后两年他多次去宸妃墓前凭吊，自斟自饮，边哭边诉说自己无尽的思念。一次打猎回来，皇太极路过宸妃墓地，触景生情，再一次痛哭不止，并且跪在了爱妃墓前。这就是本文开篇的一幕。宸妃病逝两年之后，皇太极也恹恹离世，继续与爱妃厮守了。

作为皇帝，皇太极对宸妃海兰珠确实是情深意笃，这段感情也成了一段历史佳话。

拜占庭帝国唯一的女皇的可悲下场

让我们把目光投向1200多年前的世界，将时间定格在公元9世纪初。

昔日强盛的大唐帝国经过安史之乱的重创，正在迅速走向衰落。唐德宗李适面对内有藩镇作乱，外有吐蕃侵扰的乱局，焦头烂额。为了重振帝国，他正在全力以赴扭转颓势。日本正迈入平安时代。朝鲜处在新罗时代。印度半岛上仍是小国林立。阿拉伯半岛的阿拔斯王朝如日中天，傲视西亚。西欧的查理曼大帝戴着被教皇加冕的皇冠，正在幻想有朝一日恢复罗马帝国的荣耀。美洲的玛雅文明已经登上了顶峰，他们用非凡的智慧创造了奇迹。

9世纪初，占据东欧和西亚、北非的东罗马帝国，数千万公民正处于一个五十岁女人的统治之下。这位女君主名叫伊琳娜，她的故事跌宕起伏而传奇。

公元803年8月9日，希腊爱琴海的莱斯博斯岛，风景绮丽，海风吹拂着海滩，海鸥在引吭高歌，一切都显得那么的安详。海边一个小破屋里，病榻之上躺着一个中年妇人。她剧烈地咳嗽着，她想喝水，身边却没有一人。她病得很重，无力呼喊，更无力起身。她视线已经模糊，迷离恍惚中，看到一个美丽的小姑娘正朝她缓缓走来：那是年少时候的自己啊！

52年前，公元752年，伊琳娜出生于希腊美丽的城市雅典。当时雅典正处于东罗马帝国（亦称拜占庭帝国）治下。伊琳娜从小父母双亡，小小年纪便饱尝人世沧桑。上天对她是不公的，又是公平的，因为她有一副天使般的美丽面庞。

命运的转折发生在她 16 岁时，美艳少女伊琳娜被东罗马帝国君士坦丁五世看中，但他不是为自己而是为儿子选媳妇。伊琳娜被带入君士坦丁堡的皇宫，嫁给了共治皇帝利奥四世（在东罗马经常有“共治皇帝”，也就是帝国的储君，这位利奥跟父亲君士坦丁五世一起共治帝国）。

婚后她为利奥四世生下一个男孩，也就是后来的皇帝君士坦丁六世。有趣的是，跟武则天的丈夫李治相似，利奥四世在政治上也受到妻子的深刻影响。伊琳娜拥有杰出的政治才能，某种程度上在帮助丈夫一起治理国家。公元 780 年，年仅 30 岁的利奥四世英年早逝，临终遗言伊琳娜皇后作为新皇帝君士坦丁六世唯一的监护人和摄政。当时他们唯一的儿子君士坦丁六世才 10 岁。

主少国疑，阴谋家趁机作乱。铁腕太后伊琳娜执掌权力，用雷霆手段镇压了先皇的同父异母兄弟尼基弗鲁斯的篡位叛乱，接下来又平定了西西里总督的叛乱。她还恢复了东正教教会的圣像崇拜，这也促成了东正教会和罗马天主教会的再度联合。

伊琳娜在军事方面有失有得。她派兵征服了马其顿和希腊的斯拉夫人，为以后东罗马帝国的扩张奠定了基础。同时帝国面临着东方劲敌阿拉伯帝国的侵扰，以至于最后不得不两次跟对手签订合约。

随着君士坦丁六世的不断长大，他跟母亲伊琳娜矛盾越来越尖锐。为了权力，母子失和。伊琳娜联合主教和朝臣发动宫廷政变，君士坦丁六世逃亡途中被侍从出卖，被捕送至君士坦丁堡。

公元 797 年 8 月，伊琳娜下令把自己唯一的亲生儿子君士坦丁六世挖去双眼，关入修道院。最终这位不幸的皇帝因眼伤而死去。权力已经让伊琳娜失去了人世间最珍贵的亲情，对待亲生儿子残忍如斯，也可直追武则天了。

伊琳娜正式成为帝国的统治者，她也是拜占庭帝国千年历史上唯一的女皇。

伊琳娜曾试图与西欧如日中天的法兰克王国查理大帝缔婚，然而好事无疾而终。女皇生出这种想法，也暴露出她地位的薄弱。公元 802 年，在位仅 5 年的女皇伊琳娜被贵族们联合发动的宫廷政变推翻。她被流放王子岛，后转到莱斯博斯岛，可怜的女王，甚至只能靠纺织度日。

一年之后，伊琳娜孤单地病死孤岛之上。只是不知道她临终前是否后悔自己对儿子的所作所为，是否感悟到是权力造成了她这一生的悲剧。

第三章

战争风云

战争，永远是人类历史绕不开的主题。战场上动物可以立大功，间谍可以改变战局，足球赛也可以引发战争。而很多看似偶然的因素也在改写着历史的走向。让我们把目光投向血与火的战场吧，感受战争史带来的震撼。

历史上的三次智慧借箭

草船借箭的故事家喻户晓。受《三国演义》影响，无论老幼妇孺，一提起草船借箭，自然会想到这是诸葛孔明的杰作。这顶桂冠和荣誉，诸葛孔明享受了千年之久。实际在真实的历史上，曾经有过三次精彩的“借箭”大剧，但都没有诸葛亮什么事儿。

故事 1：孙权“草船借箭”

建安十八年（213 年），曹操和孙权在濡须激战。曹军号称四十万之众，而孙权只有七万多人。

但是孙军作战勇敢，甘宁甘兴霸更是上演了百骑劫曹营的好戏。由于孙权军队善于水战，且鉴于赤壁之战的失败阴影，曹军面对孙军挑战，龟缩不出。

碧眼儿孙权真是艺高人胆大，这一次，亲自乘坐大船来观看曹军水寨。曹操多疑，不敢出击，只下令军士们乱箭齐发，射向孙权战船。曹军营中万箭齐发，孙权战船一面插满了曹军箭镞，大船开始倾斜。孙权不慌不忙，命令军士们将战船调转方向。直到曹军将另一面射满了箭镞，孙权才敲鼓而归。曹操远远看到孙军战船严整，军器盔甲鲜明，不禁喟然长叹：“生子当如孙仲谋，像刘表的那些儿子，都是蠢笨如猪狗啊！”

故事 2：唐朝张巡“草人借箭”

安史之乱的刀枪声惊破了盛唐的“霓裳羽衣曲”，往昔富庶繁荣的大唐顿时陷入了战火的无情蹂躏。

大唐毕竟福泽深厚，百年以来的仁政深得民心。面对国家危亡，军民奋起抵抗。雍丘城正是安史乱军南下的最大障碍，安禄山命令部将令狐潮带军十几万围攻此城。

守城将领张巡是智勇双全之人。城池狭小，加上敌军久困，城中缺乏物资供给特别是守城需要大量的箭枝，而长时间的对战耗费了唐军太多的箭镞。张巡命令军士们连夜收集赶制了一千多个草人，并给这些草人穿上黑色衣服，用绳子拴好。在伸手不见五指的夜色中，军士们把这些草人从城头放下……

令狐潮的部下看到了这些草人，都以为是缒城而下的唐军，于是乱箭齐发射向了这些“唐军”，草人身上密密麻麻地射满了箭枝。事后，唐军清点，发现一共“借”得数十万支之多！

后来张巡守城时又把借的这些箭原封不动地还给了安史叛军，不过还箭的方式比较独特。这些箭都是稳准狠地射在了他们的身体上，由他们带回了令狐潮那里。

此后张巡又如法炮制，再一次乘夜从城头放下“草人”。令狐潮一看，大笑不止，张巡你真当我是弱智了，下令军士们不必理会，没想到这次的“草人”是唐军精选的五百名敢死队员。他们杀入敌营，如砍菜切瓜般痛击敌军。

遇到张巡这神一样的对手，令狐潮只能哀叹自己命运不济了。

故事 3：南宋毕再遇“青盖借箭”

南宋宁宗开禧二年（1206 年），宋金爆发大规模战事。南宋将领毕再遇率军驻守六合。金军气势汹汹地杀到了六合城下。毕再遇命令军士们偃旗息鼓，在六合南门埋伏弓箭手。

金军逼近城壕时，宋军乱箭齐发，射死无数。紧接着，毕再遇大军杀出，将金军击溃。

金军不甘失败，十万主力将六合团团围困。双方的攻防战进行得相当惨烈，宋军箭枝很快就要用尽。

面对困局，毕再遇想起了历史上名将的借箭故事。他命人张青盖大伞于城头之上，并来回移动。金军远远望见，以为是主帅巡城。一瞬间，金人将无数支箭集中射向了伞盖，他们的如意算盘是对宋军主帅实施斩首行动，这样，六合就可以不战而下。

一时间，城楼和伞盖之上，插满了金军的箭镞。事后，宋军清点，竟然有二十万之多!

西人东来——当葡萄牙殖民者遭遇大明王朝

正德十二年（1517年），对于大明王朝来说，注定是一个不平静的年份。这年九月，历史上有名的“荒唐”皇帝朱厚照，率军离开京师，出居庸关，与蒙古小王子带领的五万骑兵在应州激战，并取得胜利，史称应州大捷。当大明王朝举国上下都将目光聚焦在应州时，有一支神秘船队悄然抵达了广州城外。十月初，一支船队突然在广州城外鸣放火铳，三声炮响，惊动了广州城内的官员和百姓。面对这些金发碧眼的奇特“夷人”，大明的官员和百姓们震惊不已。他们当时还不知道，这支船队是一个西方国家的使团，他们来自欧洲的葡萄牙。

（一）大航海时代与葡萄牙人的扩张

公元1139年，葡萄牙王国在欧洲最西端伊比利亚半岛上建立，并向伊比利亚半岛南部和东部进行领土扩张。13世纪末的葡萄牙拥有大约一百万人口，经过14世纪中期席卷欧洲的黑死病，在不到30年的时间里，葡萄牙减少了三分之一的人口。这样的打击引发了连锁反应，15世纪初的葡萄牙仍然处于饥饿和贫困之中。

为了转移尖锐的国内矛盾，同时也为了获取粮食和黄金，葡萄牙开始将目光投向海外。此时火药、指南针、印刷术作为中国的重要发明，纷纷传入欧洲，并引发了革命性的影响。特别是在战争之中，欧洲人对火器进行了改进。15 世纪的葡萄牙已经拥有相当先进的火器制造技术。

12 世纪，意大利人开始将罗盘应用于航海。15 世纪的伊比利亚人已拥有成熟的航海技术。他们将横帆帆船的前桅和三角帆船的主桅以及后桅相结合，制造出了三桅快帆船。这使得水手们可以在任何天气状况下航行，这一发明使得哥伦布和达·伽马的远洋航行成为可能。葡萄牙人还能使用四分仪测量星星的高度以推测航船所处的纬度。15 世纪中叶完成的航海技术大跃进为新航路的开辟提供了必不可少的条件。

葡萄牙人早期扩张有一位代表性人物，他就是著名的航海家恩里克王子。他在 15 世纪 30 年代便开始了对西部非洲的远征，目的是寻找葡萄牙紧缺的黄金。黄金虽然没有找到，葡萄牙人却找到了另外一种欧洲市场上的紧缺商品——“黑金”，也就是非洲黑奴。通过贩卖黑奴，葡萄牙人获取了巨额财富。

在非洲攫取了大量利益后，葡萄牙人仍然不满足，他们打算继续前行，直到把船队开到阿拉伯人的“后院”——印度洋，从富庶的东方带回黄金和香料。葡萄牙的国王若奥二世虽然错过了哥伦布，将发现新大陆的机会拱手让给了西班牙人。但是接下来，他任命了航海家迪亚士去寻找前往印度的新航路。迪亚士不辱使命，历经艰险后，发现了好望角。好望角的发现使得船队绕过非洲到达印度洋成为可能。

1495 年，若奥二世病逝之后，绰号为“幸运儿”的曼努埃尔一世继承了王位，同时继承了先王的海外扩张事业。他派遣达·伽马率领的葡萄牙舰队绕过好望角，抵达印度洋，又经过蒙巴萨和马林迪，到达了印度。葡萄牙开辟的东西方新航路至此宣告完成。

（二）葡萄牙人的东方扩张

1502 年 2 月，达·伽马奉国王之命，再次率领二十艘帆船组成的强大舰队远征东方。他们到达印度卡利卡特（中国史书称作“古里”），进行了一场屠杀和掠夺，这座繁华的城市在葡萄牙人炮火的摧残下，沦为人间地狱。1503 年初，达·伽马的舰队以武力征服了印度西南海岸之后，开始在科钦（中国史书称作“柯枝”）建立军事据点。这也是欧洲在东方最早的军事据点。通过发展海上扩张的殖民事业，通过黄金、香料和奴隶贸易，葡萄牙国王曼努埃尔一世已经成为西方基督教世界里最富有的国王。

曼努埃尔一世的胃口不限于此，他还打算建立葡萄牙的东方帝国。1506 年，他派出得力干将阿丰索·德·欧布盖克攻占红海入海口索科特拉岛。1510 年，葡萄牙人又夺取了印度果阿，在那里建立了东方大本营。葡萄牙人的下一个目标就是马六甲了。

马六甲位于马六甲海峡北岸，扼住印度洋和太平洋的咽喉，是东南亚香料贸易的中转站，也是东亚、东南亚各国贸易体系的南方门户。葡萄牙人对马六甲巨额的香料贸易垂涎已久。

1511 年 7 月，塞盖拉率领的葡萄牙舰队发起对马六甲城一个多月的围攻，并最终攻克了马六甲。马六甲作为大明王朝的传统朝贡国，与明朝来往密切。亡国之后，马六甲国王流亡海外，并几次派遣使者向明朝求救。

攻占马六甲使葡萄牙人控制了香料贸易，并且向经过马六甲海峡的商船征税，他们下一步的目标恐怕就是中国了。1508 年 2 月，曼努埃尔一世就曾经给塞盖拉下达过一个指令，要求他弄清楚几个问题：中国距离多远？他们与马六甲贸易的情况，他们是否富有？性格、服饰、身高如何，他们信仰什么宗教？他们国家是否强大，有几个国王，有没有武器和大炮？这些都体现了葡萄牙国王对于中国的浓厚兴趣。

正德八年（1513 年），葡萄牙人若热·阿尔瓦雷斯在中国商人指引之下，来到了中国广东珠江口的屯门，他成为第一个到达中国的葡萄牙人。偷偷登上屯门岛之后，他把葡萄牙国徽的石碑立在岛上，以此标志葡萄牙人已经踏上了这片土地，这也是葡萄牙人海外扩张的一贯做法。之后，有更多的葡萄牙人跟随东南亚商人或者中国走私海商来到中国东南沿海，开展走私贸易和刺探情报。

有关中国的情报源源不断传到里斯本的王宫，曼努埃尔一世通过这些情况，已经对中国有了深入了解。他甚至产生了一个疯狂的计划：派遣强大的舰队到中国沿海，修建城堡要塞，占据领土，甚至进一步征服整个中国！

欲要征服中国，必先与中国打交道。1515 年，曼努埃尔一世派遣费尔南带领一支船队前往中国，并且指示费尔南护送一名使者到中国。国王没有指定使者，而是命印度总督阿尔贝加利亚挑选使者。印度总督选定的特使人选是托梅·皮雷斯。

（三）葡萄牙使团在中国的经历

皮雷斯出身于葡萄牙的一个医药世家，他曾经做过若奥国王的宫廷药剂师。1511 年他前往东方马六甲，在那里担任总督商馆的秘书、会计师和药材管理官。在印度总督选定他为使者时，他已经完成了《东方记》一书的写作，其中花费了很大一段篇幅介绍中国。正是因为皮雷斯对东方帝国有一定程度的了解，才被选定为葡萄牙使团的特使。他的使命是觐见明朝皇帝，并实现与中国的通商贸易关系。使团包括六名葡萄牙人和五名翻译。

其实，皮雷斯对中国的了解并不完全正确。他的《东方记》中关于中国的部分错误比比皆是。例如他说中国人比较低劣，中国的皇帝神秘而且愚蠢，并说中国的皇帝是由常驻顺天府的王国委员会选举产生。最终，他得出结论，葡萄牙驻印度总督只需要派出十条大船就可以征服中国！可以说，皮雷斯对中国的认识多来自道听途说，而且很多是虚妄之言。正是这种认识，才使傲慢的葡萄牙人认为：征服中国这个庞然大物，也如同他们征服其他殖民地一样，轻而易举。

1517 年 6 月，费尔南率领船队从马六甲出发，护送皮雷斯使团访华。这支船队由八艘大帆船组成，并且每艘船上都配备了指挥官和中国领航员。

8 月 15 日，费尔南率领的舰队驶入了中国海域。就在这时，他们遇到了明朝水师的拦截和包围。明朝水师对这些陌生的闯入者鸣炮示警，葡萄牙舰队没有做出还击，只是奏响鼓乐，表示并非来入侵。明朝水师靠近了葡萄牙舰队，对费尔南等人进行了盘问。费尔南讲清了来意，希望能觐见中国皇帝。明朝水师指挥官表示欢迎，但是他们不敢轻易放行，需要等候南头备倭都指挥的命令。在此之前，葡萄牙舰队只能待在屯门候令。

当时两广总督陈金并不在广州，费尔南在屯门等候一个月仍然没有得到备倭都指挥的答复。他决定带上几艘战船，亲自会见备倭都指挥。经过一番交涉，备倭都指挥只好允许葡萄牙舰队前往广州。

9 月底，费尔南率领架着炮铳的两艘大船，沿珠江而上，抵达广州城外怀远驿，船队抛锚停泊，鸣礼炮三声向广州官民致意。因为中西国情的不同，葡萄牙人这种表达友好的方式，反而引起了明朝官民的误会和不满。经过费尔南等人再三解释和道歉，广东布政使吴廷举才勉强接受。不过，在吴廷举将他们的来意禀告两广总督之前，葡萄牙人必须安分守己地待在船上，不能上岸。数日之后，两广总督陈金、镇守太监宁诚、总兵官武定侯郭勋等地方大员都来到了广州。通过观看费尔南递交的表文，陈金得知葡萄牙人确实是遣使入贡而来。他批准葡萄牙人上岸，暂时居住在怀远驿。但是，因为他们不懂得中国礼仪风俗，陈金没有立即接见葡萄牙使者，而是命专人负责在光孝寺教授葡萄牙人中国礼仪，学会跪拜再行接见。

1517 年 10 月底的一天，皮雷斯和他的使团成员，登上了广州码头。他向陈金声明了来意：葡萄牙国王愿意与中国皇帝建立友好关系，并派遣使者携带礼物而来。广东的地方官对葡萄牙使团十分友好，他们称葡萄牙为“佛郎机国”，并将葡萄牙使团的情况上奏了朝廷。第二年春，朝廷传下谕旨：葡萄牙使者回国，带来的方物给价。

正德十三年（1518 年）八九月间，正当费尔南打算离开屯门返回马六甲时，广州却突然传来消息，皇帝准许葡萄牙使者入京朝觐。原来这与葡萄牙使团的背后运作有关。葡萄牙使团中有一通事，也就是翻译，他是江西浮梁人，称作火者亚三。他通过贿赂镇守太监宁诚，走通了皇帝身边宠臣江彬的门路，这才说动了正德皇帝朱厚照接见葡萄牙使者。

1520 年 1 月 23 日，葡萄牙特使皮雷斯一行乘船离开广州北上，随后他们又弃舟登岸，翻山越岭，前往南京拜谒皇帝。正德皇帝此时为何不在北京而在南京呢？因为当时正值宁王朱宸濠叛乱，打算夺取皇位。朱厚照早有巡游江南之心，前一次被群臣劝阻。这一次，正好借助御驾亲征，平定叛乱的由头，实现自己的江南行梦想。

正德十四年（1519 年）八月，朱厚照自称“威武大将军”，率领大军离开北京，开始南征。在途中，他就接到王阳明已经平定了宁王叛乱的消息，但是他置之不理，继续南下，于十二月间抵达南京。所以葡萄牙使者要见皇帝，必须去南京。

1520 年 5 月间，使团抵达了南京。根据葡文文献的记载和使团一些成员的回忆录，葡萄牙使团见到了正德皇帝。朱厚照厚待葡萄牙使团成员，并且多次跟皮雷斯下西洋跳棋；此外，朱厚照还邀请使团成员出席了宴会。朱厚照表现出了对葡萄牙语的浓厚兴趣，这位另类的皇帝甚至跟火者亚三学习了葡萄牙语。皮雷斯使团在南京时，马六甲国王苏端马末派出的使者为昔英也来到南京求见正德皇帝。他状告了葡萄牙侵占马六甲，并乞求明朝帮助其复国。他还状告皮雷斯等人是假冒的贡使，现来刺探中国情报。朱厚照也感觉到了问题的复杂，他传旨将葡萄牙和马六甲使团一起带回京城北京。

在北京期间，火者亚三依仗皇帝的宠爱，还有江彬的势力，开始骄横不法。他在四夷馆见到礼部主事梁焯而不行跪拜礼。梁焯大怒，命人对其施加杖刑。江彬得知此事，反而扬言：“火者亚三曾经跟天子嬉戏，怎肯跪你一个区区主事？”

朱厚照回京之后，一病不起，不久驾崩。皇帝驾崩的次日，朝廷下令进贡的葡萄牙人回国，随着江彬被处死，被视为其同党的火者亚三也被斩首。葡萄牙使者皮雷斯则沦为阶下囚，最终死在了中国。

（四）屯门海战和西草湾之战

由于中葡之间文化背景的迥异，加之葡萄牙攻占马六甲，破坏了东亚的国际和平秩序，所以这次欧洲使团第一次访华遭到了失败。他们的失败也跟一个人的到来有关。费尔南舰长返回了马六甲，他的弟弟西蒙率领舰队来到了中国。这时候情况发生了不可逆转的变化。西蒙是一个狂妄无知之徒，他到达屯门，建立了城堡，还阻止所有外国商人先于他与中国商人进行贸易活动。更过分的是，他的舰队在中国沿海烧杀抢夺，甚至还贩卖中国儿童。

正是西蒙舰队在广东沿海的暴行，促使明朝方面做出遣返使者、驱逐葡萄牙人、永绝贸易的决定。

广东方面，面对葡萄牙人烧杀抢夺的海盗行为，地方官已经忍无可忍，随时做好了反击准备。但是，葡萄牙人船坚炮利，并不是好对付的。当时很多官员尝试了解葡萄牙人，广东海道副使汪鋐就是其中的一个典型代表。他发现葡萄牙战舰由二百多人撑驾，而且配有三十多门火铳，大的一千多斤、中等的五百多斤、小的一百五十斤，而且火力惊人。当时明朝称为“佛郎机铳”，是世界上最先进的火器。伸出船体两侧的四十多支橹，从远处看像极了蜈蚣，所以他又称这些船为“蜈蚣船”。

为了对付这些战斗力惊人的葡萄牙人，汪鋐命令巡检何儒买通葡萄牙舰队上的华人杨三、戴明，他们二人答应为明朝效力，帮忙制造佛郎机铳。1521 年 6 月，汪鋐下令进攻葡萄牙人占据的屯门岛，当时仿制的佛郎机铳还没有到位，明军还是老式的舰炮应敌，因此在海战中失利。失利之后的汪鋐根据葡萄牙的战舰改装了缩小版的“蜈蚣船”，并且杨三、戴明仿制的佛郎机铳也装备在了明军战船上，这次汪鋐有把握跟葡萄牙人面对面掰一掰手腕了。

1521 年 9 月，中葡之间爆发了屯门海战。当时葡萄牙十多艘船在屯门澳停泊，方位在明军北面。一路明军从九迳山而下包抄葡军后方，明军五十多艘战舰自南向北包抄葡萄牙舰队。当时海面起了南风，汪鋐命装满火药的小船冲击敌军舰队，同时明军战船上的仿制佛郎机铳一起开火压制葡舰火力，葡舰大而笨重，再想转向已经非常困难了。只见喷着火舌的小船一起向着葡舰冲去，风助火势、火借风威，一瞬间葡舰纷纷起火，同时汪鋐派出的水性极好的水手潜入葡舰之下，把没有起火的葡舰凿漏，葡萄牙人只得纷纷跳海逃生。而此刻从九迳山包抄的明军杀到了屯门岛上，他们消灭了葡军岛上守军，葡军舰队司令迪奥戈·卡尔伏带领残余战舰狼狈逃窜。屯门海战明朝取得大胜。

在交战之中，汪鋐缴获了大量佛郎机铳以及若干艘帆船。此战的另外一个收获是，一名叫作佩德罗的华人被俘虏。此人旅居马六甲多年，精通西洋火药、火铳和帆船制造技术。他被起用负责在广州制造大帆船，后来又因为战事需要，被送往京城配制火药、铸造火铳。

迪奥戈率领残兵败将回到马六甲，其他在华的葡萄牙商人也被明朝逮捕，中葡贸易彻底中断。9 月下旬，皮雷斯使团一行被关押到了广州监狱。

1521 年 4 月，受葡萄牙国王委托，梅勒·科迪尼奥率领了四艘战船，从里斯本出发前往东方。他的使命是前往中国修建城堡，构筑殖民据点。科迪尼奥到达马六甲时，得知了屯门之战的消息。科迪尼奥从马六甲兵头那里得到了两艘战船，加上他之前的四艘战舰，拥有六艘战舰的葡萄牙舰队打算卷土重来。

1522 年 8 月初，运载着三百多名葡萄牙士兵的六艘战舰抵达了屯门。在抵达屯门之前，这支舰队曾经被中国水师拦截。科迪尼奥谎称自己是为了同中国缔结和平条约而来。但是广东官府对葡萄牙人的狡诈早有所了解，他们下令沿海水师将其驱逐出广东沿海。这次战事发生在广东新会西草湾，此地附近在二百多年前曾经发生过崖山海战。面对来犯的葡舰，明舰队英勇抗击，火力丝毫不弱于葡舰。明军在备倭都指挥柯荣和百户王应恩的指挥下最终击败了敌军，缴获了敌军战舰西塞罗号和维多利亚号，并生擒了西塞罗号上的舰长佩德罗·豪曼等四十二人，斩首三十五人。梅勒·科迪尼奥带领三艘战舰又来支援，明军焚烧了之前缴获的两艘葡舰。在激战之中，百户王应恩壮烈牺牲，葡舰大败而逃。至于抓获的葡萄牙俘虏，明王朝下令全部诛杀。在印度、马六甲、苏门答剌等地横行无阻的葡萄牙舰队，终于在明朝水师面前栽了跟头。也是经过这次海战，葡萄牙人终于认识到在中国沿海建立城堡和扩张基地是不现实的。

（五）双屿之战与走马溪之战

1521 年 12 月 12 日，随着曼努埃尔一世在里斯本病逝，葡萄牙不切实际的远东政策终于也随之结束。新国王若昂三世的海外扩张政策趋向现实化。

若昂三世指示马六甲兵头，希望能把中葡关系恢复到最初状态，并保持同中国的友好。但是愿望和现实之间，差别巨大。葡萄牙人必须首先放弃在中国建立军事和殖民据点，这也是葡萄牙人无法做到的。由于两次海战的失败，葡萄牙官方船队不再造访中国，在西草湾之战后的三十年内，葡萄牙和中国之间没有任何官方贸易往来。这一时期，不断骚扰中国闽浙沿海的是葡萄牙私商和海盗商人。葡萄牙商人鉴于中国沿海海防的加强，暗中与中国海盗、倭寇以及东南亚不法番商相勾结，驾驶武装船只，到防守薄弱的浙江和福建沿海走私掠夺。从嘉靖十九年（1540 年）开始，葡萄牙海盗商人与盘踞在浙江双屿港的中国海盗王直、许栋、李光头等相互勾结，并以双屿岛为据点，在那里开展贩运活动。也正在此时，葡萄牙人开始了与日本之间的通商活动。

葡萄牙海盗商人在沿海杀人放火，无恶不作。面对如此局势，嘉靖二十六年（1547 年），朝廷派出朱纨负责提督浙闽沿海军务。朱纨勇于任事，他查革世家大族用来走私贩运的私船，并下令逮捕沿海通番奸民。嘉靖二十七年（1548 年）四月，朱纨派遣福建都指挥卢镗和海道副使魏一恭等，率兵围攻双屿港。一场大战之后，两百多人被斩杀或者溺死，贼首许六等人被俘。双屿港的天妃宫等建筑被一举焚毁。

双屿之战后，葡萄牙人还有中日海盗被迫逃亡福建。嘉靖二十八年（1549年）三月，朱纨安排卢镗等人在走马溪伏击登岸的葡萄牙人，夺取了两艘葡萄牙大船，并杀了船上的一些葡萄牙人。

葡萄牙人在浙江福建连续遭受打击，他们只好又回到广东沿海。有些人以重金贿赂守澳门官员，进入了澳门半岛进行贸易。有些与沿海海盗继续勾结，在沿海继续流窜抢劫。嘉靖三十三年（1554年），广东官府在三洲环和柘林一带打败海盗，将贼首何亚八斩首，葡萄牙海盗商人再次遭受重创。

连续遭受打击的葡萄牙人，逐渐认识到了大明王朝并非如之前入侵的那些殖民地一样不堪一击。他们只得改变了穷兵黩武的军事扩张政策，改用外交途径解决两国矛盾。进入16世纪中叶，葡萄牙人掠夺侵扰之心有所收敛，加上由于倭寇猖獗，中日贸易中断。而这时的葡萄牙人乘机开展中日转口贸易，将大量日本白银运送到了中国。广东官府对于葡萄牙人的通商也逐渐采取了宽容的态度。

在葡萄牙人寓居澳门之后，中葡之间的关系开始缓和。并且借助澳门这个窗口，明朝也得以逐渐接触欧洲文化，西方的天文历法、火器、地理、医学、数学知识也不断传入中国。在明末内忧外患之际，崇祯帝甚至想到调动一支葡萄牙炮队来与女真人作战。

以葡萄牙为先导的西方殖民者妄图以武力打开中国明朝的大门，却无一例外遭受了失败。反而是通过战争的洗礼，中西方加强了对彼此的认识，开始了科技文化交流，这也是令人深思的历史教训。

两场改变王朝命运的大败仗

相距五百三十年，不同时空下的两场惨败，直接影响了汉民族王朝的国运。历史的诡异，就在于两场惨败的相似之处：主帅先明后昏，先胜后败，导致了“大意失荆州”；敌军在绝境反击，逃出生天；两场大败都在同一城市郊外；两场大败影响深远，直接影响了两个汉族大王朝的国运。

首先，我们来说第一场战役。南宋建炎三年（1129 年）十月，金军第三次南下，一番“搜山检海”，逼得宋高宗赵构乘船逃亡明州。十万金军在主帅金兀术（完颜宗弼）率领下，如虎狼入羊群，在承平已久的江南烧杀抢掠。金军所过之处，曾经富庶的江南满目疮痍，哀鸿遍野。

大宋好男儿不甘做亡国奴，军民处处组织抵抗，打击野蛮的侵略者。金军在南宋军民的打击下，确实也无法追上赵构，于是金兀术决定班师回国。

此刻，看到金军给自己国民造成的灾难，一个人的眼睛充满了血丝，那是一种恨，恨不能手刃仇敌的怒气！他就是名将韩世忠，一个有血性的南宋将军。青年时代手擒恶贼方腊，中年之后成为统军一方的著名将军，韩世忠的军功是一刀一枪打出来的。深谙兵法的他避敌锋锐，让过金军南下，在金军北还必经之处镇江布下天罗地网，只等猖狂的金人入彀！

建炎四年（1130 年），为了迷惑金军，韩世忠来到秀州过上元节。暗中，他却回到前线，带兵八千、战船百余艘布军镇江。带着从南方抢劫来的子女金帛，金军果然大摇大摆地进入了宋军的伏击圈。一番激战之后，南宋军队痛击金军。他们发挥了痛打落水狗的精神，在长江水道一路追击金军，一直把金军逼到了建康（今南京）东北的死水港黄天荡。

韩世忠看到金军自入绝境，大喜过望，下令船队死死封锁住黄天荡内唯一通往长江的水道，只等金军强冲时，一举全歼。如果金军不出，他们的给养有限，早晚也会被困死在荡内。这下，不可一世的金兀术傻了眼，低声下气地派人去求韩世忠放他一条生路。韩世忠的回答铁骨铮铮："还我两宫，复我疆土，则可以两全！"

金兀术不甘坐以待毙，他下令重金悬赏当地人指点，帮自己逃出生天者，一定重赏。重赏之下必有勇夫，果然有当地乡民指点，说从老鹳河故道开渠，即可连通长江水道。金兀术大喜，连忙下令连夜挖通故道，金军最终乘船从此逃逸。可是韩世忠仍然尾追不放，金兀术此刻又听从了一个福建人王某的建议。他教金军在船内填土，上铺平板，防止不谙水战的金军晕船；并在舟之两侧置桨，以加快行船速度，便于机动作战；并建议金军以火箭射宋军船篷。金兀术连夜赶制火箭，并命兵士在建康西南白鹭洲开掘新河，趁韩世忠不备，率船队迂回至宋军上游。

金军重振士气，以火箭射宋军船篷。黄天荡之战，韩世忠太大意了，之前没有防范金军逃逸，之后也没有采取新战术对付金军，最终导致了宋军大败。金军则乘胜掩杀，大获全胜。

这一战的失败极大影响了南宋国势的走向，本来有绝好的机会可以杀死或者生擒金兀术。要知道金兀术可是金军关系重大的将领，他的死会极大鼓舞宋军的士气。宋军如果全胜，也可以乘机收复河南故土，获得一个有利的战略态势。但是这次机会的错失，加之后来岳飞被冤杀，南宋甘于跟金人划江而治，百年沉沦之后，终于走向了灭亡。

五百三十年后，历史再一次重演。1644 年，大明崇祯皇帝自杀殉国，清军趁机入关，神州陆沉。清军在吴三桂、洪承畴等汉臣帮助下，一路南下，所经之处，血流成河，无辜百姓惨死清军刀下。可是大明朝并没有灭亡，福王朱由崧继续在南京建都，建号弘光。弘光政权覆灭后，南明宗室又先后建立鲁王、隆武、永历等政权，高举明朝旗号，继续跟清军周旋。

永历十三年（1659 年）五月，南明将领郑成功率领十七万水陆大军起兵北伐。北伐军势如破竹，一直杀到了清军占据的南京城外，将南京城团团围困。清廷一片惊慌，南京是东南政治经济中心，如果被南明夺取，对清朝的民心士气都是极大的打击。顺治皇帝一会儿扬言要御驾亲征，一会儿又说想避难关外，逃回东北老家。一番斟酌之后，他派出达素为安南将军，救援南京。

南明军兵临城下，南京城内也乱作一团。清朝方面，两江总督郎廷佐是个有谋之人。他下令稳定军心，捉拿内应，将城郊百姓悉数迁入城内。同时，他又以卑微之词写信给郑成功，说自己想弃暗投明，无奈清朝军法规定，将领守城不超过三十天，妻儿老小都要被杀，希望郑成功体谅自己的难处，能给予一个月的期限。此刻，已经被前期巨大胜利冲昏了头脑的郑成功，已经失去了判断，竟然轻易答应了郎廷佐，顿军在南京城外，围而不攻，坐等清军投降。当时在安徽作战的南明将领张煌言写信力劝郑成功立刻攻打南京，不要给清军以喘息之机。攻下南京，并切断南京郊外敌军入援的路线，必将极大打击清军军心士气。可惜，此刻的郑成功自我陶醉，谁的劝谏也听不进去了。

郎廷佐乘郑成功庆祝生日那天，进行逆袭。清军在南京幕府山大败南明军，郑成功带领残军一路撤回了金门、厦门一带。

可以说，这一次惨败，对南明打击极大。本来清军主力集中在西南地区，东南空虚，这是一次收复南京的极好机会。南京收复，南明军便可在短时间内收复整个东南地区，然后再以此为基地，乘胜继续北伐，在清军西南主力回撤之前，一路杀到北京。清朝在北方虽然统治了十几年，但是明朝留下的影响力还在，百姓普遍怀念明朝，必然有很多人会响应北伐军。

只可惜，郑成功一时大意，错失良机，也导致了南明丧失了最好的一次复国机会。缓过气来的清军继续攻打东南抗清组织和西南永历政权，直到把他们一一消灭。南明作为最后一个汉民族王朝，也失去了光复中兴的最好时机。

如今，漫步在南京郊外龙潭水道和幕府山，一片和谐宁静景象。昔日古战场已经成为花开遍地、风景如画的美好河山，空留后人凭吊感叹而已。

日军打响卢沟桥枪声的第一人，最终命丧荒岛

卢沟桥事变在几代中华儿女接受的爱国主义教育中，都是一段不能磨灭的痛苦记忆。正是在卢沟桥事变之后，日军将罪恶的侵略魔爪伸向了华北、华中、华东、华南等地，中华儿女遭受的苦难进一步升级。很少有人知道打响卢沟桥事变第一枪的具体部队——华北驻屯军第一联队第三大队。而这支部队的军官正是时任少佐大队长的一木清直。

一木清直，1892 年，也就是中日甲午战争爆发前两年出生在日本静冈县，自幼深受军国主义思想毒害。1913 年 2 月，他考入日本陆军士官学校 28 期，1916 年顺利毕业。

1933 至 1934 年，他以甲种学生身份在陆军步兵学校学习，1934 年 4 月，凭借优异表现，晋升为陆军步兵少佐。

20 世纪 30 年代，正值日本军国主义大行其道，扩张论在日本国内甚嚣尘上。日本的年轻人在狂热的军国主义思想煽动之下，纷纷参军，加入到了对邻国中国的侵略战争中。日本先是通过“九一八”事变侵占中国东北，然后又通过扶植傀儡、军事渗透等手段进一步进逼华北地区。

一木清直正是在这一大背景下于 1936 年被派往北京丰台卢沟桥地区，担任日本华北驻屯军牟田口联队第三大队少佐大队长。

1937 年 7 月 7 日晚，日本华北驻屯军第一联队第三大队在卢沟桥附近军事演习。日军士兵志村菊次郎闹肚子离队未归，22 时许，一木清直便以

此为借口，声称演习地带有枪声传来，并且有士兵失踪，要求进入中国守军的驻地宛平城内进行搜索。此一无理要求，被中国守军严词拒绝。

事实是，志村菊次郎在一木清直跟中国守军发生争执不久，就回归了部队，而日军为了发动蓄意已久的战争，竟然隐瞒了这个消息。事后，还将志村菊次郎遣送回国，以防止走漏消息。

就这样，7 月 8 日凌晨时分，日军在一木清直率领下，突然占领了宛平城东边的沙岗高地，并架起枪炮向城内的中国守军攻击。一木清直打响了卢沟桥事变的第一枪，这也标志着，日本全面侵华战争拉开了帷幕。

之后，一木清直受到了日本《朝日新闻》的采访，他得意扬扬地跟记者讲述了卢沟桥事变的真相。由此，他在日本国内一举成名，并狂妄地宣称：正是他在卢沟桥，为日本帝国的强盛进程打响了信号枪！

一木清直作为侵略战争的急先锋，得到了日军上层的赏识。1938 年，他被提拔为步兵中佐，并且获得了裕仁天皇授予的金鹰三级勋章。

1941 年 3 月，他又晋升为陆军大佐，成为日本精锐部队关东军的第七师团步兵十四旅团第二十八联队队长，开赴中国东北进行对华作战。

在东北期间，他双手沾满了无辜百姓的鲜血。

随着太平洋战争的爆发，日本在侵华部队中不断抽调精锐，加入太平洋战场。1942 年 6 月，美日中途岛之战爆发。日军以一木清直的第二十八联队为基干，组成了一支三千多人的一木支队，打算用他们作为攻占中途岛的地面部队。

结果狂妄的日军折戟中途岛，四艘精锐航母和上千名王牌飞行员葬身海底。一木清直连中途岛都没有看到，就被迫撤回到了关岛。

1942 年 8 月，对日美双方都至关重要的瓜达尔卡纳尔岛屿战役打响了。8 月 7 日，美国海军陆战队第一师一万六千多名官兵登上瓜岛和图拉吉岛。瓜岛的一万一千名美军几乎没有遇到什么像样的抵抗，就占领了日军即将完工的亨德森机场。听说美军登陆，日军大本营连忙下令陆军第十七军从新几内亚回师援救瓜岛。

情报工作的失误，导致了日军十七军军长百武晴川的误判。他认为瓜岛上的美军不会超过两千，他不舍得放弃已经精心准备了大半年的新几内亚作战。于是，百武晴川只调动了十七军的部分兵力投入到了瓜岛作战，因驻守关岛的一木支队离瓜岛距离最近，他们成为赶赴瓜岛的第一批陆军作战部队。他们的任务是赶走岛上的美军并夺回亨德森机场。

为了争取时间，一木清直把手下部队分为两个梯队，第一梯队九百一十七人，第二梯队一千四百多人。1942 年 8 月 19 日，一木清直亲自率领第一梯队到达了瓜岛。

登陆非常顺利，没有遇到美军抵抗。狂妄的一木清直还以为美军像以前那样，心中惧怕白刃战和夜战。他不等第二梯队到达，就留下一百多人看守滩头，自己率领剩下的八百多人杀向了机场。

8 月 20 日深夜，日军悄悄靠近泰纳鲁河的美军阵地。尽管重武器还没有到达，轻敌的一木清直却以为美军不堪一击，他下令日军向驻守的美军陆战第一团开火。

第一波日军大概一百多人，手端着步枪，口中哇哇地怪叫着，冲向了美军阵地。美军的机枪和 37 毫米速射炮组成了密集的火力网，还不到一个钟头，第一波冲锋的日军被全部打死在了泰纳鲁河中。

一木清直不甘心，又组织了二百多人的第二波冲锋。在美军无情的火力网下，这些血肉之躯只能成为活靶子，不到两个小时，二百多条鲜活的生命又成了一具具死尸。

凌晨 4 时许，一木清直组织了最后一次冲锋。他想从美军阵地侧翼迂回包抄。美军早就看出了他的意图，重新调整位置的机枪和速射炮又将他的最后一波攻击部队送进了地狱。

21 日天亮之后，美军惊讶地发现损失惨重的一木支队竟然还没有撤退。他们在泰纳鲁河东岸构筑了工事！

美军实在想不通日军为何如此执拗。通过情报，他们得知这支日军根本就没有后续部队，以数百人对一万人，这就是真正的以卵击石。

美军总指挥范德格里夫特又派出一支部队从日军营地侧后发动攻击，同时，美军的夜猫式战斗机和无畏轰炸机对一木支队进行空中打击。

在这样强力打击下，一木清直实在支撑不住了，只好往海边的椰树林撤退。

日军的伤兵哀声遍野，本着人道主义精神，美军派出了战地医护人员前往救治。没有想到，日本伤兵纷纷拉响手榴弹跟医护人员同归于尽。愤怒的范德格里夫特下令对投降者一律杀无赦，并且派出坦克彻底消灭这股日军残部。

五辆斯图尔特轻型坦克在椰林中肆意碾压日军残兵。坦克履带上那一团团血肉，让坦克看起来活像一个巨型绞肉机。就这样，伴随着一阵阵哀号声，残存的日军也被基本消灭。

17 时许，椰林中只剩下最后一拨日军。他们聚集在了一木清直身边，此刻，一木清直已经身受重伤，他下令烧毁了军旗。美军发现了这些日军，一阵密集的机枪声响起，日军一个个倒地毙命。一木清直在被击中之前，用自己的军刀切向了腹部……

这一战，日军毙命七百七十八人，美军仅阵亡三十五人。这也是日军在太平洋战场上首次惨败于地面作战。

可以说，正是这一场惨败开启了日军瓜岛战役的失败之门。而作为侵华的急先锋，双手沾满中国军民鲜血的一木清直最终也得到了他应有的下场。

事后，日军方面追授一木清直少将军衔，不过这一切，他永远看不到了。只留下一个罪恶的名字，让后人唾骂。

影响二战进程的无声战线英雄

也许很多人不知道，曾经有一位英雄，他提前四天，神准预测了珍珠港事变的发生，后来他又为美军击毙日本海军天才将领山本五十六立下大功，他就是无声战线的破译奇才——池步洲。

在讲池步洲的传奇经历之前，我们先来了解一下中国“黑室”，这是国民党军统局电讯处的代称。“九一八”事变后，随着日本侵华魔爪的步步紧逼，中华民族到了最危急的关头，国难之时，有识之士纷纷为祖国安危献计献策。美国“密码之父”郝伯特·雅德利曾经写过一部影响深远的著作《美国黑室》，书中的黑室指的是专门负责分析和研究敌对国家的通信密码的超级秘密机构。受到此书思路的启发，当时国民党交通部电讯专家温毓庆建议：在中日全面战争打响之前，中国应该组建自己的“黑室”，来破译日本的军事密电和情报。1934 年，他向蒋介石提交了建立黑室的建议并得到其首肯。

这时候蒋介石身边有一个红人热衷于黑室的组建，这也加速了事情的进程。这个蒋身边的大红人就是戴笠。戴笠在 1929 年就参与建立过中国第一个无线电国际电台，他还曾经担任过国民党交通部电政司司长。1930 年中原大战爆发，戴笠只能依靠陈立夫、陈果夫控制的中统来进行密码破译工作。而中统与他争权夺利，多有故意为难之举，戴笠暗下决心，一定要建立一个听命于自己的电讯处。

1938年组建不久的军统局密电组成员却是“压力山大”，因为他们无法破译截获的日本密电。这时候，军统驻美国站站长雪中送炭般及时送来了郝伯特·雅德利的《美国黑室》一书给戴笠，戴笠读后，决定向蒋介石申请重金聘请郝伯特·雅德利来中国担任顾问。受邀的雅德利漂洋过海，于1938年11月来到了重庆。

郝伯特·雅德利在中国近两年的时间内，帮助国民党政府训练了两百多名密电破译人员，这些人在日后的抗战中都发挥了重要作用。他还针对国民党现有五个电讯系统各自为政的现状，建议蒋介石将其合并为一，外号“中国黑室”。雅德利是个密码破译天才，他在中国大显神通，通过侦破日本密电，挫败了日军打算投伞兵暗杀蒋介石的计划。“强将手下无弱兵”，他手下的密电破译人员各个独当一面，其中最突出的就是我们的主人公池步洲。

池步洲，1908年出生于福建闽清县一个乡村，少时因为家贫，未曾上学。直到他十岁，靠着兄嫂的资助，才得以读小学。1927年，池步洲去往日本东京大学留学，之后又在早稻田大学工学部学习。在日期间，他结识了自己的人生伴侣——一位日本女子白滨英子。二人婚后不久，就发生了七七事变，池步洲抛弃安逸生活，毅然决然带着妻子回国，共赴国难。

在南京，池步洲遇到了昔日同窗陈固亭。在与老同学的攀谈之中，池步洲得知国民政府要找留日学生研究如何破译日本密电码，但是当时池步洲因自己专业为电气工程而犹豫不决。陈固亭鼓励他说：“蒋委员长说过，谁能破译出日本密电码，等于给前线增兵几十万，你回国是为了抗日，你虽然不懂密码，但是日语好，这也是你的优势啊！”

听到这里，池步洲欣然应允，如果能为祖国抗战做些贡献，也不枉此行了。于是，陈固亭介绍他进入总务组机密二股，专门负责破译日本电报。

池步洲接受这份工作的时候才30岁，对于密码破译，他毫无经验。但是他聪明好学，记忆力超群，对于数字特别敏感。皇天不负有心人，1939年3月，他竟然用了不到一个月时间，将日本外务省发到世界各地的几百封外交密电全部破译。负责人惊喜不已，任命池步洲为译述主任，直属何应钦管辖。

名气越来越大的池步洲被中国黑室吸纳进去，成为了得力干将。1941年5月，池步洲破译了一系列日本外交密电，他发现日本外务省加强了与驻檀香山总领事馆的联系，而且外务省还要求檀香山方面提供关于珍珠港内美军舰队的一系列细节以及当地的天气情况和港内美军休息时间。种种不寻常的电文，让池步洲的心中产生了一个大大的问号，日本要干什么？1941年12月2日，池步洲又截获了一份日本外务省发给驻美大使野村的特级密电。通过破译，他得知外务省要求野村立即烧毁一切机密文件，同时要求存款人把钱存到中立国银行，帝国政府将按照御前决议采取行动。

池步洲冥思苦想，结合之前破译的日本电文，他判断出，这是日美开战的先兆，而且很可能日本对美开战地点会选择在檀香山珍珠港海军基地，开战的时间极有可能就是珍珠港内美军休息时间——12月7日（周日）！想到这里，池步洲自己也惊出了一身冷汗，他一刻也不敢耽误，立即把密电破译情况和自己的推测报告给了上司霍实子。霍实子得到消息也是大吃一惊。几小时后，这个消息通知到了蒋介石，蒋介石立刻向美国方面通报。由于当时美国受到孤立主义的影响，而且骄傲自大的美国人认为中国不可能具备破译如此绝密电报的能力，所以对此根本不做任何戒备。

四天之后，日本偷袭珍珠港，真真切切打痛了美国，同时也让美国意识到了中国无声战线的超强能力。

太平洋战争爆发后，日本联合舰队总司令山本五十六带领日本海军取得了不少辉煌战绩，同时赌徒山本五十六超强的军事能力也让美军忌惮。为了报珍珠港一箭之仇，更为了扫除美国海军最强的敌手，他们决定采取斩首行动，一举击毙山本！他们在等待一个绝佳的机会。

1943年4月13日，池步洲破译了一份日本海军用LA码拍发到日本本土的密电，内容是："联合舰队司令长官于4月18日亲自巡视巴拉尔岛、肖特兰岛，如因天气不佳则顺延一天。"池步洲把此重要情况立刻报告给蒋介石，蒋又通知美军。得到情报的美军，组织空军在山本五十六必经的航线上埋伏，终于一举击毙了这个日本海军的天才将领。此次行动中，池步洲立下大功。

其实，池步洲还多次破译日军密电，提供了大量有价值的情报。比如在 1942 年 10 月，他截获日军密电，得知日本飞机要轰炸印度加尔各答，中国方面立刻通知英军，英空军得以提前中途拦击日机，避免了一次重大损失。有一次，国民政府要员孙科要去外地办事，日军得知这一情报，打算在中途拦击，日军密令的情报被池步洲截获。已经到达机场准备起飞的孙科，立刻取消行程，从而避开了敌人的杀害。

抗日战争期间，池步洲在密电破译这一条无声战线上，做出了巨大的贡献。抗战结束，他反对内战，不愿意再从事密码破译工作，转而从事金融事业。上海解放前夕，他拒绝撤退到台湾，选择留在了大陆。晚年他陪着妻子回到日本安度余生，同时在大阪大学任教，为中日友好发挥余热。2003 年 2 月 4 日，池步洲在日本神户安然离世，享年 93 岁。

他的故乡没有忘记他在抗战中所做的贡献，闽清县台山公园至今树立着一座纪念碑，碑文上字字句句都在诉说着这位抗日功臣不可磨灭的功绩！

侵华急先锋——吉野号战舰

“撞沉吉野！”这声来自电影《甲午风云》中致远号管带邓世昌的呐喊，至今仍然在国人的耳畔久久回荡。那艘日本联合舰队的精锐战舰吉野号也成为国人心中不能磨灭的痛苦记忆。吉野号作为日本甲午侵华战争中的急先锋，冲锋陷阵，为日本联合舰队在丰岛海战、大东沟海战、威海卫之战中立下大功，而甲午之败，巨额的赔款、台湾等处的割让，其恶劣影响遗患至今。

其实，我们对于吉野号的了解更多是通过一些影视作品，而影视作品包括一些通俗读物中，对吉野号的描述却又是不甚准确的，从那句“撞沉吉野”的口号到日清抢购吉野舰的传闻，似乎成了国人固有的认知。“知己知彼，百战不殆”，对于曾经的敌人不了解，何谈了解他的现实。那艘给中国人带来了痛苦记忆的吉野号战舰到底有着怎样的身世？就让我们拨开历史的迷雾，认识一下吉野号战舰的前世今生吧！

吉野舰是由英国海军造船处设计，当时世界上最先进的防护巡洋舰。它的设计者是英国的菲利普·瓦茨。而有意思的是菲利普·瓦茨的前任也就是19世纪末英国最成功的舰船设计师威廉·怀特设计了北洋水师的防护巡洋舰——致远号。

日本在明治维新中，为了侵略需要，大力发展海军。他们一直以来都以中国强大的北洋水师作为假想敌。日本从天皇到普通的儿童，做梦都想击沉北洋水师最强大的主力舰“定远号”和“镇远号”。此刻的日本，嬉戏中的儿童都会玩一种叫作“击沉定远”的游戏，对于这个国家恐怖的侵略潜力，大洋对岸的清朝官员却仍然懵然无知，仿佛生活在醉梦之中。1885年前后，深受世界上海军强国“大舰巨炮”主义影响的日本，开始了他们野心勃勃的海军扩充计划。但是19世纪80年代末期，欧洲钢材价格一路攀升，三景舰计划已经让日本囊中羞涩，此刻他们没有更多的资金去支持海军购买更多的主力舰。无奈之下，日本政府退而求其次，致力于购买新式巡洋舰。日本海军上层普遍对阿姆斯特朗的早期作品“浪速”级防护巡洋舰感到满意。以坪井航三为代表的日本旅欧海军将领始终提倡海战中使用单纵阵对敌，这样一来，航速超快而且侧舷配备凶猛火力的新型防护巡洋舰就成为日本海军的首选。

1891年，日本海军大臣桦山资纪在海军扩张案中正式提出要向英国订购最新式防护巡洋舰。1892年，英国舰船设计师菲利普·瓦茨接受日本的订购，并负责设计。阿姆斯特朗兵工厂答应一年内完成新舰主体建构，再用10个月完成了舰装工作。效率惊人的英国人并没有说大话，他们用了不到21个月的时间，就完成了新舰的全部建构工作。

早在新舰下水前，日本内阁就取国内风景秀丽的“吉野川”中“吉野”二字，来命名这艘外观优美的防护巡洋舰。日本为了购得此舰，从天皇到公务员，从普通工人到妓女，举国上下，节衣缩食。其团结精神也着实令人感叹！而反观大清朝，此刻国内一片文恬武嬉，贪腐的官员只知道欺压百姓，绝大部分人闭目塞听，茫然不知世界各国局势，遑论天朝上邦一向瞧不起的蕞尔小国——东瀛扶桑。

很多影视作品谈到吉野舰的订购，都提到英国的阿姆斯特朗造船厂曾经打算把吉野舰首先推荐给中国，北洋水师高层建议买下此舰，而最终清廷放弃了这一良机，战舰被日本天皇拍板拿下。但是证诸史书，此说法并不符合史实。清政府确有购舰计划，他们的目标是智利海军的“白朗古·恩卡拉达”号，此战舰从火力和装甲来看，都强于吉野号。只可惜提前知道情报的日本政府也加入了争购，因为他们的破坏活动，最终清廷购舰计划半途而废。

吉野号从航速、火力来说都堪称当时的精锐战舰。高达 4216 吨的排水量，长达 109 米的舰体，甚至超过了北洋主力定远舰。射速 7 发每分钟，射程 8600 米的大口径速射炮，其威力已经远远超过了北洋水师绝大部分的舰炮。

1893 年 6 月，在吉野号完工前三个月，日本海军就迫不及待地任命河原要一为其首任舰长。建成使用不久的吉野号就投入到了侵华战争中。1894 年 7 月 25 日，以吉野号为首的浪速、秋津洲三舰，与北洋水师济远号、广乙号相遇在朝鲜丰岛海域。上午 7 时许，吉野号首先向北洋水师开炮，这也打响了中日甲午海战的第一炮。在追击济远号的过程中，吉野号被济远尾炮击中三炮，然而伤害不大。放弃追击济远号的吉野号，加入了俘虏清军操江号和击沉高升号的行动。

1894 年 9 月 17 日，给无数中国人留下梦魇记忆的大东沟海战爆发。此战中，吉野号逞凶于黄海。以它为首与四艘军舰组成日本联合舰队第一游击队，首先它击沉击伤北洋水师超勇号和扬威号。15 时许，吉野号等四舰试图击沉已经起火的定远号。为了掩护旗舰，致远舰以舰体为掩护，挡在定远之前，独自承受着日舰的强大火力打击。此刻致远舰管带邓世昌已经把生死置之度外了，他带领致远舰毅然决然撞向以旗舰松岛号为首的日本联合舰队本队。本队的火力配备超过了第一游击队，在他们强大速射炮火力的无情打击下，致远舰最终陨没在了波涛汹涌的黄海海底。“撞沉吉野”虽然振聋发聩，但真的是一个感人的传说，真实的大东沟海战中，致远舰撞击的目标并不是吉野，这也是近期很多专家考证后的结论。

随后的海战过程中，以吉野号为首的第一游击队又围攻并击沉了经远号，将靖远和来远两舰打成重伤。凭借大东沟海战的出色表现，吉野舰一举成名。随后，吉野舰又参加了日本海军的一系列军事活动。

1904 年 5 月 15 日，这一天被日本称作“帝国海军灾难日”。这一天日本海军吉野、八岛等五艘军舰在旅顺口摆下阵势，击中火力攻击港内停泊的俄国军舰。中午1时许，五艘日舰返航，浓雾中，日舰队误入俄国布下的水雷阵。两艘日舰触碰到水雷，引发大爆炸，海水无情灌入舰体。附近的吉野舰听到爆炸声，惊恐万分，想尽快撤离水雷区，哪知道忙中出错，被高速行驶的春日号巡洋舰拦腰撞中了右舷。一声巨响之后，十米的大口子灌入了大量海水，曾经的侵华急先锋吉野号沉入了海底。舰上413名海军官兵，只有9人被救出，其他人随着吉野舰一起葬身黄海海底。而10年前，吉野舰正是在这片海域逞凶一时。

2010年，吉野号被一帮靠卖沉船废铁为生的人们从海底打捞上来，他们锤碎了吉野的舰体，这艘沉睡海底一个世纪的战舰就此灰飞烟灭，彻底成了一堆废铁！

《麻雀》中徐碧城的原型

2016年，一部热播剧《麻雀》融合了青春偶像、谍战特工等元素于一体，颇为吸引人们的眼球。剧中女主角徐碧城从懵懂女孩成长为一名出色特工的经历颇为传奇。其实小说中徐碧城的原型历史上确有其人，只不过这位美女不是小家碧玉，而是民国著名的电影明星徐来。

徐来祖籍绍兴，1909年（清朝宣统元年）出生在上海一个普通商人家庭。徐来小名小妹，在读小学时就喜欢唱歌跳舞。18岁那年，她已经出落得美丽动人，走在街上那也是回头率极高的。她爱好歌舞，于是报名中华歌舞专修学校，艺名“徐来”，取自“清风徐来”之意。

第二年，她跟随中华歌舞团到南洋巡回演出，并取得了巨大成功。1931年，徐来拍摄了一些歌舞短片，虽然她的歌舞实力一般，但她惊人的美貌和脱俗的灵气吸引了很多观众。上海的《良友》杂志刊登了她跟胡蝶、阮玲玉等七位明星的合影，从此以后，“八大明星”的称呼不胫而走。1933年，徐来在明星影业公司主演影片《残春》，剧中她出演一个为爱牺牲的富家大小姐，而且片中有“徐来出浴”的镜头，引起了当时的轰动。她也凭借出色的表演，成为影坛一颗冉冉升起的新星。接下来的三年，她接拍了一系列影片，凭借美貌和出色表演，名声大噪，跟胡蝶一起成为了明星影业公司的两大台柱。

她嫁给了比自己大十八岁的黎锦晖，年龄巨大差距带来的问题，在二人此后的婚姻生活中渐渐显露。加之各种流言蜚语，导致了他们婚姻的破裂。她的第二任丈夫是国民政府军委会中将参议唐生明，这位也是《麻雀》中唐山海的原型。唐生明来路不俗，他是黄埔军校的高才生，也是国民党高级将领唐生智的弟弟。

1940年春夏之交，汪伪政权控制下的南京下关火车站，从列车上走下一男二女。男子风度翩翩，英俊潇洒；一名打扮时髦的美丽女子挽着他的胳膊缓缓走向欢迎的人群中，他们身后还有一位女助手寸步不离。这位男子就是唐生明，挽着他胳膊的是妻子徐来，后面的助手是张素贞。在月台上欢迎的人群中有众多汪伪政府的要员和日军宪兵司令大冢清，难道唐生明夫妻叛国投敌了，当了可耻的汉奸？！其实非也，他们是肩负秘密使命而来。

唐生明曾经担任过蒋介石的侍从室参谋，抗战初期先后做过长沙警备副司令和常德警备司令。他是一个善于交际的人，人脉广、口才好，而且极具胆略。蒋介石把他召回重庆，面授机宜，命令他回南京，潜伏在汪伪政权内部做卧底并伺机收集情报。他欣然领命，带着妻子徐来和军统女特工张素贞一起来到南京。

对于如此重量级的人物前来投靠，汪伪和日本方面都表示热烈欢迎。为了把戏份演得更足，唐生明的哥哥唐生智将军在报纸上公开发表了与他脱离关系的声明。从此以后，唐生明带着他的美艳妻子，混迹在南京和上海的各种高层社交场合。他出手阔绰，一掷千金，他讲究享受，热衷于打麻将、跳舞、酒场。徐来牌技极高，她通过各种牌场和酒场，很快跟汪精卫老婆陈璧君、陈公博情妇莫国康、周佛海老婆杨淑慧混得厮熟，并在跟她们的攀谈中，获得了不少机密情报。

1941年底，国民党负责江苏沦陷区抗日斗争的地下领导人马元放、张北生等六人，在中华旅馆碰头时突然遭到了汪伪特工头子李士群（他是《麻雀》里面大反派李默群的原型）带人包围，六人被抓捕。影响恶劣的是，此后他们都在汪伪控制的《中华日报》上发表了自首声明。事情发生之后，重庆方面大光其火，戴笠严令军统上海站查出内鬼是谁。但是侦查工作却陷入停顿。还是徐来在一次跟杨淑慧打麻将时，杨淑慧无意中谈到卧底正是张北生。得到这一重要情报，徐来告诉了丈夫，唐生明又转告军统方面，这才避免了更大的损失。

1942年，唐生明参加南京汪伪方面的一个重要军事会议。汪精卫在会议上谈到日本驻华总司令畑俊六通知到他，近期要汪伪出动两个师兵力配合日军完成对苏中抗日军和新四军的大扫荡。汪精卫还叮嘱与会人员严守机密。回到住所的唐生明忧心忡忡，如何能把这一重要情报传递出去呢？当时的中统、军统驻南京的特工网已经被汪伪打击得几乎瘫痪。唐生明只好跟妻子徐来商量对策，因为自己不便出面，他请求妻子冒险亲自去上海传递情报给军统上海站。徐来义无反顾地答应下来，并启程去上海。巧合的是，在火车上的卧铺车厢，徐来遇到了汪伪政府考试院院长江亢虎。两人吃茶点、聊天，江亢虎无意中成为徐来的掩护。车上虽然有众多的汪伪特务，但是谁也没有想到江亢虎身边这位美丽动人的女士是去上海传递情报的。

徐来成功地抵达上海，并把情报传递，这也使得苏中抗日力量减少了不少损失。

1943年的一场意外事件差点让徐来的身份暴露。她悄悄去探望抗日烈士黄逸光的遗孀王者香，黄是刺杀汪精卫失手后牺牲的。在王者香的住所，她还看到了抗日烈士尚振声的遗孀杨静涵。杨静涵在丈夫遇害后，身怀六甲之时被抓入监狱，后被保释出狱。现今，她孩子已经两岁，因为严重的营养不良，孩子显得瘦小病弱。徐来看到这一切，泪水夺眶而出，她温柔地抚摸着孩子的头顶，安慰王、杨二人一定要节哀保重，并送上了一些食物。徐来不知道，当时这一切已经被汪伪特务盯上了，特务报告了他们的头子警卫总署署长马啸天（他是《麻雀》中苏三省的原型）。马啸天其实对唐生明夫妇早有怀疑。得到报告的他汇报给了南京特务机关长柴山兼四郎中将。柴山考虑到唐生明毕竟是日本驻南京方面军政大员面前的红人，而且此刻并没有确凿证据，所以他叮嘱马啸天谨慎行事，对他们夫妻二人紧密观察。

在夫子庙国际饭店，马啸天设宴款待唐生明夫妇二人。席间他有意无意地提出唐太太不要跟上了政警总署黑名单的一些人来往，以免他办事为难。唐生明立刻反应过来，他假装责备妻子徐来，徐来也配合丈夫演戏。此事虽然是虚惊一场，但也提醒徐来以后行事要万分谨慎。

1943 年，日本出于政治宣传，要求汪伪方面在上海、南京物色一些知名女演员出演日本著名女间谍南云造子一生事迹的影片。接手任务的大汉奸胡兰成想到了徐来。他登门拜访，却被徐来一口拒绝，她借口自己身体不好而且已经多年不从事演艺事业。哪想到胡兰成不肯轻易善罢甘休，多次来纠缠。为了避开他，徐来到了上海，从此深居简出，不再参加各种社交场合。因为物色不到合适的主演，日本的这项拍摄计划胎死腹中。

此后，唐生明依然留在南京，并担任了汪伪政府的江苏省保安司令。他继续在不知情的国人怒骂声中，从事地下策反和情报工作。

抗战胜利后，唐生明担任了中将设计员。1949 年，徐来全家迁居香港，唐生明去长沙参加通电起义。1950 年秋天，唐生明成为解放军第二十一兵团副司令员，指挥了解放两广的战役。1956 年，唐生明担任了新中国的国务院参事，徐来也一起移居北京。1973 年，徐来辞世，享年 64 岁，十四年后，唐生明怀着对爱人徐来无限的思念，也走完了自己的人生之路。

从一代女星到军统特工，徐来的人生传奇无比，她跟千千万万普通的女性一起，为中华民族的抗日斗争做出了不可磨灭的贡献！

艳谍郑苹如的短暂人生

1940年2月，一辆轿车停在了上海西郊中山路附近的荒郊。在特务的押解下，一个身着旗袍的年轻女人被推搡到了车外。只见她大大的眼睛，尖尖的鼻子，如果仔细观瞧还有两个酒窝，一头乌发垂肩而下，是一个典型的标致美人。女人知道自己的殒身之地正在此处。她没有一丝惊惧，抬头看了一眼蓝蓝的天空。祖国的天空依然是那么美，可是对于才23岁的妙龄女子来说，这却是她在世界上的最后一天了。她只是叹了一口气，缓缓转过身去对汪伪特务头子林之江说："白日青天，红颜薄命，只求不要枪击我面，破坏我的容颜。"听闻此言，一生杀人无数的嗜血恶魔林之江竟然下不去手去枪杀这位美丽的女子了。他命令手下特务动手，三声枪响过后，女子倒地而亡，鲜血染红了身侧的小野花，一个年轻的生命香消玉殒。

这位美丽的女子正是电影《色戒》中汤唯饰演的女主角王佳芝的原型郑苹如。跟电影中的女主角不同，郑苹如可没有对汉奸动真情，她时刻没有忘记自己的使命。电影大家都看过，可这位真实的郑苹如短暂的一生是怎么样的，让我给大家细细道来。

郑苹如1918年出生，浙江兰溪人，她出身富贵，父亲郑英伯是早年追随过孙中山先生的老同盟会会员，也是国民党的元老人物。他在日本留学时结识了日本的名门闺秀木村花子。他们相爱结婚，婚后育有三子二女。郑苹如正是他们的二女儿。她从小便聪明伶俐，跟着妈妈学了一口流利的日语。父亲郑英伯也非常疼爱这个宝贝小女儿。

郑苹如 18 岁时已经出落成了水灵灵的漂亮姑娘，走在街上那回头率绝对是百分百。她的艳名传遍上海滩，以至于上海著名的《良友》画报曾经用郑苹如的照片作为封面。

1937 年，中国人民面临着日本入侵带来的国破家亡的危险。少年时代就深受父亲的革命思想影响，郑苹如深爱着自己的祖国，虽然自己是一介弱女子，她却决定用柔嫩的肩头扛起抗日救国的重任，19 岁的她毅然决然地加入了中统。

1937 年淞沪会战之后，国民党政府丢失了上海。郑苹如依然在日本侵略者铁蹄蹂躏的上海滩坚持抗日地下工作。她利用自己出色的日语能力和强大的社交圈从事抗日的地下抗争，并为中统上海情报站提供情报。当时中统在上海潜伏组织的负责人陈果夫的侄子陈宝骅正在策划一项绝密任务。他的任务正是要除去大汉奸丁默邨。要知道丁默邨是一个极其难对付的老狐狸。丁默邨早年是共产党员，后来投靠了国民党，在汪精卫的拉拢下，又成了汉奸卖国贼。他来到上海，筹建了位于极司菲尔路七十六号的汪伪特工组织。七十六号魔窟的特务疯狂地杀害抗日爱国人士，由于丁默邨熟知国民党内部的情况，他的疯狂活动导致了国民党中统、军统的巨大损失。

除掉这个破坏力极强的危险敌人“丁屠夫”已经是当务之急。面对这一棘手任务，陈宝骅想到的第一人选就是郑苹如。郑苹如经过一年多的敌后情报工作的锻炼，进步飞快。早在汪精卫叛国之前，郑苹如就利用她强大的情报工作能力提前获得了消息，可惜面对她的警报，国民党政府并没有及时采取行动，导致了汪精卫的成功出逃重庆，但是从此以后，国民党政府对这一小女子的能力刮目相看。

美貌和能力并存，郑苹如成为这一艰巨任务的不二人选。为了实施任务，首先郑苹如制造了电车偶遇事件。在开往外滩的电车上，她利用自己的美色一下子就迷住了好色之徒丁默邨。而早年二人也曾经有过“师生之谊”，丁默邨是校长，郑苹如是学生，二人早期有过交集，因此这次偶遇并没有引发老狐狸的怀疑。

中统的得力干将熊剑东被捕后，郑苹如利用与丁默邨的师生之谊，亲自找到他，并说熊是自己的朋友，希望丁校长能网开一面，面对娇滴滴的青春美女，一向杀人不眨眼的丁默邨竟然破例放了熊剑东。从此郑苹如更以报恩为名义，频频和丁默邨约会。为了更方便跟郑大美女交往，丁默邨安排她成为自己的贴身女秘书。

为了除掉大汉奸，郑苹如精心安排了刺杀行动，她安排了狙击手打算在她家附近狙杀丁默邨。然后她盛情邀请丁默邨去她家做客，求之不得的丁默邨一口答应下了。可是丁的轿车眼看就要进入狙击射程时，狡猾的丁默邨却临时改变主意返程，导致了第一次刺杀行动的失败。

1939 年 12 月 21 日，丁默邨去一个朋友家吃饭，他邀请郑苹如一起参加。从朋友家吃饭归来，二人一起乘车，到达戈登路一家皮货店的时候，郑苹如跟丁撒娇说："圣诞节快到了，校长送我个皮衣做礼物好不好？"丁默邨一开始让她自己去挑选，郑苹如却搂住他的脖子娇滴滴地说："人家就要你陪着一起选。"面对小情人的万种风情，老色鬼终于答应下车一起挑选。然而在郑挑选皮衣时，丁默邨却像一个老狐狸一样警觉地向四周观望。他猛然间透过玻璃橱窗看到两个形迹可疑的人正朝他观望。一看情形可疑，他立刻把一沓钞票甩给郑苹如说让她自己挑选，自己夺门而出。丁钻进车里，让司机抓紧开车逃窜，虽然那两个刺客连开数枪，却也没有伤到汉奸。

两次刺杀行动的失败让郑苹如做了一个大胆而艰难的决定，那就是把生死置之度外，亲自刺杀大汉奸丁默邨。

在第二次刺杀事件失败之后的第三天，早已经做好了牺牲准备的郑苹如带着勃朗宁手枪，去七十六号见丁默邨。老狐狸丁默邨岂是善辈，刺杀事件早让他对郑苹如产生了怀疑，来到七十六号的郑苹如真的是自投罗网了，她被丁默邨的亲信林之江抓捕。在监狱中受审的郑苹如始终坚称她是不堪丁老头的折磨才要杀了他，给外界造成这是一场普通情杀的假象。作为一个出色的谍报人员，郑苹如没有出卖组织。情人竟然要杀掉自己，丁默邨很恼怒，但不知是不是他真的对郑苹如有一丝眷恋，竟然没有动杀心。但是丁默邨的老婆赵慧敏却暗中找到林之江面授机宜，迷惑了自己男人还要杀掉自己男人的危险敌人绝对不能留！她要除掉郑苹如。

瞒着丁默邨，郑苹如被暗中转移到了其他监狱。汪伪政府利用她为人质要挟郑苹如的父亲郑英伯出任汪伪的部长，却被英伯以老病为辞拒绝。恼羞成怒的汪伪政府终于决定杀掉已经没有利用价值的郑苹如。

于是出现了本文开头那一幕。一代女英雄壮志未酬，饮恨离世。得知噩耗的父亲悲痛万分，一病不起，不久也追随女儿离世。1944 年，郑苹如的哥哥郑海澄在保卫重庆的空战中壮烈殉国。同年，时为空军军官的郑苹如的未婚夫王汉勋在执行任务时也不幸牺牲。女英雄一家堪称一门忠义。

1814年“超强帝国”的首都沦陷事件

（一）

当今世界，综合国力最强者，还是美国。美国人凭借着超强的国家实力，当起了“热心”的世界警察，无处不插手，处处干涉别国内政，大有一番舍我其谁的傲气。

其实，今日如此狂傲的“美帝国”，也有它的最痛国耻。这要从一个外交事件说起——

2014年8月24日，英国驻美国华盛顿的大使馆举办了一场烧烤晚宴。事后，英国使馆在他们的推特账号上发送了一张照片，照片上是当日晚宴的一个巨大蛋糕。蛋糕是白宫造型，两侧各插着美国和英国国旗，四周烛光闪烁。照片下面配着一行文字：“庆祝火烧白宫二百年，不过这次只是小烟火”。这张照片在网上迅速传播，美国人的反应是无比的愤怒，纷纷表示抗议。为平息事态，英国大使馆只好道歉说，他们只是想纪念这一历史事件，庆祝现在美英两国的和平。

那到底是怎样一次历史事件在两百年后仍让美国人群情激愤呢？说起来，这是美国1814年第二次美英战争中的一次军事失败，也是全体美国人心底最不愿意回忆起的国耻。

说到美国的国耻，二战期间日本偷袭珍珠港也被视作国耻，但是那次日本人并没有打到美国本土，而英国人却实实在在打在了美国人的心脏上，因为那一次他们打下了美国首都——华盛顿！

（二）

在美国独立战争之后，美英两国的矛盾并没有解决，相反却逐步升级。战争后的协定规定密西西比河以东是美国领土，但美国并不满足，建国不久就走上了扩张领土的道路。他们在从法国手中购买了辽阔的路易斯安那以后，又把目光盯在了英国在北美的殖民地加拿大地区。

英国并不希望美国强大起来，为了确保自己在美洲的利益，他们一直在考虑如何压制美国的扩张势头。同时，作为英国敌手的拿破仑帝国也在拉拢美国作为盟友一起对付英国。因此英国利用自己强大的海军发动了对美国海上贸易的袭扰。为了在美国内部制造麻烦，英国人支持印第安人与美国作战，这也阻止了美国领土的西扩。这一系列的事件使得美英矛盾逐渐升级，第二次美英战争终于爆发了。

1811 年，美国众议院的鹰派成员鼓动对英作战，次年 6 月 18 日，时任美国总统的詹姆斯·麦迪逊向国会发表演讲，国会投票，正式对英宣战。

战争之初，英国的精锐陆海兵力都部署在欧洲忙于跟拿破仑帝国的战事，无法抽调太多的兵力到北美。1812 年，英国在加拿大的总兵力仅有五千人，不得不依赖加拿大民兵。而此刻美国也没有做好战争准备，他们的正规陆军兵力只有一万两千多人，尽管开战后美国打算扩张兵力到三万五千人，但是这些志愿兵并不热衷于战争，部队战斗力明显不足。

战争一开始，双方势均力敌，英军基本处于守势。但是 1814 年 4 月，随着拿破仑帝国被欧洲联军击败，英国开始腾出手增援北美。战场形势开始逆转，英国少将乔治·科伯恩建议攻打防守薄弱的美国首都华盛顿，一旦首都沦陷就会对美国产生重大打击。英国驻北美司令科克伦同意了此项作战计划。而美军高层对英军的作战意图却一无所知。虽然英军明显在向华盛顿进军，美国战争部长约翰·阿姆斯特朗仍然顽固地认为英军的目标是巴尔的摩，而非华盛顿。因为对形势的误判，美方只在布莱登斯堡驻扎了少量民兵部队，结果英军杀到，轻松击溃民兵，逼近首都华盛顿！

（三）

1814 年 8 月 24 日，英军指挥官罗伯特·罗斯率领两千五百名英军杀进华盛顿。在英军遇到几个武装团伙的袭击后，罗斯下令放火。英军官兵冲进国会大厦将其洗劫一空，然后纵火焚烧。国会图书馆全部图书被毁，绵延的大火也烧毁了国会大厦旁边的很多建筑。

在英军进入华盛顿之前，总统詹姆斯·麦迪逊就带着政府要员提前撤离，只留下了第一夫人多莉负责指挥搬运总统官邸的贵重物品。总统一行人仓皇逃亡马里兰州，投奔温德尔将军和他的部队。麦迪逊总统逃到马里兰州小镇布鲁克维尔，只能借宿在银匠凯莱布·本特利家中。

烧毁了国会大厦的英军沿着宾夕法尼亚大道继续前行，他们的下一个目标就是总统官邸！此刻，多莉夫人还在指挥工作人员和奴隶抢运贵重物品，多莉还剪下了开国总统华盛顿的巨幅画像带走。好在多莉夫人在英军到达之前，乘坐马车匆匆撤离，总算没有被英军俘虏。

英军来到总统府邸，指挥官享用了本来给总统预备的晚餐，还喝了很多葡萄酒。英军士兵忙着抢劫没有来得及带走的财物，之后，他们开始焚烧总统府邸。

冲天大火一直持续到第二天，整个总统府邸被烧得只剩下外墙残存建筑。英军在烧毁了总统府邸之后，还试图寻找美国国库，可是一无所获。恼怒的英军为了泄愤，又烧毁了美国财政部和其他一些民用建筑。整个华盛顿陷入一片大火，不幸中的万幸是，第二天突然天降暴雨，浇灭了市区的大部分火焰。随后又有一场龙卷风袭来，迫使英军撤回到军舰上。华盛顿市区被占领了 26 个小时。

9月1日，回到华盛顿的麦迪逊总统呼吁公民保护哥伦比亚特区。因为总统府邸已经被烧得面目全非，美国政府只好移居他处办公。1817年，门罗总统命令工匠在棕红色石头墙上涂抹了白色来掩盖火烧过的痕迹。到了1912年，美国总统西奥多·罗斯福正式把总统府邸命名为“白宫”。

1814年英军攻入华盛顿也是美国历史上唯一一次首都被外国军队攻陷，长久以来，这也成为美国人心头挥之不去的痛。国耻难忘，直到20世纪二三十年代，美国还制订过“红色战争计划”专门对付英国，研究如何防守大西洋沿岸，防止英军再一次重演百年之前攻克华盛顿的那一幕。

纽约谍影：二战美国间谍事件

关于二战历史，人们常常有一个误区，美国在战争中，本土没有被袭击过。其实不然，二战中，美国本土曾经六次被袭，有德国潜艇偷袭纽约港、日本气球炸弹在俄亥俄州爆炸、日本潜艇炮击俄勒冈州美军基地、日本潜艇搭载的水上飞机空袭俄勒冈州、日本潜艇炮击加利福尼亚海滩，这些虽然没有对美国本土造成大的伤亡，却使美国人深深感觉到了战争的阴影就在自己身边，精神上的震撼是巨大的。上面提及的五次都是纯军事袭击，而第六次是间谍破坏活动，危害也是最大的，如果这一次行动得逞，恐怕 911 事件就要提前 59 年在美国纽约上演了！

1942 年 6 月 12 日晚，美国东海岸大雾弥漫。纽约长岛，一望无垠的大海上，悄悄冒出了一个潜望镜，紧接着，一艘德国潜艇悄然浮上海面！美国自从珍珠港被日本偷袭，被迫卷入二战以来，本土已经出现了德国潜艇的踪迹。这次德国潜艇 U–202 号的到来，显然有着不同寻常的重要任务。潜艇上浮以后，四名身着德国海军军装的特工爬出潜艇，登上了阿默甘西特海滩。几乎与此同时，另一艘德国潜艇 U–201 号在佛罗里达的蓬塔威德拉海滩出现，它同样搭载了四名成员在海滩登陆。两艘潜艇上搭载的八个成员此行有一个重要目标，摧毁美国的工业！听起来不可思议，八个人就能完成这个目标吗？他们的计划确实疯狂，但是一旦得逞，也会给美国造成巨大的损失。

希特勒这个战争狂人，一直忌惮于美国巨大的工业实力和战争潜力，他不想在完全战胜苏联之前，介入和美国的战争。但是随着日本偷袭珍珠港，美国对德意日宣战，命运绑在一起的轴心国战车只好一起把炮口对准了美利坚——这个世界上的超级强国！纳粹高层自美德开战以来，一直在酝酿一个惊天阴谋。这个计划由德国谍报局头目——海军上将威廉·卡纳里斯制定，旨在趁美国还没有发挥出它的巨大战争潜力，摧毁它的工业。

卡纳里斯把此项计划的实施交给一个名叫沃尔瑟·卡普的美国问题专家。沃尔瑟·卡普在 1937 年回到德国之前，曾经在纽约和伊利诺伊两地宣传纳粹思想。这次，潜艇运载的八名间谍人员都是经过严格训练的精锐，他们居住在德国，都有美国国籍。他们行动的目标包括破坏以下地点：美国铝公司设在伊利诺伊州东圣路易斯、田纳西州阿尔科阿以及纽约州马塞纳的工厂；建在尼亚加拉瀑布处的水力发电站；俄亥俄河从路易斯维尔至匹兹堡段的水闸；新泽西州纽瓦克铁路车站；以及源自纽约附近西切斯特县的供水系统，这一供水系统负责提供纽约市的用水。这次行动被称作帕斯托里厄斯行动，又叫牧师行动。沃尔瑟·卡普亲自潜回美国芝加哥来指挥此次行动，他跟手下成员的联络方式是在《芝加哥论坛报》上刊登加密的广告。

他手下的八名特工实力不容小觑。他们有多年居住美国的经验，熟悉美国风土人情，操着一口流利的美式英语，而之前在德国柏林郊外为期八周的特训，更让他们提高了破坏目标的水平。小组人员在行动之前宣誓，绝对忠诚，如果有胆怯退缩的成员，其他人就要干掉他。U–202 潜艇运载的四名特工到了海岸上，首先把 TNT 等炸药和制服埋在了海滩上。然后换上老百姓服饰前往纽约州阿默甘西特镇的火车站。之前海滩上，德国潜艇离去的柴油机声曾经惊醒了一些美国当地住户，他们打开电灯，但是没有人到屋外来看看情况，所以德国潜艇和特工并没有被发现。四名特工人员坐上了前往纽约的火车，并且到达了纽约市区，在旅馆登记住宿。接下来，他们就打算开始实施破坏计划了。但千钧一发之际，行动组成员乔治·达希成了告密者。他到达纽约市当天晚上，就打了电话给联邦调查局办公室，说有重要情报报告，但是没有交代具体细节，就挂断了电话。6月19日，乔治·达希到达华盛顿，又一次打电话给联邦调查局，这次他一五一十地交代了行动的计划以及行动小组其他成员的地址。联邦调查局接到电话，不敢马虎，两周之内就抓获了所有八名行动小组成员。

美国总统罗斯福得知了德国人的此次行动，惊讶不已，亲自下令对八名间谍进行审讯。军事法庭上，达希坚称他热爱美国，并且早就打算告密了，在德国训练时候，他就有了告密的想法。军事法庭判处他三十年监禁，同时另一名主动提供证据的德国人，被判处终身监禁。而其他六名间谍全部被判处死刑。最终活着的两名间谍被囚禁了六年，二战结束后，由杜鲁门总统下令将他们释放并驱逐出境。

6月30日，苏联战场前线，威廉·卡纳里斯步履蹒跚地走向希特勒的办公室，准备跟他解释牧师行动失败的原因，他已经做好了被这个战争狂人歇斯底里狂骂一顿的思想准备……

牧师行动还没有实施就失败了，但是它对美国的威胁也是巨大的，万一此次行动得逞，恐怖气氛就会笼罩在美国人的心头，进而造成国民恐慌，而纽约等大城市工业的破坏也会对美军战争的进程不利。幸运的是，它失败了。

险些改变人类命运的远航：德国潜艇的日本之旅

1945年4月15日，横行一时的德意志第三帝国，生命指针已经进入了倒计时。此刻在总理府指挥部内的希特勒，眼睛紧紧盯着军事地图，苏联红军的攻势已经势不可挡，百万红军剑锋已经指向柏林郊外，最后的决战就要开始了。此刻，这个不可一世的战争狂人深深感觉到了一丝恐惧，也许最终的命运就要来临了，但是他不打算逃走，他要跟第三帝国共存亡。

疲倦的希特勒坐在沙发上，闭目养神，绝望几乎占据了他的头脑，突然他眼前一亮，一下从沙发弹坐而起，抓起手中的电话打给海军总司令邓尼茨："计划进行得怎么样了？"电话那头传来邓尼茨的声音："报告元首，U-234已经出海，请静候佳音！"听到消息的希特勒仿佛一个落水之人抓住了救命稻草般长出了一口气。

这艘让他寄予厚望的潜艇U-234，是德国二战中最大吨位的潜艇。4月15日，肩负着重大使命的U-234，秘密驰离挪威克里斯蒂尼亚港，向西方一路航行。这艘巨大潜艇要取道北大西洋，然后绕过欧洲，抵达非洲好望角，再进入印度洋，它要用九个月时间，远航2万海里，目的地——日本！这艘满载排水量2700吨的潜艇，此次载货总重达三百多吨，包括两架Me-262喷气式战斗机的部件、一枚HS-293制导滑翔炸弹、V型导弹零件、喷气式发动机、火控系统、一吨重的外交信函。这些都是纳粹德国最先进的武器，显然希特勒要把他最后的家底运送给日本，帮助日本改善武器装备，以便与同盟国血战到底。这些货物中还有10个标着“日本陆军”字样的神秘圆筒形容器，里面装载的正是总量达560公斤的铀化合物，众所周知，铀化合物是制造原子弹必不可少的原料。德国潜艇此行最重要的目的就是要把日本研制核武器最需要的材料提供给他们，加速日本原子弹研发进程，以便于跟同盟国做最后一搏！

德国的原子弹研发是比较早进行的，但是随着战争不断接近德国本土，同时同盟国给予德国原子弹研发基地不断的打击，德国的研发进程不得不中断了。垂死挣扎的希特勒希望这些铀化合物能助日本原子弹研发一臂之力。那此刻日本的原子弹研发进程如何呢？

1940年日本就开始启动了原子弹的研制工作。1941年5月，日本内阁发布密令，集中日本最著名的科学家展开原子弹研制工作。当时的研发人员分为两套班子：一班由理学研究所的权威仁科芳雄领导，以东京为基地，代号为“二号研究”；另一班由老资格的专家荒胜负责，本部设在京都，代号是“F号研究”。铀的提取是原子弹研发的关键，但是日本在这方面显然落后于德国，铀矿石的缺乏也是个大问题。1944年，随着太平洋战场的不断失败，塞班岛又被美军攻占，战火越来越靠近日本本土了。当时日本的研发工作已经从理论走向实践，马来西亚铀矿的发现，又为日本研发工作注入了强心针。但问题是，美军牢牢控制了东南亚的制海权和制空权，铀矿根本无法运抵日本本土。1945年，日本东京的二号研究基地被美军飞机炸毁，F号研究基地也无法正常开展工作。看起来，日本的研发工作已经陷入绝境。

但是狡兔三窟，日本在朝鲜北部兴南竟然还有一个原子弹研发基地。各项研发工作万事俱备只欠东风，只等着德国潜艇这次运送的铀化合物到位，也许日本就可以抢先研制出原子弹了。

让我们回头来看，这艘肩负巨大使命的U–234潜艇上除了那些重要的军事物资，还搭乘了多名重要军事人员。他们是：吉哈德·菲莱克中校，一名操着流利日语的德国海军工程专家，他的任务是指导日本海军修筑新船厂；理查德·鲍拉中校，军械专家，精通新式技术装备；海因利奇·海伦道恩中校，舰载高炮技术专家；恩利奇·凯瑟莱将军，他是德国空军驻波兰、挪威和法国的“斯图卡”轰炸机部队最高指挥官，任务是帮助日本空军组建使用Me–163和Me–262的部队，他的两位副手分别是E·孟兹尔上尉（航空通信和雷达专家）、弗利兹·冯·桑德拉特中校（高炮技术专家）；此外还有两名负责联络的日本军官——三等海佐朝永，他是潜艇专家；一等海尉庄司源三，这人是战斗机专家。这艘潜艇的指挥官是德国海军上尉约翰海因里希·费勒，他是一名经验丰富的“海底斗士”，当时潜艇上也只有他才知道潜艇运载物资的具体情况。

出海之后，经验老到的U–234从苏格兰与冰岛间海域的盟军巡逻舰的眼皮底下悄悄溜过。但侥幸通过的费勒和他的艇员们并不知道的，1945年，盟军通过“巨人计算机”等尖端科技破译德国密码的速度已经快到了他们无法想象的程度。盟军通过对德国潜艇部队无线电通信的监控，已经掌握了此次U–234远航的情报，只是还不知道潜艇运载的物资和具体使命而已。

1945年5月初，一路上严格保持无线电静默的U–234已经航行了四周多的时间，且没有被同盟国反潜部队攻击。但是此刻的费勒却发现形势有些异常：先是负责指挥的哥利亚信号站突然没了音讯。不久，设在柏林附近瑙恩的海军总通讯站也失去了联系。5月4日，潜艇收到无线电报文，读罢内容的费勒大吃一惊：海军总司令邓尼茨命令所有德国潜艇立即上浮，并就近向盟军投降。德国已经投降了！一开始，费勒还不相信，他以为是盟军的阴谋，但是怀疑心理作祟，使得他不得不冒险打破了无线电静默。费勒向最近的德国潜艇发报求证消息的准确性，而对方的回复是“消息确凿，我们已经投降！”

此刻，费勒需要做出抉择了。他召开艇员会议，副艇长建议乘坐食物充足的潜艇向南航行，找个小岛安度余生。而更多的艇员希望投降，回到德国，跟妻儿老小团聚。两个日本军官则建议潜艇自沉，誓死不降。经过激烈的思想斗争，费勒下定了决心，向美国人投降！

两名日本军官喝下了安眠药鲁米诺，直到5月11日才死去，然后被海葬。这下，了无牵绊的U–234驰向了美国纽波特新港。

美国人俘虏了这艘潜艇，后面他们是如何处理那些被缴获的铀矿石的，谁也说不清楚，这个也许只有等美国档案的解密了。

多年以后，美国历史学家揭秘，早在1943年，美军便通过“魔术”密码破译系统破译了日本驻德国大使馆的一份电报。里面提到日本曾经要求德国为它提供铀。1945年的这次U–234远航正是希特勒和日本法西斯的末日疯狂，如果他们的计划得逞，真的很可怕。以提出“一亿玉碎”口号的日本军阀之疯狂做派，如果他们用这些铀化合物制造出原子弹用于战场，这对整个人类来说，真是一场浩劫了！

美军上等兵戴斯蒙德·道斯小传

2016年，一部改编自真人真事的二战大片《血战钢锯岭》在全球公映，片中战火纷飞的场景反映了战争的残酷和血腥，而男主角上等兵军医戴斯蒙德·道斯的传奇经历更为观众所津津乐道。他在如阿鼻地狱般的战场上，勇敢救出了七十五名战友，事后被授予了美国国会荣誉勋章。

可是他却有一段鲜为人知的特殊经历。从某种程度来说，戴斯蒙德·道斯是反战主义者，他不愿意手持武器上战场，这也导致他曾经被美国军事法庭审讯。

1919年，戴斯蒙德·道斯出生在美国弗尼吉亚州一个普通的家庭。他的父母是虔诚的基督教徒。父亲威廉·道斯是一名普通木匠。刚出生的小戴斯蒙德·道斯用他的大眼睛好奇地打量着这个陌生的世界，他第一眼看到的不仅是他的父母，还有挂在屋子里面的《圣经》十诫和附带图画的主祷文。小戴斯蒙德经常踩着椅子去看墙上的这些图画。他回忆说，那时候还不懂这些图画的意义，但当他看到图画的第六诫——该隐手持棍棒，站在兄弟亚伯尸体旁边，他幼小的心灵深受震撼。

小戴斯蒙德在基督教会学校上学。课余时间，学生们经常被安排给老师内尔·凯特曼做一些杂务。有一次轮到了小戴斯蒙德值日，因为他急着回家，就没有认真清理黑板擦。凯特曼老师发现后，严肃地对他说："戴斯蒙德，无论你做任何事情，如果不用认真的态度对待，那么做这件事就没有任何意义了。”小戴斯蒙德很羞愧，他把老师的话铭记在心，以后在他的人生旅程中，这句话一直让他保持认真的态度对待任何工作。

戴斯蒙德经历过两次严重伤病，却都奇迹般地康复。一次是他帮助家人取牛奶时，手指不慎被玻璃瓶划破。医生都决定放弃了，断言戴斯蒙德的这只手会成为废手。但他的父母没有放弃，他们为他不断地活动手指，并日夜祈祷，最终戴斯蒙德的手指奇迹般康复了。另一次，顽皮的戴斯蒙德从墙上跌落，摔断了腿，医生认为必须截肢。但戴斯蒙德每天坚持热敷的同时不断地祈祷，这一次他又完好无缺地康复了。两次经历过后，戴斯蒙德相信面对困难，只要不放弃，就会有奇迹出现。

戴斯蒙德内向的外表下深藏着一颗炽热的心。十几岁时候，他在广播里面听到广播员呼吁为遭遇车祸的人献血，他毫不犹豫独自步行了三英里赶到医院献血，然后又自己一人匆匆赶回家。作为一个虔诚的基督教徒，他反对杀戮，可是在他的家庭中，却亲眼看到过杀戮的危险。有一次他的父亲酒后跟兄弟争吵，暴怒之际，掏出了手枪对准兄弟，母亲眼看一场血案就要发生，连忙奋不顾身，挡在了兄弟二人中间。在她的劝说下，丈夫把手枪交给了她，她把枪交到戴斯蒙德手中，让他藏好。戴斯蒙德赶忙跑回家把枪藏好，但当他返回出事地点时，眼前的一幕让他终生难忘：父亲被闻讯赶来的警察带走了。这是他一生中第一次也是最后一次摸枪，他觉得枪是罪恶的杀戮工具。

戴斯蒙德最敬重的老师凯特曼做了一名传教士，所以他也曾经幻想着成为一名传教士。十八岁时，一纸美国政府的征兵令改变了他的人生，他应征入伍，觉得这是为国家和上帝服务的一次机会。因为他执着的坚持第六诫，反对杀戮，长官只好把他分配到了纽波特纽斯造船厂工作。之后他参加了医疗培训，在波澜诡谲的世界局势下，他预感美国早晚会卷入战争，将来如果走上战场，他想作为一名非战斗人员参战。

1941 年 12 月 7 日，日本偷袭珍珠港，美国被迫卷入世界大战。1942 年 4 月，戴斯蒙德加入美军现役陆军，他被送往南卡罗来纳州参加军事训练。戴斯蒙德是基督复临安息日会成员，而每周六是安息日，这一天要安排做期盼耶稣降临的宗教活动，所以他拒绝在星期六进行军事训练。此外，戴斯蒙德虔诚地笃信第六诫，食素而且不带枪。训练之前，他都要读一下《圣经》，辛苦训练一天后，还要跪在床上向耶稣祈祷。

虔诚的教徒戴斯蒙德成了军营里的一个另类。他被军营里那些粗犷士兵们所嘲笑，甚至还有的士兵威胁要杀死他。在别人眼中，他成了一个不敢摸枪的懦夫。众人都排挤他，他被送到过特殊营区参加劳动，而且长官不准他周末去教堂，甚至不允许他跟新婚妻子见面。长官以"违反军规"的罪名将他送上军事法庭，好在最终他被释放出来。戴斯蒙德顶着巨大的压力，在别人的嘲讽目光中，坚持刻苦训练，成了一名军医。

随着太平洋战争的发展，更多的美军士兵被投入到浩瀚无边的太平洋岛屿之上，那里不仅是空旷荒岛，更是人间炼狱！在关岛战役和莱特岛战役中，戴斯蒙德冒着日军的炮火，将战场上的伤员拖到安全地带进行抢救。莱特岛战役中，一名日军狙击手已经瞄准了他，但是奇怪的是狙击手却一直没有开枪。二战结束后的若干年，一位美国传教士在日本讲到了这个故事。台下听众中恰好有那名狙击手，他坦言当时自己之所以没有开枪，是因为枪的扳机出了故障。幸运之神在那一刻眷顾了戴斯蒙德。而戴斯蒙德在战场上的勇敢表现，也让战友开始改变对他的成见。

1945 年 4 月，美国进攻日本本土前最后一战——冲绳岛战役打响。戴斯蒙德所部 77 步兵师奉命进攻一处高达 120 米的断崖。这项任务对于整个战役的胜利，艰巨而重要。4 月 29 日，A、B 两连士兵一起进攻日军把守的断崖，由于 A 连伤亡惨重，被迫从已经登上的断崖上撤退；下面的艰巨任务只好交给了 B 连。B 连在没有一人伤亡的情况下，出色完成了任务。意想不到的是，5 月 5 日，日军的反扑异常凶猛，B 连有上百人伤亡，他们不得不撤退，断崖上只留下戴斯蒙德和一帮伤员。面对敌人猛烈的炮火，戴斯蒙德不顾个人安危，逐个去抢救那些伤员。他利用一根绳索和断崖边的一根树桩，在接下来的五个小时内，背起一个个伤员，把他们安全送到崖下。最后筋疲力尽的戴斯蒙德也不知道自己救了多少名伤员，长官认为是一百名，而他自己谦虚地说是五十名，战后在美国国会荣誉勋章引文中，取了一个平均数，说是七十五名。而戴斯蒙德所做的这一切都是在手无寸铁的情况下完成的！

5 月 21 日的战斗中，戴斯蒙德抢救一名伤员的时候，被日军追击，他掩护其他战友撤退，自己却被手榴弹炸伤双腿在山洞等待五个小时，终于等来救援。他被带出山洞时，发现了另外一名严重受伤的士兵，又主动把担架让给了那位重伤员。一瘸一拐的戴斯蒙德跟另一名伤员撤退过程中，为了掩护同伴，又被日军击中了手臂。

惨烈的硫磺岛战役结束，戴斯蒙德返回美国治疗。当他发现妻子送的《圣经》丢失时，B 连士兵集体为他在硫磺岛的断崖上找回了心爱的《圣经》。10 月，杜鲁门总统邀请戴斯蒙德到白宫，并亲自授予他美国国会荣誉勋章，杜鲁门总统称赞这位传奇英雄“以伟大的方式服务于他的国家、他的同胞以及上帝，是一位真正的美国英雄”。

没有杀死过一个敌人却获得了最高荣誉，作为士兵，戴斯蒙德是第一人，在残酷的战争中，他以熠熠生辉的人性之光让人们在黑暗之中看到了希望。

动物也可立军功

战争是世界历史中必不可少的组成部分，在战场上，有着这样一群特殊的功臣，它们不言不语，却能立下战功，它们就是战场上的动物。

第一次世界大战时，雷达还没有发明，德国和法国交战时凭借空军优势，经常空袭法国，给法国造成了惨重损失。后来，法国人发现鹦鹉对于远处飞机传出的低微马达声很敏感，于是，他们就训练了一批鹦鹉，将它们放置到了埃菲尔铁塔上。德军飞机还在远处，人们用肉眼还无法看到的时候，鹦鹉们就听到声音，并发出鸣叫，这些特殊的“警戒员”为法国人及时躲避空袭做出了重要贡献。

第二次世界大战时，德国潜艇战运用得十分成功。一些潜艇一度侵入到了英国近海海域进行骚扰。但是当时的英国缺乏探测潜艇的先进仪器。后来，有一位英国军官想了一个办法：他利用海鸥来发现德国潜艇。他驾驶自己的潜艇不断向着海面投放食物，引来了成群结队的海鸥争食物。这样经过反复强化训练，这些海鸥一见到水下类似潜艇的黑影，就会跟随不舍，等待它们给予自己食物。这样一来，英国的瞭望塔只要发现海面上海鸥有异常行动，就知道水下来了德国潜艇。海鸥成为英军消灭德国潜艇的功臣。

苏德战场上，苏联军队利用军犬来炸德国坦克，屡建奇功。苏德战场上，德军运用坦克开展闪电战，并一度占据了战场主动。苏联准备不足，在战争初期损失惨重。这时候，苏军有人想到了用军犬来炸坦克。苏军先是对军犬进行特殊训练，使得军犬一见到坦克，就往坦克底下钻。坦克底下的装甲比较薄弱，是其软肋。如果在这个位置引爆炸药，最容易炸毁坦克。军犬们在 1941 年的基辅会战中大显神威。德军二十多辆坦克出现在战场上时，苏军军犬引导员便将身上绑着炸药的军犬带进了阵地。德国坦克逼近时，引导员拉开了军犬身上的炸药包导火索，放出军犬。军犬们如离弦之箭，奔向了德国坦克。随着一声声惊天动地的爆炸声，德军坦克化作一堆废铁。当然这种代价也是巨大的，军犬们用自己的生命换来了德军坦克被炸毁。在整个苏德战争期间，一共有三百多辆德军坦克毁于军犬。

在第二次世界大战缅甸对日作战中，大象为中国远征军运送军用物资，也做出了卓越贡献。

第四章

历史上那些八卦事儿

历史不止是教科书上那些风云大事，有时我们从泛黄的故纸堆里面，也会发现历史的可爱之处。那些八卦事件和人物让我们捧腹大笑的同时，也让我们感叹历史的深邃。

“女中扁鹊”毒杀皇后

看到这标题，估计很多朋友会想到宫斗剧中的经典环节，后宫女人为了争宠，指使御医下毒害死对手，从而达到目的。下面这个故事还真的很贴合那些宫斗剧的套路。

汉征和二年（前 91 年），汉武帝听信小人之言，再加上晚年的疑心病作怪，终于酿成了“巫蛊之祸”的惨剧，皇太子刘据一家几乎被杀戮一空，只剩下一个可怜的刚出生数月的皇曾孙刘病已。襁褓之中的刘病已被关进了暗无天日的监狱，多亏了廷尉监邴吉的多方照料，刘病已才得以活下来，后来汉武帝大赦天下，刘病已出狱。汉武帝临终前留下遗诏将刘病已养育在掖庭之中。当时的掖庭令张贺是原来太子刘据的属下小吏，他为了报主人昔日恩情，打算把孙女嫁给已经长大的刘病已。哪想到他把这个想法告诉了弟弟右将军张安世以后，却被弟弟大声斥责：“皇曾孙是昔日的罪人之后，他能得以享受平民的衣食就不错了，你别再想着把孙女嫁给他了！”此事只好作罢。

可是张贺总觉得愧对旧主的后人，于是他找来了好朋友许广汉，酒过三巡，对老友说：“听说你有女未曾出嫁，可否嫁给皇曾孙，他虽然是罪人之后，毕竟是皇室血脉，将来免不了要封侯的。”许广汉听闻此言，心中欢喜，于是一口答应下来。

这位许广汉的女儿就是许平君，当时只有十四五岁的样子。之前她曾被许给欧阳氏的儿子为媳，但是未及出嫁，欧阳氏之子即病死，许平君的母亲心中慌乱，赶紧带女儿去问卜，卜者告诉她，平君是大贵之兆，母亲内心才得以安慰。许广汉回家以后告诉妻子，要把平君嫁给刘病已。妻子大怒骂他不识人，要把女儿嫁给罪人之后。但是许广汉在妻子的咒骂之下仍坚持初衷，还是把女儿嫁给了刘病已。事实证明，他的这个宝还真押对了。

婚后小两口恩恩爱爱，虽然刘病已身处逆境，许平君对丈夫却丝毫没有嫌弃，全心全意地照顾他，给他温暖的家庭生活。贫贱夫妻相互扶持，共同面对未来，在这艰苦的岁月里，正是许平君的爱给了刘病已莫大的信心和力量。

否极泰来，一开始差点连媳妇都娶不上的刘病已，命运终于发生了转机。先是汉昭帝英年早逝，无子，辅政大臣霍光等打算拥立昌邑王刘贺，但是刘贺也是扶不上墙的烂泥，在位不满一月就被霍光废黜。霍光又拥立刘病已为帝，是为历史上的汉宣帝。

汉宣帝继位之后，立刻封许平君为婕妤。当时霍光因为在朝中权重势大，朝臣们纷纷建议立霍光的小女儿霍成君为皇后，上官太皇太后也是霍光的外孙女，她当然也坚持立霍成君为宣帝之后。面对如此压力，刘病已首先想到的不是如何讨好他们，保住自己的皇位。他不能忘记在自己最艰难的岁月里，是妻子许平君用爱来温暖鼓励自己，他不会辜负平君的爱。于是他下了一道诏书："朕在贫贱之时，曾经有一把心爱的旧剑，现在朕十分想念它，众位大臣能否帮朕把它找回来呢？"朝臣们根据这个圣旨揣测到了皇帝的意思，他连贫贱时候的一把旧剑都念念不忘，又怎么会辜负了自己相濡以沫的爱妻呢？于是大臣们改变主意，纷纷上疏要求立许平君为后。宣帝顺水推舟，就势给了爱妻一个皇后之位。由这个故事也产生了一个成语"故剑情深"来形容结发夫妻不离不弃，感情深厚。

登上皇后之位的许平君一如在民间时的贤淑节俭。她的服饰、车马都十分的节俭，从来没有因为自己是皇后就摆架子。而且她五日一次到上官太皇太后的宫中去请安朝见，亲自捧案献食品给太皇太后食用——许平君不仅努力做一个好皇后，也在努力做一个好儿媳。

本始三年（前 71 年），在民间时已经为刘病已生下一子的许平君再度怀孕。可在即将分娩时，不幸病魔来缠，急需医治。霍光的妻子霍显早就想为自己女儿霍成君谋取皇后之位，之前因为宣帝的坚持而失去了机会，眼见许皇后有病在身，霍显觉得机会来了

霍显想到了女医淳于衍。她是宫廷女侍医，早年在民间行医时，因为医术高明，得了一个“女中扁鹊”的称号。入宫之后，淳于衍因多次为皇后治疗有功，丈夫被提拔为掖庭护卫。但是她的丈夫不满足，还想得到安池监的职位。于是他跟夫人说：“你可以帮我到霍夫人那里，求一个安池监的职位吗？”淳于衍无奈，只好去拜见霍显。霍显这时候正要找淳于衍帮她办事，巧的是她自己先来了。等淳于衍说出了自己的请求之后，霍显屏退左右，附耳对她说：“你有事相求于我，我也有事相求于你，可以吗？”淳于衍说：“夫人有什么吩咐，可以直言。”霍显说：“霍大将军极爱小女霍成君，想让她成为皇后，此事就只有麻烦你了。”淳于衍吃了一惊，怯怯问道：“那如何动手呢？”霍显微微一笑，眼中射出一道瘆人的杀气，说道：“妇女生育大事，九死一生，今日皇后正要分娩，可趁机下毒药死，这样成君就可以当皇后了。如果事成，你我富贵同享。”淳于衍说：“药很多，且医生要先尝，那怎好下手呢？”霍显回道：“这就看你的本事了。霍将军摄政天下，谁敢说个不字。缓急相护，只怕你不愿鼎力相助罢了！”淳于衍沉思半晌之后说：“愿意尽力。”

淳于衍暗中带了一些附子药，带入长定宫中。她取附子并合大医大丸送许平君饮服。不多久许平君说：“我头晕脑胀得厉害！药中不会有毒吧？”淳于衍说：“肯定没有。”之后，许平君更加气促，很快就死去了。（附子味甘大热有毒，其中含有乌头碱等，内服 3—4 毫克即可致命。服用过量附子可导致口唇、肢体麻木，恶心、呕吐、心慌、气短、昏迷、抽搐，如不及时抢救，即可毙命。此物使用时要绝对把握好用量，对孕妇来说，

是绝对禁用的药物。）

淳于衍出宫之后，跟霍显做了汇报，霍显担心消息声张出去，并未对淳于衍进行重赏。后有人上疏说御医们要对皇后的死负失职之责，于是淳于衍等人也被捉拿入狱。霍显担心事情败露，找到霍光，并把事情原委告诉了他。她哭喊着对丈夫说："事情到了这个地步，就别让狱吏拷问淳于衍了！"霍光听了之后，惊愕不已，也只能答应下来。霍光找到汉宣帝，为淳于衍求情，宣帝只好释放淳于衍。

悲痛不已的汉宣帝把爱妻葬于杜陵南园。他把对霍家的仇恨深深埋藏在内心："等着吧，总有一天我会把十倍百倍的痛苦加予你们身上！"宣帝不愧是能隐忍之人，他为了麻痹霍家，暂时立了仇家的女儿霍成君为后，面对这样一个仇人之女，他在应付的笑容下面是怎样一种煎熬的痛苦，恐怕只有他自己知道。终于他熬死了霍光，开始动手收拾霍家，霍显这个罪魁祸首被他斩首，霍成君被罢黜，后又被迫自杀，霍家被灭门。淳于衍毒害皇后之事败露，淳于衍也被杀。看着昔日仇人们的可耻下场，他终于可以告慰爱妻了。

汉宣帝在取得了巨大的治国功绩之后，也常常想起爱妻许平君，有空他时常去埋葬爱妻的南园少陵去看看，也许在那一刻他会欣慰地告祭爱妻："平君，我做到了，大汉现在中兴了。只可惜你没有看到，等着我，我早晚会来陪你的……"

本来可以在医学上有更多进步的女御医却为了一己私利参与宫廷谋杀，不仅使自己留下千古骂名，更是医学界的一个损失！

得罪小人物，败军亡身！

亲爱的朋友们可能都有体会：在各单位内，都有这样一些人，能力不足，架子很大。有朝一日当了领导，不管官大小，尾巴翘上了天，颐指气使、威风凛凛，轻视甚至侮辱下属成了他们体现权威的方式。这些领导忘却了自己从前也是马仔的日子，被压抑的下属气愤不已，积怨的怒气早晚一天会爆发。

今天就跟大家讲两则小故事，典型的领导轻视或侮辱下属导致了惨痛失败的例子。

故事一：公元前607年春，中华大地正处于春秋纷乱之世，大国兼并小国，战火纷飞。这一日，宋国军营大帐内弥漫着羊肉的香味。原来宋军主将华元正在大摆筵席，款待犒劳即将出征的将士们。他们将于次日迎战郑国军队。将士们大口啃着羊肉，大碗喝酒，畅快极了。这时，角落中有一人独自啃着干粮，一脸怨气，他就是华元的车夫羊斟。有人看到此场景，就建议华元给他一块羊肉。可是华元却轻蔑地撇了一下嘴，不屑一顾地说："一个车夫，打仗又不靠他！"

听到这句话的羊斟内心已经是怒火中烧。第二天，宋军与郑军列阵激战。这时候，一件出乎所有人意料的事发生了。车夫羊斟突然驾着华元的战车冲向了郑军阵中。孤军闯阵，这可是要送死的节奏啊！华元慌忙呵斥羊斟停车。羊斟脱口而出一句千古名句："畴昔之羊，子为政；今日之事，我为政。”意思就是昨天分羊肉的事，你说了算。今天驾车的事情，我说了算。结果冲进了敌阵的华元被郑军绑了个结结实实，当了俘虏。

故事二：南唐末年的江州城外，北宋军已经围城三年。可是南唐军在守将胡则的指挥下，仍然顽强抵抗，丝毫没有放弃的意思。江州城墙高大坚固，加之守军誓死抵抗，宋军主帅曹翰一筹莫展。话说这天，胡则突然嘴馋，想吃鲙鱼。于是他让厨师立刻去做。鲙鱼端了上来，胡则下筷一尝，勃然大怒。吃货胡则对食品的口味要求那是相当的高，厨师做的鱼不合他的胃口。胡则当场把厨师骂了个狗血喷头，不但如此，他还要拔刀斩杀厨师。多亏他妻子出面拦阻，厨师才保住了性命。

事后，受尽侮辱的厨师越想越气，他深恨胡则的吹毛求疵和不近人情。于是这个厨师当天夜间就顺着绳索逃出城外。他来到宋军营中，将城内防守情况和盘托出，告诉了宋将曹翰。曹翰大喜，接下来，宋军在厨师的指引下，从防守薄弱的城西南角攻入了城中。城破之后，胡则全家死于乱军之中。

两则小故事，寓含大道理。做领导的千万别轻易轻视或者侮辱下属，任何人，不管他的地位多低，作为人的尊严，都是应该得到尊重和保护的。否则，早晚有一天会为自己的行为买单的！

一场宴席，他成功预测四人命运

能成功预测命运之人，历代不乏其人。可是一次性成功预测四人命运的牛人，还真不多。三国时代的朱建平就是这样一个人。

朱建平，徐州沛县人士，擅长相人之术，在民间给人相面非常灵验。当时还是魏公的曹操听说了他的大名，把他召入朝中做郎官。

曹操的长子曹丕当时还是五官中郎将，有一次他大摆筵席，席间有三十多人，朱建平也被宴请参加。曹丕久闻朱建平相术奇准，于是在席间向朱建平问起自己的寿数。朱建平回答说："将军能活到八十，不过在你四十岁时会有小灾，希望你一定要小心。"在那个时代，寿数八十就是难得的高寿了，曹丕非常满意，他又让朱建平去相席间的其他人。

朱建平轻捋须髯，踱着方步，不紧不慢地来到大将夏侯威面前。这位夏侯威是著名的猛将夏侯渊的第四子，也是将门虎子。朱建平仔细端详了他一番，脱口而出："将军你四十九岁时能做到州牧的位置，但是会遇上灾厄。如果你渡过灾厄，就能活到七十岁，并且做到公辅的高位。"说完，他不顾夏侯威惊愕的表情，继续往前走，来到了文官应璩面前，手捻须髯，说道："你的寿命是六十二岁，那时候可以做到常伯。那一年你有灾难发生，并且在你去世前一年，你会看到一只白狗，而别人却看不到。"

最后，朱建平来到曹操之子曹彪面前。一番打量之后，他对曹彪说："你会统领藩国。到你五十七岁时会遇到刀兵之灾，一定要小心。"包括曹丕在内的四人听了朱建平对自己命运的预测之后，似信非信。没有想到，若干年之后，预言全部应验。

首先说曹丕，他成了曹魏王朝的开国皇帝，是为魏文帝。在黄初七年（226年），他正好四十岁。当时他身患重病，一病不起，对左右之人说："朱建平说我能活到八十，原来是昼夜加起来算的。我的命数如其所言，到头了！"果然不久之后，曹丕就驾崩了。

夏侯威后来做到了兖州刺史，那年他四十九岁。十二月上旬，他得了重病，想起了朱建平的预言，自己觉得必死无疑。于是他预先立下遗书，并且预备了后事。没想到的是，到了十二月下旬，他的病情开始好转了。到了三十日傍晚，他自觉已经渡过困厄。他让府吏准备酒席招待朋友，席间他说："我的灾难过去了。明日鸡鸣之时，我就五十岁了。朱建平告诫我的事，看来就要安然度过了。"结果酒席散去之后，夜半时分，睡梦之中的夏侯威旧病发作，溘然而逝。朱建平的预言再一次诡异成真！

应璩是曹魏时代著名的文学家。其人博学好作文，擅长书奏。他六十一岁时做到了侍中的位置。这年，他到官府，说看到了一只白狗。他问别人，别人都说没有看到。于是应璩想到了朱建平多年前的可怕预言。他抓紧时间四处游玩，并和友人欢聚，尽情享受时光。果然，一年多之后，应璩病故，享年六十二岁。

曹彪是曹操之子，在曹丕篡汉称帝后，先后被封为弋阳王、吴王、楚王，果然如朱建平预言的那样，成为地方藩王。在他五十七岁那年，因为与王凌合谋反叛而被赐死。

够诡异，朱建平在一次宴席上成功预测了四个人的命运，竟然丝毫不差！

当然，朱建平不是神仙，他的预言也有失准之时。比如，他对司空王昶、征北将军程喜、中领军王肃的预言就跟实际情况有所差别。王肃六十二岁时，得了重病，医生束手无策，都说治不好了。王肃的夫人问他有什么遗言，他说："朱建平曾经说我会活过七十，而且官至三公。现在还没有实现呢，有什么好担忧的！”可是，预言终究失败了，王肃不久还是病故了。

朱建平不但擅长相人，还善于相马。有一次，魏文帝曹丕骑马外出，半路上遇到了朱建平，朱建平说：“看这匹马的样子，今天必死无疑。”曹丕正要翻身上马，马因厌恶曹丕衣服上涂抹的香料而受惊，咬到了曹丕的膝盖。曹丕大怒，杀了这匹马。

朱建平在黄初年间去世。钟繇曾经高度评价他的相术是连唐举、许负都赶不上的。

御沟里飘出的大唐情诗

最近随着一部爱情文艺片《北京遇上西雅图之不二情书》热映，痴男怨女们纷纷感动于男女主角相识相爱的方式。互联网时代原始的书信写作方式让身处异地、互不相识的两个陌生人从相知到相爱，那浪漫也着实令人感动。可是扒一扒咱老祖宗的历史，距今一千三百多年前的盛唐时代就有浪漫感人的“不二情书”了。

大唐开元天宝年间，风流天子唐玄宗李隆基在位，那时节恰是万邦来朝、国富民安，真个是“九州道路无豺虎，远行不劳吉日出”。盛世景象让李隆基陶醉。本是多情风流种，六宫粉黛伴君王。以杨贵妃为首的众多嫔妃已经让人眼花缭乱，李隆基尤不知足，他的后宫宫女已经达到四万人之多，这在中国历史上也是空前绝后的了。

洛阳上阳宫里，汇集了来自大唐各地的无数粉黛佳丽，宫中生活虽然衣食无忧，可是成千上万的美女们却只能“春梦盼君王”，遇到唐明皇李隆基的概率不比今天中上百万彩票的概率大多少。白居易诗中有云，有的宫女自十六岁入宫，六十多岁出宫，一生都没有见过玄宗真容。“寥落古行宫”“闲坐说玄宗”正是她们这种无聊宫廷生活的写照。

空虚无聊的宫女们眼见自己容颜老去，却只能在这炫丽宫廷孤老一生。那些不甘心命运安排的宫女们开始想到了用红叶题诗或者纩衣题诗的方式抒发自己的情感。

关于此类的小故事还真有不少，咱们选几则有代表性的细细讲来吧——

有一次玄宗下旨让宫女们为镇守边疆的将士们赶制军衣。寒冷冬日，分到军衣的将士和士兵们感到了由衷的温暖。无意之中，一名士兵发现了自己身上的棉衣内竟然藏了一首诗。他不敢隐瞒，把诗交给了将军，将军又派使者送给唐玄宗。李隆基对诗歌最是上心，他细细看来觉得诗写得感情真挚，令人感动，于是派人在宫中寻找写诗的宫女，终于找到了诗的主人，李隆基一看此女相貌端正，就决定成人之美，下旨把宫女赐婚给了得诗的那个士兵。

那首纩衣诗是这样写的：

沙场征战客，寒夜苦为眠。
战袍经手作，知落阿谁边。
蓄意多添线，含情更着绵。
今生已过也，结取后身缘。

另一则故事也发生在唐玄宗时期。诗人顾况喜欢游山玩水。这一日他来到皇宫一片御苑围墙外散步，正在欣赏宫室美景之时，无意间发现一片仿佛写着字句的梧桐叶子从御沟中顺流漂出。他拿起这片梧桐叶仔细观瞧，叶子上原来是一首题诗：

一入深宫里，年年不见春。
聊题一片叶，寄与有情人。

很显然，此诗有可能是一个深宫哀怨的宫女所写。顾况见此诗兴大发，也在那片红叶上和诗一首。他写完后，把那片梧桐叶放进御沟，眼见它流进了宫里。叶子入宫后被人发现，报给了玄宗。李隆基看到此题诗感动了，下旨特许一些宫女出宫。只是很可惜，不知道那位题诗宫女的姓名，也不知道她有没有被放出宫外。

唐宣宗时候，才子卢渥来到京城应举，闲暇之余漫步宫外柳林。无意中他发现御沟中漂出了一片片红叶，红叶上依稀可见几行文字。他顺手捡起一片红叶，只见上面题诗一首：

流水何太急？深宫尽日闲。
殷勤谢红叶，好去到人间。

这首诗表达了这位题诗人的哀怨之情，相对于宫中寂寞空虚的生活，那流水都显得太快了。卢渥把此诗给同事们看，一时间此诗传遍了京城。宫中的唐宣宗也知道了这个事情，他也感悟到宫女们的寂寞，于是下旨放还宫女。 而更巧合的是那位题诗的宫女出宫以后恰好嫁给了卢渥。洞房花烛夜，宫女看到了卢渥收藏的自己题诗的那片红叶，无比感动，泪流满面，握住夫君的手感慨良久。

同样类似的故事也发生在了唐僖宗时代，这一次题诗红叶的是宫女韩氏，捡到诗的是诗人于祐。只不过这一次于祐是回写了诗并被韩宫女收到的，之后被放出宫的韩氏也阴差阳错嫁给了于祐。

我们讲述的红叶题诗只属于极少数的幸运宫女，她们被帝王特恩获得了自由，并有幸获得了爱情婚姻，可是大部分宫女只能哀怨孤老一生。那些宫廷中的宫女们是可怜的，“不二情书”成就美满姻缘，对她们来说，更多时候只能是“黄粱一梦”而已。

正德皇帝和钱宁之间是否存在断袖之恋

提及钱宁和江彬，很多人都认为他们跟正德皇帝朱厚照之间存在着同性之恋。就是因为这种特殊关系，正德皇帝才对他们极其信任，而钱宁、江彬的名字也跟佞幸紧紧地联系在了一起。这种说法无论是史学界还是民间，都存在着广泛的市场，几乎成了一种共识。

明清以来的各种正史野史中，确实经常提及朱厚照跟江彬“同卧起”以及他醉酒之后“枕宁卧”。于是乎一幅画面仿佛呈现在了今人眼前：荒淫无度的风流天子朱厚照跟彪悍帅气的江彬携手揽腕，同入帷帐，一起共度良宵。醉酒之后的朱厚照又跟小白脸钱宁狎昵，以至于皇帝睡觉都要枕在他身上。

其实跟汉朝史书中提及汉帝与男宠同卧起情况不同，南北朝以来的史书中同卧起之意发生了明显变化。这里说男子之间关系紧密，生活中经常会在一起，更多的是一种引申义，而不是实质意义上的在一起睡觉，一起起床。

比如《旧唐书》就提及刘弘基跟李世民“出则连骑，入同卧起”，李世民何等雄主，有着“天下英雄尽入我彀中”的广阔胸怀，为了笼络手下将领，跟他们关系密切也是题中应有之义。再说，李世民在史书上也没有男宠之记载。

明清小说中形容男子之间关系密切也经常会用“同卧起”之词。《三国演义》提及刘备待关张二人以及诸葛亮，都用及“寝则同榻”之语，这里的关系又比同卧起近了一步。但并不是说刘备屡屡上演“断背山”，他的目的也是为了笼络人才为自己所用而已。

说到钱宁和江彬，他们二人之所作所为确实应该批判，他们恃宠而骄，给明代政治造成了一些负面影响。但是二人跟朱厚照之间却并不是什么同性恋关系。

一则朱厚照重用二人，有着自己的政治目的。建立豹房，重用钱宁和江彬，是朱厚照欲实现自己重振明朝军事之目的。钱宁可以左右手开弓射箭，江彬战场上彪悍无比，这些都是朱厚照所欣赏的。另外，二人可以时时陪伴皇帝射猎搏虎，又是个性不羁的朱厚照的最好玩伴，他们跟皇帝关系十分密切也是可以理解的了。

二则作为传统文官政治史上的异类皇帝，朱厚照的一切所作所为都被无限制地扩大为“荒淫无度”，钱宁、江彬本就有种种劣迹，再给他们加一顶男宠的帽子，既可以坐实朱厚照的“昏君”名头，又可以无情地鞭挞奸佞，后人又何乐不为？

三则说朱厚照与二人有断袖之恋，除了这短短几个字眼，明显证据不足。倒是他在私生活上确实比较混乱，他宠爱民间女子确实多有记载，但是于男色上，我们至今还找不到更多的证据来支撑。

（本文参考吕杨《释“同卧起”——明武宗与江彬、钱宁关系考辨》，特此鸣谢。）

以爱情的名义——迂腐书生截驾专制皇帝

在古代帝制社会，知识分子想施展自己的政治抱负，除了靠察举制或者科举制考试为官之外，另有一个捷径，就是直接上书君王，面达天听。最典型的事例莫过于东方朔和马周之事。二人都以上言皇帝，得到皇帝赏识并重用。

有此先例，无数知识分子怀揣“治国、平天下”之雄心壮志，也以满腔热血上疏皇帝，屡屡演出了截驾事件。他们意图一朝得君王垂青，博不世之功，只可惜成功者寥寥。大清乾隆年间，就有一位仁兄直接截住出行的皇帝大驾，原因竟然是——为了爱情！

乾隆四十八年（1783年）正月，山西临汾一个名叫冯起炎的生员来到京师。他此行目的在旁人看来算是痴狂。原来之前他读过乾隆皇帝的《御制诗初集》，深信当今天子乃是圣主临朝，爱民如子。自己一定要当面见见天子，把自己的一腔心事说与他听，也许皇帝会垂怜自己，帮助自己达成心愿。可是一介寒儒，无朝臣引荐，想见天子，势比登天。一个月的忙碌之后，垂头丧气的冯起炎回到了家乡。

同年二月，冯起炎打探到皇帝要去易县拜谒陵寝。一心要见到皇帝的书生觉得这是个绝好机会。他本着“守株待兔”的精神带足了几天的干粮，在皇帝御驾必经之处长辛店街口守候。为了见皇帝，他提前准备了一篇自己的“大作”，这是以《易》释《诗》之作，说实话，水平非常一般。

几天的守候之后，鬼鬼祟祟的冯起炎成功引起了御道护军的注意。总算“一番心血没有白费”，冯起炎被护军捉拿，身上怀揣的著作也被送到了乾隆面前。

七十三岁的老皇帝，手拿这份“大作”，看着看着，再也忍不住，放声大笑。原来冯起炎在文中首先做了一个自我介绍：名冯起炎，字南州，系山西临汾县学生员，以教书为生。他希望乾隆不要直呼其名，而要以字称之。接下来，文中郑重推荐自己的“学术成就”，也就是以《易经》解读《诗经》。自幼饱读诗书的乾隆看到这里，不禁对此人的浅薄嗤之以鼻。“这样无真才实学之人，也想得到天子青睐，真是痴人说梦”，乾隆心想。看到最后，冯起炎对当今天子表达了一个真挚愿望，也就是这个愿望逗得乾隆哈哈大笑。当然这个愿望也是冯起炎上书的根本目的。

原来冯起炎还是多情种子。他曾经到张三姨母家，对名唤小女的十七岁表妹一见钟情。接下来，他又到过杜五姨母家，见到了年仅十三岁的小凤表妹，又是心生爱怜！虽是多情，奈何不是多金！落魄书生冯起炎也许是读书读傻了，也许是看多了戏文里皇帝成人之美的才子佳人故事，竟然异想天开，希望皇帝帮忙赐婚，下旨派人直接去临汾告诉二女的父母，自己是奉旨迎娶二女。这也省去了迎娶之费，一举圆了自己的“鸳鸯蝴蝶梦”。

明白了事情原委的乾隆，只是觉得此事太过于搞笑。从来没有遇到过截住皇帝大驾，竟然是“以爱情的名义”。此事太过于荒唐，以至于见多识广的老乾隆也忍不住大笑。之前的几次“文字狱”，有的人是因为文字触犯忌讳，有的人是因为妄图富贵而丢了脑袋。这一次，乾隆却表现出了少有的宽容。

当然宽容只是相对而言，他命令直隶总督袁守侗审理此案。最终的判决结果如下：“阅其呈首，胆敢于圣主之前，混讲经书，而呈尾措词，尤属狂妄。核其情罪，较冲突仪仗为更重。冯起炎一犯，应从重发往黑龙江等处，给披甲人为奴。”可怜的冯起炎虽然保住了性命，却因为自己这次冲动，得到了应有的惩罚。在黑龙江的冰天雪地里，给人为奴，了此残生。美女没有娶到，只能在漫天风雪中继续做他的“黄粱美梦”了！

不过话说回来，乾隆没有成人之美也有道理。如果开此先例，人人以冯起炎为榜样，有任何不能自己实现的愿望，就来当面请求皇帝出面，天下岂不大乱！另外，冯起炎其人人品也堪忧，一次看中两个表妹，可谓滥情。以皇帝旨意强迫二位表妹嫁给他，更是强盗逻辑，此种男人，若两表妹嫁与他，何来幸福可言？于此观之，乾隆这一次所谓“文字狱”倒也是情有可原。

美国首富为何给中国首富下跪磕头

清朝在乾隆时（1736—1795）国势达到全盛，之后逐步走下坡路。同时，经过了工业革命的英帝国为了打开中国市场，获取经济利益，先后在乾隆朝和嘉庆朝两次遣使来华。第一次英国人拒绝行三跪九叩大礼，最后折中向乾隆行单膝下跪礼。乾隆老爷子心情不爽，双方不欢而散。嘉庆那一次英国人更绝，单膝下跪也不愿意了。随着清朝“嘉道中衰”时代的到来，洋人给中国皇帝下跪的时期一去不复返了。

欧美洋人仗着自己国势的强大，渐渐看不起中国皇帝。晚清以降，中国人更被洋人目为“东亚病夫”，那“华人与狗不得入内”的牌子更是深深刺痛着所有中国人的心。一干清廷官员面对洋大人，各种丑态百出，集体秀下限，别说洋人给他们下跪，更有无耻之徒恨不能跪舔洋人！

可嘉庆初年，偏偏发生了一件怪事，就是未来的美国首富给我们中国首富下跪磕头。洋人对中国人一向瞧不起，怎么就肯乖乖下跪磕头了呢？这事情还得从一个人的来访说起——

嘉庆六年（1801 年）的一天中午，广州一处富丽堂皇的府邸，一阵嘈杂的争吵声传入内室，正在午睡的府邸主人猛然惊醒。要说起这位主人可不得了，他正是当时广州十三行的总商伍秉鉴。

伍秉鉴继承了父亲的怡和行，做中国商人和洋商之间的中间商，经营有方，发了大财。在广州市井中，伍家的财富一直是人们感兴趣的话题。

伍家全盛之时，其家产大概有 2600 万两白银。这是什么概念？当时清朝国库一年收入 700 多万两白银，他一家的财富就是一年国库收入的近 4 倍！用富可敌国来形容他的家产一点都不过分。

2001 年美国《华尔街日报》评选了一千年以来世界上最富有的 50 人，6 个中国人入选，其中唯一商人出身的就是伍秉鉴。

让我们言归正传，被惊醒的伍秉鉴听到外面的争吵声，快步走到府门查看，才知道原来是一位年轻的洋商要求见他，当时他不懂得投帖子拜见的规矩，所以被门人拒之门外，由此引发了争吵。

伍秉鉴问明了洋商的来历。原来来人名叫阿斯特，从遥远的大洋彼岸美利坚漂洋过海而来。他想跟伍秉鉴做一笔茶叶生意，可他携带的资金只够购买盛满半船的 5000 担茶叶，考虑到横穿太平洋的巨大运输成本，他不想让另外半船空着返回美国，因此他要用自己做抵押，请求伍秉鉴赊账再把另外 5000 担茶叶给他。

听完了这个年轻的美国商人的要求，伍秉鉴被他的冒险精神所感动，爽快地把价值 7 万多两白银的茶叶赊给了他。写下借据的阿斯特千恩万谢，把一万担茶叶装满了自己的货船，托人运往美利坚。

可是天有不测风云，半路上货船遇到了风暴，一万担茶叶随船沉入深深太平洋底。阿斯特懊恼万分，无奈的他只好来到伍秉鉴面前，表示可以终身为奴仆来赎那笔茶叶巨款。可是伍秉鉴却微微一笑，拿出当初赊账的借据，将它撕得粉碎，并且还给了阿斯特回美国的路费。他说："你这次运气不好，你是一个诚实的人，有担当，你可以重新开始奋斗。"阿斯特万万没有想到伍秉鉴如此大度豪爽，感激得涕泪横流，为了表达自己的谢意，他向伍秉鉴施了中国人的大礼，也就是双膝下跪并磕头。

回国之后的阿斯特以伍秉鉴为榜样，以诚信经商，利用皮草生意发家暴富，财产一度达到了 2000 万美元，成了美国首富。发家之后的他，书房里挂着两个人的画像，一位是美国国父华盛顿，另一位就是他的中国恩人伍秉鉴。他常常对人说："华盛顿给了我一个国家，而伍秉鉴给我的是全部的人生。”

中国首富伍秉鉴用自己的宽容大度成就了一位美国首富阿斯特，阿斯特也通过诚信经营成就了自己的事业。伍秉鉴扶贫济困、至诚至信的美德让后人赞叹，那些为了蝇头小利斤斤计较的商人们是不是也应该好好学习一下伍秉鉴的这种美德呢？

骗你没商量——阎锡山和小太监之间那点事

话说辛亥革命之后，清朝覆灭。退位的清室被袁世凯特许居住紫禁城，可是因为政府倾灭，清宫中需要的太监大大减少。于是就有很多大小太监被打发到了民间，自谋生路。

一伙失业的太监为了谋生，便想出了各种手段，坑蒙拐骗，无所不用其极。

1928 年秋天，阎锡山驻北京行营来了一个特殊的客人。只见他似男非女，面无须髯，皱纹堆积，走路驼着背，看岁数不大，却是一副老态龙钟之相。

来人要求见行营的主任梁巨川，他一开口一副公鸭嗓，梁巨川便已经知晓其必为清宫太监。来人果然是清宫太监，自称名叫赵德山。

赵德山报告说西四牌楼羊肉胡同七号，本是前清某王爷王府，埋着很多金银财宝。

梁巨川深知自己的主人阎锡山对钱物那是极其看重。现在有人爆料有飞来横财，这消息告诉主人，他肯定会对自己重重有赏。想到这里，梁巨川便赏给了赵德山一百现大洋，算是对爆料人的酬谢。

赵德山拿着一百大洋，欢天喜地地离开了。梁巨川打电话给阎锡山，报告了这个事情。

阎锡山兴奋异常，命令他不惜任何代价也要买下那座王府。同时，阎锡山还派出山西银行的经理王子寿赶往北京负责挖宝。

梁巨川和王子寿花费上万元买下了王府，他们雇用了二十多个工人。花费了整整一个月，找遍了王府每个犄角旮旯，甚至动用了抽水机，把王府挖地三尺，依然没有发现什么宝贝。

阎锡山不肯善罢甘休，又命令王子寿花三万元买下隔壁两所宅院，结果半年过后，这两所宅院也被翻了个底朝天，一文钱也没有找到，阎锡山反而搭上去十万多元。

阎锡山这才明白自己被赵德山给耍弄了。他气急败坏，下令通缉那个死太监，但是最后还是一无所获。赵德山早就带着那笔赏金消失得无影无踪了。

这正是：劝君莫贪身外财，竹篮打水一场空！

公主一封求爱信引发千年帝国血流成河

公元5世纪中叶，东罗马帝国首都君士坦丁堡的一处修道院内。一个衣着华丽的女子正在来回踱步，似乎在思考着什么。这位女子不过二十岁出头，正值妙龄。只见她皮肤白皙，一双蓝蓝的大眼睛仿佛两汪清澈的湖水，尖尖的鼻子，樱桃般的小嘴红润可爱，一头飘逸的金发如瀑布般披肩而下。精致的五官配上颀长的身材，她是一个典型的西方美人。她有着尊贵的身份，她是西罗马皇帝瓦伦提尼安三世的姐姐霍诺里娅。这位罗马公主此刻心事重重，正在思考一个对于她也是对于整个帝国都举足轻重的决定。

故事还要从头说起，这位罗马公主自小生活在宫廷之中，并接受过良好的教育。头顶公主的光环，加之无与伦比的美貌，年仅十六岁的她已经成为众多求婚者趋之若鹜的追求对象。可是弟弟瓦伦提尼安三世却另有打算。太后普拉西狄亚醉心于宫廷政治，摄政多年的太后似乎没有想过把权力交给自己的儿子，而霍诺里娅似乎也继承了母亲的这种基因，逐渐显露出对政治的热情。瓦伦提尼安三世不甘心一辈子做一个儿皇帝，他可不想再有一个姐姐对他的皇权分一杯羹。如果姐姐嫁给权贵，她的权力欲无疑会更加扩张，只有阻止她过早的嫁人才是明智之举。

皇帝如此想，多情的公主却不甘寂寞。无聊的宫廷生活中，她结识了一个英俊健壮的宫廷侍卫。他们相爱了，并且糟糕的是，她怀孕了。瓦伦提尼安三世非常生气，他可不想让皇室丑闻外扬。他把姐姐秘密送往了东罗马帝国皇帝提奥多西二世那里，要求这位表哥兼岳父严格管教。提奥多西二世接过这烫手山芋，他把这位表妹送到了君士坦丁堡的一处修道院，算是软禁，也是对公主一个小小的惩戒，让她反思自己的过失。

霍诺里娅可不愿意青灯孤影了此一生。热心政治的她早就听说了两个蛮族首领的大名。一个是汪达尔王盖塞里克，他可是罗马帝国的劲敌；一个是匈人首领阿提拉，纵横东罗马帝国，如入无人之境，他可是令表哥提奥多西二世最头疼的人。公主心想：何不给二人都写一封求爱信，利用他们把自己从火坑中拯救出来。霍诺里娅想到做到，她写了两封充满爱意的求爱信：一封给阿提拉，信中表达了自己对他的爱慕之情，表示愿意侍奉在他左右，并附上一枚戒指作为定情信物。另一封写给了盖塞里克，信的内容几乎完全相同。她买通了几个宦官帮她把这两封信分别送出。

接到求爱信的盖塞里克非常冷静，老谋深算的他一眼就看穿了这位罗马公主只是打算把他当枪使。他可不想为了一个女人，千里迢迢出兵罗马，于是这封信石沉大海。

阿提拉也接到了公主的求爱信，他觉得这正是再次出兵东罗马的绝好机会。说到阿提拉，他可是匈人帝国历史上赫赫有名的人物。在他的治下，匈人帝国达到了极盛。他带领的骑兵擅长骑射，来去无踪，这对于农耕帝国来说可是一大劲敌。因为欧洲人不清楚他们的底细，加之匈人本身也没有用文字记录历史的习惯，所以有人推测他们是来自中国的匈奴人的后裔，不过近些年越来越多的证据显示，这个说法并不正确。

匈人以掠夺为生，富庶而羸弱的东罗马帝国成了他们的目标。这一次，阿提拉正好可以借助解救罗马公主的名义来征伐对手。公元 447 年 1 月，君士坦丁堡发生了强烈地震，城墙受损严重。阿提拉借此机会，挥兵南下，一路上势如破竹，连下东罗马七十多座城市。帝国惨遭蹂躏，匈人兵锋直抵君士坦丁堡城下。万般无奈的提奥多西二世只好再一次割地赔款来换取和平。不过这一次，阿提拉并没有提到领回霍诺里娅，因为她之前已经被提奥多西二世送回了罗马城。在东罗马人眼中，她就是招致战争的灾星。回到罗马城的霍诺里娅虽然被免去了死罪，却永远失去了自由，她被宣布永久囚禁。

阿提拉之所以一直没有进攻西罗马，原因有二：一是忌惮千年帝国的丰厚家底，俗话说：瘦死的骆驼比马大。二是他跟西罗马之间这些年关系也确实不错。不过在 5 世纪 40 年代，随着西罗马帝国不断的招降纳叛，二者之间的矛盾越来越明显了。现在东罗马已经被多次勒索，再也榨不出一丝油水了，阿提拉决定对西罗马动手了。

阿提拉此刻又想到了霍诺里娅，这个女人倒是可以作为自己出兵的绝佳借口。他向西罗马帝国派出了求亲使者，要求瓦伦提尼安三世把姐姐嫁给他，而且要把西罗马帝国领土的一半作为嫁妆送与他！

愤怒的瓦伦提尼安果断拒绝了阿提拉的要求。

战争不可避免地爆发了。公元 451 年，阿提拉带领各个蛮族部落组成的庞大联军进攻西罗马高卢地区。一路上攻城夺寨，烧杀抢掠，无数和平居民沦为刀下冤魂。却说这一日，阿提拉带兵打到了塞纳河畔的路的西亚（也就是后来的巴黎），城内一片惊恐，末日来临的恐惧降临到每个居民的心头。

这时，一位年仅七岁的修女吉诺维挺身而出。她号召大家冷静，她要求大家以信仰来祈求上帝的救赎。大主教日耳曼对这个七岁的小女孩刮目相看，此时已经无计可施的他，决定派出这个小女孩去跟阿提拉谈判！吉诺维见到阿提拉，毫不畏惧，反而对他进行了诅咒：“在撕裂良心的谴责下，你将带着你的军队尖叫着向东撤退。”杀人如麻的阿提拉看到这个勇敢的小女孩，也许被她所感动了，加之他也不想在路的西亚这样的小城浪费时间，于是答应了她的请求，绕道离开。

一个七岁的小女孩拯救了一座城市，这是阿提拉西征途中的一段趣闻。阿提拉的大军在沙隆与埃提乌斯率领的罗马联军相遇，一场激战后，阿提拉战败而逃。

不甘失败的阿提拉于公元452年卷土重来，理由仍然是为了霍诺里娅公主。这一次，他进攻的是意大利本土。当他杀到罗马城下时，皇帝已经出逃。在以罗马大主教利奥一世为首的谈判团答应了赔偿巨额赎金之后，阿提拉撤兵。不过这一次他依然没有带走公主，临走他留下一句话："我回去后，你们赶紧把公主送给我，要不我还会再来的！"不知是什么原因，他没有带走公主，也不知是什么原因，罗马人没有立刻交出公主。也许阿提拉只是把霍诺里娅当成一个政治玩偶了吧，从未谋面的二人谈何爱情！

不过，阿提拉并没有兑现他的承诺，因为他回到王庭不久就死了。死于新婚之夜，一个名叫伊尔狄科的美女怀中。而霍诺里娅据说后来死于剖腹产。一次由求爱信引发的战争就此结束了，千年帝国罗马经过这一系列的打击之后，逐渐走向了不归之路。

罗马城大火，主凶是否尼禄？

公元 64 年 7 月 18 日傍晚，对于罗马城来说，跟往昔一样是一个平静的夜晚。忙碌了一天的人们正在享受晚间的休憩与惬意。突然，有人高声呼喊："起火了！"只见，罗马城内圆形竞技场附近，突然升腾起一股浓烟，火舌乱舞，火势凶猛。更加糟糕的是，当时罗马城内又刮起了大风，火借风势，迅速蔓延到了罗马城各个角落。

这场大火对于罗马城是一场灾难，大火整整燃烧了 9 天。全城 14 个大区只有 4 个保存了下来，一大半区被烧得只剩下断壁残垣，昔日无比热闹繁华的罗马城，几乎全部化为灰烬！

人们不禁要问，这样一场史无前例的大火到底是天灾还是人祸？如果是人祸，那罪魁祸首是谁？

而根据当时的传闻，这次大火恰恰是当时的罗马皇帝尼禄下令放的！尼禄是罗马历史上的著名暴君，他骄奢无度、纵情享乐，而且还做出了弑母的恶行。帝国各个阶层对他的暴行都十分不满。尽管如此，他毕竟是罗马帝国的皇帝，作为一国元首，为何要放火烧毁自己的首都呢？这实在让人觉得不可思议。但是，从大火时尼禄的所作所为来看，他又的确是最大的嫌疑犯。

有一次，尼禄在跟一些人聊天，有人无意中说起："在我死后，我宁愿大地一片火海。"尼禄却当即打断他的话，补充道："不，在我活着的时候，我就会使大地变成一片火海。"尼禄还曾经多次表示，他不喜欢罗马城那些陈旧的建筑和狭窄的街道，他真想放一把火烧毁这些旧房子，按照自己的意图重新建设一座罗马城。据说，在罗马城陷入一片火海时，尼禄不但坐视不理，而且还登上花园的塔楼，在七弦琴伴奏之下，一边观赏绚丽的火海景象，一边情绪激昂地朗诵描述古希腊特洛伊城毁灭的诗篇。

尼禄曾经特别想占有一片地来修建新宫殿，那附近有一些谷仓，谷仓墙壁是用石头垒砌而成。最初，大火并没有蔓延进去，尼禄却下令用攻城器械捣毁了石壁，使得大火弥漫了进去。大火过后，尼禄就在废墟上修建了自己的新宫殿“黄金之屋”。

尼禄将这座“黄金之屋”修建得美轮美奂。整个宫殿内部都用黄金、宝石和珍珠装饰，而餐厅的天花板则用象牙镶边。尼禄满意地看着新宫殿，赞叹道：“这才是人住的地方。”火灾之后，尼禄还乘机搜刮了不少豪富家的财产。

火灾之后，罗马城百姓愤怒不已，他们把矛头纷纷指向了尼禄。为了消除民众的对立情绪，尼禄找到一些基督徒做替罪羊，宣布他们是纵火犯，对他们处以残忍的酷刑。不过，他的暴行并没有消除自己的嫌疑，还让更多的人怀疑他就是纵火犯。

那尼禄到底是不是罗马城大火的罪魁祸首呢？对此，古罗马历史学家塔西佗笃定地认为：“当大火吞噬城市时，没有人敢去救火。是因为有一些人不断发出威胁，不许人们去救火。还有些人公然到处投掷火把，他们说自己是奉命而为。”这些投火的人很可能就是尼禄的亲信。还有历史学家这样记载道：“几位前任的执政官在自己的庄园上，发现了尼禄的侍从拿着麻屑和火把，根本不敢上前去捉拿他们。”大多数古罗马史学家都认为是尼禄为了重建罗马城而纵火焚城的。

当然现在有不少学者也反对这个说法，他们认为罗马城的大火只能算一次天灾，不能说因为尼禄的品行很差，就在没有充足证据的情况下，指认他是纵火犯。

罗马城的大火成了一个未解之谜，到底是天灾还是人祸，直到今天，人们还在争论之中。

谋杀还是病亡？——拿破仑死亡疑云

1821年5月5日，大西洋上的一个小岛——圣赫勒拿岛上，一位曾经震撼欧洲的大人物进入了生命的弥留时刻。他最后说的一句话，已经十分微弱了，只有贴近他的侍从才能听得到："法兰西……军队……统帅……约瑟芬……"5点49分，此人与世长辞了。他就是威名赫赫的法兰西帝国皇帝拿破仑一世。

拿破仑曾经让整个欧洲为之颤抖，几乎整个欧洲都联合起来与他为敌，却被他屡屡击败。拿破仑是杰出的军事奇才，为何在52岁的盛年之际会突然离世？

关于他的死因，存在着种种疑团，人们一直在讨论和探索。在拿破仑临终前7天，他曾经给他的御医安托马什写信说："我的死已经为期不远了，在我死后我要你解剖我的尸体，我委托你在这次尸体检查中不要漏掉任何可疑之处。"就在5月6日下午2时许，遵照拿破仑的遗嘱，安托马什医生亲自主刀，对尸体进行了解剖。当时在场的有拿破仑的侍从人员，还有驻扎岛上的英国官员10人，6名英国医生。解剖结束后，医生们未能就死因达成一致的说法。7名医生分别交出了4份迥异的报告，他们唯一达成的共识是确认在拿破仑胃部发现了溃疡。安托马什认为这是致癌性的溃疡，而英国医生则认为是硬性癌引发的癌症。

当时，一名叫索特的医生发现拿破仑肝脏肿大，也出现了溃烂，但是后来驻岛英国总督却命令索特在解剖报告中去掉了这一发现。因为这个发现与英国官方的意图不符合，他们害怕人们指责英国人将拿破仑流放到了如此气候恶劣、肝病多发的小岛上来。因为拿破仑父亲死于幽门癌，所以也有人相信拿破仑死于此病。当然，也有人不相信这个说法，他们认为拿破仑死于恶劣气候带来的疾病。

20 世纪初，法德两国的医学杂志上出现一种新说法，他们认为拿破仑患上了热带病。这种疾病是 1789 年拿破仑远征埃及和叙利亚时染上的，在他被流放小岛时，旧疾复发，导致了死亡。

1955 年，瑞典哥德堡的一名叫作斯坦·福苏弗波德的牙医在研究拿破仑历史资料时，又有了新发现，他发现拿破仑在生命最后岁月里有了不少病症：嗜睡与失眠交替出现，双脚浮肿，体毛脱落，心悸以及牙根暴露。这些并不像癌症的症状，反而更像是慢性的砷中毒。他立志要揭开这一谜团，福苏弗波德提出用中子活化分析方法来测定拿破仑头发中砷含量的设想。下一步就是要想办法弄到拿破仑的头发。费尽心力，福苏弗波德终于从法国巴黎的一个博物馆里托人弄到了拿破仑的几根头发。他通过核子轰击法来测量，发现拿破仑头发中砷含量高于正常值 13 倍。这一发现，再配合他们在文献中获得的一条重要线索：1840 年拿破仑的棺椁曾经被打开过，人们发现经过 20 年，拿破仑尸体依然保存完好，尤其是脸色与下葬时几乎一模一样。他们据此推断，正是因为砷，起到了保护遗体不受腐烂的作用。而砷中毒也是拿破仑的死因，他正是死于投毒。

他们又进一步根据文献分析，拿破仑身边的侍从官员蒙托隆伯爵就是凶手。此人一直追随拿破仑，在拿破仑第一次退位时，曾经投靠过复辟的波旁王朝。在滑铁卢战役后，蒙托隆又回到了拿破仑身边。是什么让曾经背叛过拿破仑的蒙托隆在主人最落魄时候，回到了主人的身边？而且还允许自己的妻子阿尔宾与拿破仑保持暧昧关系？研究者们认为，蒙托隆所做的这一切，正是为了获取拿破仑的信任。他们通过史料调查，发现蒙托隆正是受到了波旁王朝路易十八的弟弟阿图瓦伯爵的指使，在拿破仑饮用的葡萄酒中反复投入小剂量的砒霜，最终导致拿破仑慢性中毒而死。

自此之后，拿破仑遭受毒杀的说法流传于世。但是，也有不少人不同意这个说法。美国医生罗伯特认为拿破仑死于男性激素严重障碍，此病症导致了拿破仑雄性激素严重失调而亡。英国历史学家戴维·琼斯则认为，拿破仑的确死于砷中毒。但是砷是来自于他卧室中的墙纸，而非别人故意投毒。因为在当时确实盛行使用涂有含砷的绿色墙纸，吸入墙纸蒸发出来的砷而导致死亡的事件屡屡发生。

琼斯曾经检查过拿破仑卧室中的墙纸，发现了非常高的含砷量。而加拿大的科学家通过更为精确的中子轰击法测试了拿破仑的头发，他们发现头发里面含砷量并不高，相反是锑的含量较高。他们认为这是拿破仑在临死前几年内服用了过量的含锑药物导致的，但是这种含锑量并不会导致死亡。通过推断，他们更相信拿破仑还是死于胃癌。

关于拿破仑死亡的原因，众说纷纭，各有道理。也许这一切正如一位法国历史学家所言："在历史上，拿破仑这个名字后面总跟着一个问号。"

解密希特勒神秘的远征南极计划

南极，地球上的极寒之地，神秘而广袤。自从19世纪人类发现了这块神秘大陆之后，对它的探索从未停止。

在“二战”爆发之前，希特勒也盯上了这片神秘大陆，曾经派出探险队远征南极。20世纪30年代，鲸油是生产人造黄油和肥皂的重要原料，缺乏鲸油的德国不得不每年从挪威进口20万吨。

挪威之所以有这么多鲸油，还在于当时他们在南极建有捕鲸站。这些都令很多纳粹官员分外眼红，他们提议德国也在南极建立基地，却被戈林等人驳回。

1938年，一支德国捕鲸队从南极顺利返回，他们带回了关于这片极寒之地的很多信息。希特勒得知之后，对广袤而荒凉的南极产生了浓厚兴趣。当时他正在策划发动战争，在南极建立一块军事基地也许对他的计划大有裨益。

希特勒派遣出一个由阿尔弗雷德·利切尔率领的24人组成的南极远征队。可以搭载起落飞机的施瓦本兰登号改装货船成为远征队的主力船。在登船之前，盖世太保警告所有远征队成员：如果有谁敢于泄露远征计划，他们在德国的亲人将被送往集中营。

1938年12月，远征队从汉堡出发前往南极。次年1月，德国远征队抵达了原本属于挪威的南极毛德皇后区。随行的德国飞机开始拍照并制造海图。德国宣布将毛德皇后区划入德国统辖，并将之改名为“新斯瓦比亚”，这片广阔的土地被插上了纳粹旗帜。

远征队在海岸建立了临时基地，他们驾驶飞机在内陆发现了温泉。而且更让他们惊讶的是，温泉附近还长满了植物，这真是一个奇迹。他们惊喜地称这片地区为“施摩尔绿洲”。南极的气候过于严寒，远征队只好在2月份就踏上了返程。

这次德国的南极远征，引起了英国和苏联方面的高度重视。英国怀疑德国要在南极建立U型潜艇补给基地，用于扩展他们在南半球的作战半径。对此，英国开展了“塔伯伦计划”，目的在于监控纳粹方面在南极的行动。

苏联情报机构知道了纳粹的南极远征之后，发布报告说德国的目的是为了发现隐藏在南极冰层之下的所谓的圣城。而这次德国远征宣布吞并挪威的南极基地也成了两国不久之后开战的一个诱因。

希特勒还曾经计划再进行两次南极远征，从而建立一个更加巩固的基地。但是随后第二次世界大战全面爆发，他的精力只好投入到欧战，无暇再进行大规模远征了。

1940年法国战败投降之后，希特勒再度对南极产生兴趣。他让海军司令雷德尔元帅探究建立南极基地的可行性。随着狼群战术不断取得成效，希特勒授命邓尼茨负责建立南极基地。

这一情报被英国截获，英国战舰摧毁了挪威建在南极的捕鲸站，并且加强了对南极地区的海军巡逻。

之后战事愈加激烈，希特勒在苏联战场泥足深陷，再也无暇顾及南极。由此，希特勒的南极远征计划最终胎死腹中。

不过，据战后邓尼茨交代说：德国潜水部队的骄傲就是他们在地球的另一端建立了极为坚固的要塞。

战后一些解密的档案显示，1942年之后，希特勒曾经往南极派遣过一些居民和科学家，一种说法是这是纳粹德国为日后战败寻找最后的避难所，至于那些科学家则肩负着研制最新武器的使命。

希特勒远征南极的真相到底是怎样的，还需要日后更多的解密档案来探究。

第五章

细节中的历史

细节可以改变命运，同样，细节也可以改变历史。一颗不起眼的小铆钉就能导致海难，而一块石头可以让英雄疯狂，水果也能帮助日不落帝国称霸世界……历史的真相往往隐藏在细节之中。

改变国家命运的一次盗窃

鸡鸣狗盗之徒历来为人们所不齿。小偷，也成了过街老鼠，人人喊打。可是距今2200多年前，却有一位奇女子，用盗窃国之重器的方式，成功挽救了一个国家的命运，并使得自己国家也得以摆脱危局。她的故事被郭沫若先生搬上了舞台，为广大群众所熟知。

魏安釐王二十年（前255年），长平之战后，赵国损失惨重。国内成年男子几乎丧失殆尽，秦昭王乘机高歌猛进，派大将王陵围困赵都邯郸。赵国能拿起刀枪的男子都上了战场，眼看一场亡国大祸就要来临。危难之时，赵国的顶梁柱平原君赵胜想到只有求救于其他各国才能解救国家危局。

平原君赵胜夫人的弟弟就是闻名遐迩的魏国信陵君无忌。此人向来乐善好施，深明大义。平原君心想凭借自己跟他的姻亲关系，魏国一定不会坐视赵国为秦所灭。想到这里，平原君连忙修书一封，派人紧急送往魏国。

得到求救信的魏安釐王和信陵君，一致认为赵国和魏国两国利益休戚与共，因此，这次一定要出兵援救。于是魏国派出将军晋鄙出兵10万赶往赵国。

秦昭王得知消息，派人警告魏王："我攻下赵国，是早晚的事情。诸侯国谁敢救赵的，我攻下赵国后，一定第一个收拾他！"慑于秦国的威力，魏安釐王只好下令晋鄙停止进军，10万军队驻扎在邺城观望。

赵都邯郸此刻正在承受着虎狼之师的不间断强攻，压力越来越大。眼看难以坚持，心如火焚的平原君又接连写信给信陵君告急。信中责备魏无忌不守信义，置友邦和自己亲姐于不顾。

信陵君此刻也是万分焦急，他深知赵魏两国唇齿相依的关系，于公于私，他都应该劝说哥哥也就是魏安釐王，出兵相救。他自己和辩士们轮流去魏王宫里求见。但已经被秦国吓破了胆的魏王对此置之不理。当然魏王心中还有自己的盘算，他担心自己的这位兄弟如果立下救国大功，之后威望大著，自己的王位恐怕也要受到威胁呢！

心急如焚的信陵君万般无奈，决定带着自己的三千门客去救赵国，最差的结果就是跟秦军同归于尽，为赵国殉难。信陵君率领门客们驾车经过东门，看到了侯嬴。他把自己的计划和盘托出，告诉了老侯嬴。他满心希望这个自己曾经对施予大恩的老人，能慷慨激昂一番，然后誓死跟随自己赴难，万万没有想到，老人家冷冷地向他辞别："公子努力前行吧，恕老臣年迈不能跟随了！"信陵君失望地离开，继续前行。

信陵君边走边想，越想越郁闷。于是不甘心的他又折回来找侯嬴。侯嬴笑着说："我早料到公子会回来。公子带领门客跟秦军拼命，无异于狼入虎口，这不是好办法。老臣倒是有一个主意，可救危局。"信陵君连忙屏退众人。侯嬴附耳与他，说出了自己的妙计：如今魏王最宠幸夫人如姬。而如姬父亲曾经被人杀害，她悬赏三年，要找为父亲报仇之人。包括魏王在内的众人都想为她报仇，却都没有如愿。如姬只好来求信陵君，信陵君派人砍下她杀父仇人的人头，献给了如姬。如姬对信陵君感激不尽，愿意为他赴汤蹈火。如今信陵君如果求如姬帮忙，她一定不会推辞。调兵的虎符就放在魏王的居所，也只有如姬可以自由出入，请她帮忙盗取虎符，然后调动晋鄙的军队援救赵国，打败秦国，这才是春秋五霸的功业啊！

魏无忌听了之后，连连称妙。他找到如姬，把自己的想法告诉了她。如姬丝毫没有犹豫，一口答应了下来。此刻的信陵君心中充满了感激，他知道，如果虎符失窃，魏安釐王肯定知道是如姬所为，因为只有她才能出入魏王的寝所啊。这个女子果然深明大义、知恩图报！

如姬按照计划盗取了魏王的虎符送与了信陵君。得到虎符的信陵君杀掉不肯服从的晋鄙，夺取了兵权。以虎符号令十万军马，去解邯郸之围。一番激战之后，秦国败退，赵国得救。

立下大功的信陵君却不敢再回魏国了，他深知魏王一定深恨他窃符之举。至于如姬，如果没有她冒着生命危险盗取虎符，也许赵国将不复存在。而虎狼之国秦国接下来的目标就会锁定魏国。这个看似柔弱的女子以盗符之举解救了一个国家，也深深影响了战国历史的走向。《东周列国志》有诗赞云："魏王畏敌诚非勇，公子捐生亦可嗤。食客三千无一用，侯生奇计仗如姬。"

司马迁老先生在他的《史记》中没有交代如姬的结局。《东周列国志》说如姬被恼怒的魏王所幽禁。后来信陵君救赵成功后，魏王又幡然醒悟，把如姬放出冷宫，重新宠幸。只不过，这只是作者的一厢情愿，作为小说家之言，这个结局只是表达了作者的一种美好愿望而已。试想，枕边人盗取虎符，这对于一个君王来说，绝对是难以饶恕的大罪。重新获取恩宠，几乎不可能！

我们可以做一个合理的推测：魏王有可能杀了或者幽禁了如姬。因为依照魏王后来对待信陵君的表现来说，这个推测比较合理。魏无忌后来又解救了魏国的危难，一度为魏王重用。可是魏王毕竟不是气度恢宏之人，看到信陵君有功高震主之嫌，他动了杀心。心灰意冷的信陵君只好装疯卖傻，自暴自弃放纵自己，以避免魏王的猜忌。试想如此心胸狭隘的魏王，容不得对魏国立下大功的亲兄弟，又怎么能容忍背叛过自己的女人！

这个可怜女子的命运最后以悲剧收场。不过幸运的是，千百年来，人们一直没有忘记她，她的故事被改编成戏剧，为人们所传颂。

《三国演义》中一块疯狂的石头

一方小小的玉石有何魔力，可以让东汉末年两位诸侯为之送命，可以为一个少年英雄换来三分天下？

今天，咱们不讲正史，来说说演义吧。罗贯中先生的一部《三国演义》深入人心，很多朋友都是先看《三国演义》，后看正史《三国志》，感情上似乎觉得更能接受演义。而小生正是这样先入为主的人，尽管知道很多情节虚构不实，可还是更喜欢读演义一些。

话说，东汉末年，天下大乱，群雄割据，逐鹿中原。那西番董卓带领虎狼之师入长安，废立天子，滥杀朝臣，草菅百姓。一时间，闹得天下怨怒沸腾，十八路诸侯打出旗号，誓要捍卫汉室，屠戮董贼。

且表有一路英雄名唤孙坚孙破虏，吴郡富春人，十七岁时就以智勇击退海贼，后讨黄巾，建下大功。

此番，孙坚参与讨伐董卓之战，全力以赴，力求匡扶汉室。无奈，董卓兵强马壮，更兼得吕布吕奉先天生神勇，刘关张虎牢关前三人合战，尚且不能取其性命。加之，各路诸侯貌合神离，各怀心思，天长日久，闹出诸多纷争。

孙坚领军攻入洛阳。当时董军已经撤离，离开之前，一把大火焚烧了洛阳的宫室。孙坚军进城之后，安抚百姓，重新修缮被破坏的汉朝宗庙。

这一夜，孙坚屯军城南。半夜，忽有人报：甄宫井之上，五色之气冲天，军士们不敢上前汲水。孙坚自然不会惧怕，他命人入井内，发现汉朝传国玉玺，上写“受命于天，既寿永昌”八字。孙坚大喜，此物乃是历代正统所系，从秦始皇到如今，历经四百多年，竟然到了自己手中。难不成，自己有帝王之命？

一块玉石撩动了英雄称霸天下之心，孙坚决定带着玉玺，回到南方发展。未曾想，隔墙有耳，此事被袁绍得知。

袁绍乃是十八路诸侯之盟主，名义上孙坚是他的下属。他派人来问玉玺之事，孙坚却一口咬定未曾看到，并发下毒誓，若有隐藏，必然不得好死。

袁绍无奈，只好眼睁睁看着孙坚带军队离开洛阳。未承想，在荆州地界，孙坚死于刘表部将黄祖之手。

继承孙坚大业的是他的长子孙策，孙策想继承父亲遗愿，在江东立下基业。

当时，他势单力薄，只能暂时委身于袁术帐下。在父亲的老部下朱治建议之下，孙策把父亲用生命换来的传国玉玺奉上，请求袁术借兵马粮草与他。当然，为了避免袁术怀疑，他以出兵救援被困的舅父为幌子。

袁术此人，早有称帝野心，看到眼前的玉玺，眼睛都发直了。他仿佛看到金光灿灿的皇位正在向他招手。于是乎，他接受了传国玉玺，借给了孙策军士三千，战马五百。

少年英雄孙策正是凭借这些兵马，在江东打下六郡江山，为日后孙吴开国攒下了第一桶金。

而袁术得到玉玺之后，果然不久便称帝。称帝的袁术自然成了众矢之的，最终被曹操灭掉。

这位枭雄在临死之前，还让人给他送蜂蜜来吃，也许那一刻蜂蜜在他眼中比玉玺值钱！

一块石头，让两个诸侯送命，还为一个英雄的称霸奠定了基础。这真是：

兴亡无常惹人叹，劝君莫要太贪婪。以史为鉴辨世事，智慧人生舍得间！

电视剧中女医治疗狂犬病的偏方

2015年有一部传奇宫廷御医题材的电视剧《女医明妃传》热播。该片演员阵容庞大，剧情跌宕起伏。播出之后，在收获了不可思议的收视率之外，还受到了各种批评和争议。

大家吐槽的重点是该剧中的服饰和剧情。服饰相比之前的明代题材影视剧，算是相对靠谱，但是还有诸多硬伤；而剧情更是离奇荒诞，别的不说，就说女主角谈允贤，明明是明朝天顺五年（1461年）生人，原著作者却让她早生了好几十年，穿越到了正统朝，跟明英宗和明代宗兄弟谈起了三角恋。

很多医药专家也提出，该剧中很多治疗疾病的偏方确实存在争议，不过有一些也确实有史料来源。

例如第32集，土木堡之变后，明英宗朱祁镇成了瓦剌人俘虏。女医谈允贤跟随英宗一起做了阶下囚。

瓦剌太师也先的妹妹脱不花被疯狗咬伤，眼看就要一命呜呼。程十三、萨满用尽了医术、巫术，都不能见效。

这时候，也先爱妹心切，要杀掉被俘虏的大明士兵，取心肝来治疗妹妹的疯狗病。谈允贤挺身而出，说自己可以治疗此病。

一开始，她用常法治疗，可是效果短暂，脱不花只是暂时平静，很快又犯病，而且来势更加猛烈。

危急之中，谈允贤想到了一个偏方，她命人找来咬过脱不花的那条疯狗，将其打死，取出疯狗脑髓，伴着鸡鸭粪便等污秽之物，做成药，给病人服下。一个时辰之后，脱不花神奇苏醒，并最终康复。

剧中这个用疯狗脑髓治疗狂犬病人的偏方，还真是有史料出处。

据说东晋时的医药学家葛洪就用此法救过人性命。有一天，一个老农急匆匆闯入葛洪家中，哀求他救治自己儿子，原来老农之子被疯狗咬伤，命在旦夕。

葛洪想到“以毒攻毒”，如果取出疯狗脑髓，将其涂抹在病人伤口，是不是有效果？

于是，他嘱咐老农按照自己说的杀掉疯狗，果不其然，按照葛洪的办法，老农之子竟然神奇康复了。

葛洪根据自己的治疗经验，在自己的医药学著作《肘后备急方》里面，描述了这种疾病：人被疯狗咬伤后，非常痛苦，不能受到任何刺激。一听到倒水的声音，病人就会抽搐抽风，所以称之为“恐水病”，也就是狂犬病。治疗狂犬病的偏方就是取出疯狗脑髓，涂抹在病人伤口处。

可以说，葛洪是世界上第一个记录狂犬病症状的人，他的治疗方法也是世界免疫学的先驱。

当然，葛洪的治疗方法毕竟还存在着很多争议，今天已经没有人使用这种偏方。所以，若是有人被狗咬伤，第一时间还是要去正规医院检查并注射狂犬疫苗。

从分餐到合餐——中国古人饮食习惯演变史

现在我们很多人都认为分餐制是西方文化的特色，其实我们的老祖先从很早就开始了分餐制。在远古时期，物质极端贫乏，人们为了生存下去，就必须将获取的食物平均分配后才能食用，这就是最早的分餐制的雏形。近年来的考古发现也证实了这一点。从殷墟出土的大量陶鬲碎片中发现，鬲的容量大约只够一人一餐之用，它是用于煮粥的器皿。因此可以推想出那时人们进食是一人一鬲的分餐制。这一点从文字造型中亦可看出。如“即”字的甲骨文表现为一个人在食器（鬲）前就餐之形；而“既”字甲骨文的字形就像一个人在食器（鬲）前食毕，背面离去。这些都形象地说明在我国远古时代分餐制已经处于一个萌芽的阶段，这也为后来分餐制的发展奠定了基础。

周代可以视作分餐制正式开始的时代。西周有严格的社会等级制度，并且用“礼”的方式加以强化。而作为人生首要大事的“食”上所体现的严格礼仪，更是成为人们所必修遵守的规范。从天子到诸侯再到士大夫，地位不同，食鼎的数量和食器的使用就不同。之前社会中存在的分餐被赋予了政治意义。周秦时代，人们用餐习惯于席地而坐。吃饭过程中，筵席数量的不同也代表着地位的差异。一般是天子五重席，大夫二重席。参与筵席的每个人面前一张小案，上面摆设一份饭和酒。而民间更多的饮食礼仪是“乡饮酒礼”，《礼记》篇章中对此多有描述：入席、退席、座次、席间礼仪都有严格的规定，在重视礼法的周王朝，分餐制更多是一种政治意义上的仪式，承载着道德教化的目的。

到了汉朝，仍然沿用前代的分餐制。考古发掘出的汉朝壁画和汉墓的画像砖也提供了明确的佐证：那时候人们席地而坐，一人一案。比如 1960 年河南出土的汉墓中有一幅《宴饮观舞图》里面的人们就是一人一案。文献中也有记载，当时人们吃饭时是双膝着地“跽坐”着，即使只有两个人也是分案而食。《史记·项羽本纪》中描写的鸿门宴就透露出当时实行的是一种分餐制。在宴会上，项王、项伯东向坐，范增南向坐，沛公北向坐，张良西向侍，这五人一人一案。

魏晋南北朝开始，人们的用餐方式随着社会的巨变也发生了变化。魏晋南北朝是一个战乱的时代，也是空前的民族大融合时期，各种草原游牧文化和习俗传到了中原地区，深刻改变着人们的生活。另一方面，社会动荡背景下，不管是贵族还是普通民众，大家深感自己的生命朝不保夕。因此玄学兴起，人们崇尚清谈，各种固有的传统礼仪受到了严重冲击，在崇尚奢侈生活的时代，饮食中的禁忌礼仪开始渐渐失去约束力。

胡床传入中原也引发了一场饮食革命。胡床是类似于马扎的一种可以折叠的轻便坐具。胡床传入后，人们可以垂足而坐，坐姿更加舒服，身体也得到了放松。经过几百年的历史发展，胡床演变为大案高桌，而大案高桌也成为人们筵席上的必备工具。坐在大案高桌之上享用饭菜，成为当时一种时尚。在这种背景下，如果继续沿用分餐制，人人都要有一套高大的桌椅，不但占用空间，也是一种浪费。因此胡床传入及高桌大案的出现，不但是坐具史上的一场变革，更推动了饮食方式由分餐制向合餐制演变。另一方面，从社会交流来说，合餐制也使得人们有更多的时间在饭桌上交流，贴近了人与人之间的距离。

隋唐时代，社会风气变得开放、宽容，分餐向合餐发展的社会趋势加快。用高椅大桌进餐，在唐代已不是稀罕事，不少绘画作品都提供了可靠的研究线索。如名画《备宴图》，描绘巍峨殿宇的侧庭，摆着大方食桌和条凳，桌上摆满了餐具和食品。而随着高椅大桌的普及，人们已经渐渐习惯了垂足而坐的坐姿。这些条件都使得唐人越来越习惯于合桌而食，从而向着合餐制迈出了一大步。唐代人们喜欢热闹，热衷于各种饮宴，宴席成为一个重要的社交场合。围桌而食、共享美食成为人们交流感情、制造热闹气氛的一种方式。

当然，隋唐时代只是分餐向合餐过渡时期，当时分餐在某些场合并没有消失。如南唐画家顾闳中的传世名作《韩熙载夜宴图》，所绘韩熙载与其他几个贵族弟子，分坐床上和靠背大椅子上静听琵琶演奏。听者前摆有一高桌，每人面前都有一套餐具和一份完全相同的食物，互不混杂，界限分明。

宋代是合餐就餐方式的巩固和定型阶段。宋代高大的桌椅、凳子已经取代隋唐低矮的桌凳，成为普通民众家中的日常家具。真正意义上的合餐出现在餐厅和饭馆里。当时，北方民间有红白喜事合餐时，有专人掌筵席礼仪，谓之“白席人”。“白席人”还有一样职司，即提醒客人送多少礼，可以吃多少道菜。“白席人”正是合餐制的产物，他的主要职责是统一食客行动、掌握宴饮速度、维持宴会秩序。不过分餐制仍然存在。在《水浒传》第八十二回“张叔夜三番宣御诏，宋公明合伙受招安”中曾写道：“宋江便命开筵，款待天使。尊张叔夜、刘光也上坐。宋江、卢俊义等众头领都在堂下列席。”虽然这是一部小说，但是书中很多情节是宋代的社会表现，可见分餐依然存在。

明朝作为汉人建立的最后一个王朝，在很多方面“复汉唐之旧制”，其中就包括分餐制，只不过分餐制只是社会上层的一种饮食习惯，民间的合餐制已经较为普遍。

清代，乾隆几次下江南，除了皇帝地位特殊一人一桌独餐以外，其他随从人员都是围桌合食。客观上，这也促进了南北饮食文化的融会贯通，满汉全席也在这一时期出现，这些都标志着饮食文化的发展，一种延续至今的合餐新传统便逐渐形成了。合餐制在清代成为主流饮食习惯有着历史沿革的原因。高大坐具和饭桌的使用、人们沟通交流的需要、传统封建礼教的松动，以及统治者的渔猎民族习惯，这些都成为合餐制在有清一朝成为社会主流饮食习惯的原因。

现在很多营养学家多从卫生角度倡导分餐制。确实合餐制使得一些传染性疾病有机可乘，只有分餐制可以减少一些传染病感染的几率，这是一种健康的饮食习惯；另一方面，分餐制又体现了一种节约的理念，现在提倡“光盘行动”，分餐制使得每个人按食量分配食物，这就减少了浪费的几率。当然合餐制是人们一直以来的传统，改变它可能需要一个渐进的长期过程。

袁春望们的宫廷生涯——清朝太监那些事儿

近年来，随着《延禧攻略》《如懿传》等清宫剧的热映，人们对古代宫廷越来越感兴趣。清代宫廷是否如影视剧中所描述的那样？到底艺术和现实有多少距离？就让我们从一个剖面来看看真实的清代宫廷吧。笔者对中国宦官史一向比较感兴趣，也想通过对清朝宦官的解析来让诸君对历史上的清宫有进一步了解。

以 2018 年暑假热播的《延禧攻略》为例，剧中有几位太监形象给人留下了深刻印象：身世悲苦、隐忍狡诈的小太监袁春望，处事圆滑、八面玲珑的大太监李玉，忠心护主、贪图小财的太监小全子，办事谨慎、恪守本职的内务府管事太监吴书来……

可以说，宫廷几乎是女性的世界，男性只有皇帝、未成年的皇子、御医、侍卫和太监这些人群。清代的太监，可以用深宫中的可怜人来形容，他们只是专制皇权下的奴仆而已。

清朝太监基本都来源于贫苦家庭，穷人家的孩子迫于生活无奈入宫者较多。而要当太监，必然要经历一个生死考验，那就是——净身。净身有一套办法，如果是自行净身，危险极大，极有可能断送了性命。因此，历代王朝的净身都有专门机构来负责。清代时，是由内务府属下的慎刑司专门负责此事。

清政府对净身有严格的规定：首先，民间有四五个孩子以上的，才允许有一个孩子净身。其次，拥有资格的人家要将净身之事上报官府备案。最后，有关机构将净身之人的情况报备礼部，在宫廷收用时送进，经过内务府人员查验合格，方可入宫内当差。清初，有两个机构负责净身事宜。一个是刑部，不过他们只负责阉割大逆不道罪犯家中的未成年男性；另一个隶属内务府，负责给入宫的男子阉割。当然制度规定如此，也有清政府认可的净身匠人来执行此事。

清中期以降，对于净身又在两方面加强了管理：禁止私自净身和禁止旗人担任太监。一开始，清朝对于私自净身实施严厉打击。顺治三年（1646年），清朝规定：凡有私自净身者，本人以及实施净身手术之人处斩，全家发配到边远之地充军。邻家发现而不予举报者，一并治罪。为加强管理，还专门设有人员随时查访，一旦发现，立即送官府治罪。这种规定不可谓不严厉。虽然如此，私自净身者仍然层出不穷。随着宫中太监数额不足使用，乾隆帝被迫在乾隆五十年（1785年）放开了私自净身的禁例。在这个法令废除之后，北京出现了专门的净身职业。

光绪年间，在北京专门经营“净身”的非常著名的两家是北长街会计司胡同的“毕五”和地安门外方砖胡同的“小刀刘”。他们的职业世代相传，他们两家每年按照春夏秋冬四季向朝廷输送太监，平均每一季要输送40名太监给内务府。朝廷授予他们七品顶戴。

其实，净身的过程是异常痛苦而残忍的。那时候没有什么消毒设施和麻醉药，手术刀只是放在火上烧一下就算消了毒。只不过，净身匠人的动作比较麻利娴熟，这样也减少了死亡率。

净身人家在手术之前需要交纳一笔不小的净身费用，大概需要100多两银子。如果一时拿不出，可以签下协议，由入宫者以后慢慢还清。每年逢年过节，净身之家还要给毕家或者刘家送礼。送礼是为了讨好两家，两家在宫中人脉广，与朝廷内务府联系紧密。这样一来，如果他们能说点好话，对于入宫者的前途也是极为有利的。

净身匠人在给人净身之前，要订立合同，事先写明被净身者是自愿，而且生死与净身匠人无关。在临下刀之前，净身匠人还要问一句："你是自愿的吗？"得到肯定回答之后，匠人还要问被净身者断子绝孙是否后悔等等。如果被净身者有一点点犹豫，匠人就会停止。

接下来是异常残酷的手术过程：被净身者此前不能饮水进食，手术之前，他会喝一点烈性酒，以此麻醉神经，减轻一些痛苦。接下来，净身者手脚被绑得结结实实，眼睛被蒙上，这些都是防止忍受不住剧痛而猛烈挣扎，从而妨碍手术进行。净身匠人动作麻利，完成之后，会用烧红的烙铁烙伤口处，然后在伤口处插上药捻敷一些药末，手术就算完成了。

被手术者要在密不通风的居所内养伤。在此期间要禁止饮食。这番折磨之后，被净身者已经奄奄一息。净身匠人会来查看伤口，然后拔出药捻，如果小便顺利排出，则标志着手术成功了。如果排不出小便，再次手术，被净身者极有可能会死亡。

被净身者经过手术之后，容貌和体态都会发生一些变化。男性特征开始消失，声音尖细而沙哑，不长胡须。走路的姿态也开始变得更像女人，更令人痛苦的是，很多太监身上会经常有一股怪味。这是净身手术留下了遗尿的毛病。晚上他们可能会遗尿弄湿床褥，白天尿急时，也会弄湿内衣内裤。如果白天忙碌，就没有时间换洗，时间长了就有了味道。有的太监专门在身上佩带香料来掩盖这种味道。

新太监经过生死考验之后，终于可以入宫。入宫后，他们要在慎刑司居住一段时间，然后他们会被内务府官员领进养心殿院内，等待主子们的挑选。被挑选上的太监会拜一个资深的太监为师傅，师傅来负责教授他们演习各种礼仪，并且告诉他们宫中的规矩。师傅对徒弟十分严厉，徒弟稍有过错就要遭受打骂。

宫中规矩烦琐。叩头请安就分很多种：如果给主子请安，不管是在平坦光滑的殿内，还是在御花园的石子路上，抑或在宫中泥泞的地方，都需要就地跪双腿安，也就是两条腿先左后右身子直挺挺地跪下去，然后将帽子摘下来放在右边。如果主子给了赏赐，太监则要三跪九叩，还要"磕响头”，也就是把头往地上撞出声响来。对待上司或者品级稍低一些的人，就跪下一条腿，这就是“单腿安”。

侍候主子梳头、端茶递水、摆放膳食，侍奉主子穿衣服，这些都有很多规矩。如递东西给主子绝对不能递过去就完事了，不能把东西捧在自己脸前面，要侧过身子，又不能把东西捧得过高或者过低，大概是要在与自己眉心相平的位置。

宫中称呼用语和禁忌语非常多。拿晚清时代来说，太监称呼皇帝“万岁爷”，称呼慈禧为“老佛爷”，称妃子作“主子”。对于帝后嫔妃，不能直呼其名，也不能说与他们名字相同或者相近的字，这叫作“忌圣讳”，如果有触犯就免不了被杀头。小太监对自己的上司决不能直呼某某太监，也不能像民间一样称之为“老公”，如果这样称呼，会被打个半死。

清朝对太监的管理异常严格。清朝设有专门管理太监的机构“敬事房”，又称作“宫殿监办事处”，这些都归于内务府管辖。敬事房设立于康熙十六年（1677 年）五月。在此之前，清宫的太监管辖多有变动。顺治元年（1644 年），清朝入宫定鼎北京，宫廷中接受了大量明朝太监。一开始，他们是归于内务府管辖。顺治十年（1653 年），亲政的福临下旨设立了十三衙门专门管理内府事务。十三衙门实则是明朝太监二十四衙门的延续，只不过机构上有所缩减而已。顺治帝驾崩之后，十三衙门被作为一项弊政而废除。

康熙帝在位期间，虽然设立敬事房，却没有给予敬事房太监任何官职和品级，在胤禛即位后，才授予敬事房总管太监五品官职。雍正元年（1723 年），胤禛规定敬事房大总管太监授予四品官职，副总管授予六品官职，随侍的首领太监授予七品官职，宫殿等处首领太监授予八品官职。后来乾隆帝规定太监官职品级最高四品，不得超越。

有清一代，各朝皇帝期间，太监总数处于不断变化之中。相比明朝，清朝太监总数是十分低的。从康熙十六年（1677 年）到乾隆七年（1742 年）这 60 多年时间内，清宫太监总数从不到 1000 人猛增到了 2000 余人。

乾隆十六年（1751 年），乾隆帝就清宫太监总额做出了明确规定："现金所添地方居多，打扫、看守太监不敷，嗣后将太监三千三百名作为定额，交与总管内务府大臣，现将缺额数查明招补。"但是这个数字也不是固定的，随着清宫太监逃亡数量日趋增加，太监总额日趋减少。同治十三年（1874 年）十二月，宫中包括外围被烧毁的圆明园等处，一共有太监 1596 名。到了光绪十三年（1887 年），这个数字变成 1693 名。就是到了 1922 年，紫禁城中尚有 1137 名太监。太监制度并非随着清朝灭亡而废除，因为逊清皇室在紫禁城的继续存在，这项制度一直延续到了 1924 年 12 月 1 日，溥仪和他的小朝廷被国民革命军驱逐出了紫禁城，太监制度才彻底消亡。而那时候根据溥仪本人的回忆，宫中太监只剩下了 10 名。

那么太监在紫禁城中日常的一天是怎样的呢？据曾经当过内殿太监的魏子卿、戴寿臣等人的回忆，他们当了太监之后，先是在东杂道里打杂，熬过了几年之后，然后当了御前太监，在皇上身边做事，侍奉皇上。他们住在东西夹道，分班伺候皇帝。东西夹道的领头太监，被称作带班的。每天早晨天刚蒙蒙亮，他们就要起床，由带班的领到皇上那里。当时，皇上是居住在养心殿后殿的寝宫。带班的先上去给皇帝双膝跪地请安，然后禀报之后退下。御前太监照例不跪拜，开始上班。他们忙各自事情，站班是基本的，随时听候皇上吩咐。皇上用过早点之后，御前太监们排着队，陪驾到书房。然后他们在上书房屋里屋外站班，除了端茶倒水，接受随时下派的差事，其他时间也是闲着的多。

皇上从书房回来，11 点钟开始用膳。御前太监负责把桌上的菜往皇帝面前传，用膳结束，下一班御前太监来接班。下半天，皇帝可能随处走走，也许休息，也许做点其他事情，御前太监就跟着他，一直到用晚膳。晚上 8 点钟，总管太监传下话："上闩、打钱粮、灯火小心"，这些口号由太监们一直相传到紫禁城各门，这个口号一喊，除了太监和值班的御医，所有男人都要出宫。

御前太监服侍皇上就寝后，另一班御前又开始接班。皇上睡下后，几名御前太监就在皇上寝宫地下“坐更”，也就是打个盹儿或者小睡一会儿，不耽误事情即可。

这是御前太监的一天。其他各处当值的太监一天工作的情形，千差万别。在宫中负责杂役的下层太监，比如说在打扫处、热火处、柴炭处、烧炕处的太监，他们不管酷暑寒冬，都要做最苦最累的工作；各宫门负责开闭关防的太监和御苑内负责打扫、陈设的太监，他们一般除了日常杂务，无事可做。还有一些负责给皇上保管服装、金银财宝、书籍字画的太监，他们常常代表皇帝指导外朝官员和工匠的采办和制作。

清宫太监居住在宫内或者皇家苑囿之内，是为了方便为皇室成员服务。当然也有一些外围太监，比如内务府各司、院太监以及礼部、工部等处太监则不居住宫内，他们一般住在紫禁城附近的宫署衙门。太监进宫当差后，每个人都可以得到一间公房居住，按照官职品级每天还能得到房租钱 500 文到 800 文不等。太监集中居住的地方叫作“他坦”，一般都位于各处宫殿的东西夹道之中。每处“他坦”都设有“他坦大”，也就是首领太监，来负责日常事务管理。宫中有这样的他坦 40 多处，由敬事房的总管太监负责稽查管理。

清宫太监一般是终身服役，除非到了年老体衰，实在无法继续服役情况下，会被准予离开皇宫恢复民籍。退休太监有一部分人能领到退休金。清初规定，太监退休为民后，除非特许，一般都要回到原籍居住，而且地方要发给印票，才能居住下来。到了雍正朝，才放宽禁例，允许为民的太监留京居住。多数太监没有一技之长，出宫后又年老体衰，没有谋生能力，又没有安身之处，很多人都选择寺庙作为最后的归宿。他们把多年积攒的卖身钱捐给寺庙作为香火钱或者直接买地捐献给寺庙，以获得一处栖身之所。如果太监一点积蓄没有，出宫后也只能流落街头，乞讨为生了。

清朝对太监的管理极其严厉。到了乾隆时候，形成了宫廷法典——《钦定宫中现行则例》和《国朝宫史》。这两部法典详细规定了太监的等级、职责以及待遇，还对太监的管理和处分做了严格规定。对于首领太监的处分则例有 16 条，比如有这样的规定：宫内禁地不许口角斗殴，犯者如果是首领太监，罚月银 6 个月，如果是太监，重责 60 板子。宫内禁地不许相聚赌博，如果是首领，罚月粮 6 个月，如果是太监，重责 60 板子。

对于宫中的安全、秩序、请假制度，清宫也有详细规定。在宫内以及圆明园等处私藏鸟枪、火药和刀刃器械者，一经发现，即刻正法。无故持刃入殿或者装疯醉酒、肆意胡闹者，处以绞监候。凡是参与赌博者，视情况不同，处以枷号直到绞监候等刑罚。就是在宫内或者园廷偷钓鱼虾的太监，不管首从，一经发现将该太监枷号一个月，期满后重责 40 板，发往吴甸铡草。在宫中吸食鸦片者，限令一个月交出烟具，具结永远改过自新。如果再犯，就要定为绞监候，家属发往新疆地方给官兵为奴。

正是因为严厉而苛责的规制，很多太监不堪忍受，纷纷逃亡。针对这种逃跑太监，如果是初次逃走但是自行投回者，处以杖责六十，仍回当差，减食五钱赏银一年。如果是初次逃走被捉获以及二次逃走但自行投回者，杖责六十后，发往吴甸铡草一年。但是随着逃走次数增多，这些太监则要被永远枷号或者处死。

不能逃跑，很多太监又不堪忍受，选择了自尽。但是对于自尽太监，如果是在宫内用金刃自尽经人救活者，处以绞监候；如果太监系自缢被救活者，要发往伊犁给兵丁为奴；如果太监在宫内自尽身亡了，尸体会被抛到荒郊野外并将其家属发往乌鲁木齐给兵丁为奴。由此可见太监命运的悲惨。

鉴于明朝太监在政治上的活跃和某些方面造成的负面影响，清王朝统治者严厉禁止太监干政。顺治十年（1653 年），顺治帝在一道上谕中针对太监做出六条严厉规定：第一，凡系内员，非逢差遣，不许擅出皇城。第二，职司之外，不许干涉一事。第三，不许招引外人。第四，不许交接外官。第五，不许使弟侄亲戚暗相交结。第六，不许假弟侄等人名目置买田产，因而把持官府，扰害民人。

顺治十二年（1655 年），顺治帝又命工部铸造两块铁牌，分别立于内务府和紫禁城内的交泰殿中。铁牌条文重申："以后如果有犯法干政，窃权纳贿，嘱托内外衙门，交结满汉官员，越分擅奏外事，上言官吏贤否者，即行凌迟处死，定不姑贷。"康熙帝玄烨即位之后，就把父皇不许太监干政的规定视为了祖宗家法，拿已经代表父皇落发出家的太监吴良辅开刀。有清一代，尤其是慈禧当政之前，对太监干政的打击是不遗余力的。雍正三年（1725年），曾经发生了一起扫院太监傅国相，受到外朝一个想要复官的废官嘱托，向奏事太监打听有没有保奏的消息，因此违背不许交接外官的规定，被雍正帝捉拿治罪。

乾隆三十九年（1774年），又发生奏事太监高云从泄露道府记载案。乾隆震怒，将牵涉此案的大学士于敏中、军机大臣舒赫德、总管内务府大臣英廉、尚书蔡新等严厉申斥，其中观保等三名官员还受到了革职处分。主犯高云从被斩首示众。

道光二年（1882年），五品总管太监曹进喜向军机大臣索要查看军机处存记道府名单和武职名册，公然违背太监不许越分干政的规定，遭到了革职和杖责二十板的处分，但是却逃过了杀头之祸。

道光五年（1825年），太监马长喜在江苏浒墅关被捉拿，罪名是假冒顶戴，捏造奉旨进香黄旗，招摇恣肆。明文规定，太监不得擅出皇城与外人交接，因此，马长喜被就地正法。

同治八年（1869年），"晚清三大权监"中的安德海也是因为捏称"钦差织办龙衣"，擅自出京，在山东泰安地方被山东巡抚丁宝桢派人拿获，请示朝廷后而就地正法。

为何与明朝相比，清朝太监们在政治上的地位一落千丈呢？

首先，清统治者着力于从文化水平方面防范。明代宦官制度规定，入选的太监可以进入内书堂由硕儒进行教习。在顺治、康熙、雍正三朝曾经沿袭此制度，规定太监入宫后，可以到内书院，由选派教员教授小太监们《千字文》和《四书》。乾隆执政之后认为："内监职在供给使令，但使教之略识字体，何必选派科目人员与讲文义。前明阉竖弄权，司礼秉笔，皆因若辈通文，便其私计，甚而选词臣课读，交结营求，此等弊政，急宜痛绝。”于是，他下令彻底废除这一旧制。宦官干政需要一定的文化修养，这样就从文化素质源头上断绝了宦官参与政治的可能性。

其次，清王朝对于严禁宦官干政有一套祖制规定。从顺治开始，历代皇帝都恪守祖制，对于太监干政保有警惕。他们通过祖制和家法，明确了太监们的身份，严格限制其职掌范围。从而有效遏制其势力增长。同时，清王朝制定了严厉的法规，旨在抑制太监势力，其完备和详尽也是历朝历代所罕见的。对于违反规定，干涉政治的太监，清王朝统治者处罚严厉，这种防微杜渐的态度也大大减少了太监干政的可能。

再次，清朝太监任职范围仅仅限于宫廷之内。与历朝历代相比，他们不能外出担任地方官；没有管理禁军、外出监军或者典兵之权；没有撰拟谕旨之权，没有管理内廷财务的权力。这些都使得清朝太监的身份被限定为了宫廷奴仆。

最后，清代宫廷事务总管机构是内务府。内务府属于朝廷流官，以内务府取代十三衙门和二十四衙门，实则是从制度上避免了宫廷大权为宦官集团所把持。

除此之外，清代特有的军机处、秘密奏折制度等，也取代了明代司礼监和厂卫地位。这使得太监参政失去了制度支持。

清朝太监失去了参政权，他们只能更多投身于经济搜刮，为自己积累巨额的财富，晚清权监李连英、小德张等人利用权势，四处搜刮、贪污纳贿，一定程度上也对加速晚清吏治腐败，起到了推波助澜的作用。

慈禧没有听此人之言，最终导致身后盗陵惨剧

1928年7月，中华大地上正在上演着一幕震撼人心的历史活剧。国民政府的北伐部队一路凯歌猛进，剑锋直指北平。在上一个月，张作霖刚刚带军队仓皇撤出北平，6月4日，日本人一手制造了震惊中外的“皇姑屯事件”，张作霖被炸死在沈阳城郊。

7月夏夜的河北马兰峪，随着一声惊天动地的巨响，沉沉睡梦中的当地居民被惊醒。一个举世震惊的惊天大案发生了，军阀孙殿英指使手下盗掘了清东陵的慈禧和乾隆二陵。

孙殿英当时驻军马兰峪一带，苦于军饷不足，后来经人指点，决定盗取清东陵内的财宝。为了投石问路，他派出手下谭温江、梁朗先去北平拜谒蒋介石手下的将领徐源泉。

从徐口中得知了蒋有意裁撤孙殿英手下的军队。二人心事重重，想起了孙殿英此番临行前的嘱托：一定要在盗陵行动之前，在北平找寻东陵地宫的藏宝图。

门路颇广的梁朗先想起了自己的一个老朋友。当天下午，他带一名侍卫来到了地安门外胡同内的一座小四合院。这里居住的主人是一名何姓太监，何太监曾经侍奉过慈禧，跟李连英关系也不一般，梁朗先想到说不定他会知道东陵内的一些情况。

何太监虽然时年才40多岁，可是积年沉疴已经折磨得他老态龙钟了。

听到多年前的旧友来访，他挣扎着从床上坐了起来，让家人搀扶着，来到了客厅会见梁朗先。

宾主落座，一番寒暄之后。梁朗先掏出了准备好的礼金。自从出宫之后，已经落魄至极的何太监，看到眼前这金灿灿的礼金，对他来说，无异于雪中送炭。

老于世故的梁朗先却不急于说出此行的目的，只是跟何太监聊些宫中往事或二人早年的交情。

眼看夜色降临，梁朗先让侍卫置办了酒菜，然后跟何太监把盏畅谈。酒酣之际，梁朗先巧妙地把话题引到了慈禧的定东陵上。

何太监此刻已经是酒足饭饱，微微有些醉意。他打开了话匣子，跟老友讲起了宫中的一段陈年旧事：

原来，何太监早年在宫中伺候慈禧，经常听慈禧对身边的亲信太监说起自己的身后之事。每当谈及前朝帝王陵寝被盗，而且还会发生劈棺扬尸这样的惨剧，慈禧也会不寒而栗。

一日，何太监在慈禧身边伺候。慈禧突然问何太监："猴崽子，你说怎么能让陵寝固若金汤，永保无虞呢？"

何太监壮了下胆子，小心翼翼地回答："老佛爷，奴才觉得人的贪欲是永无止境的。因为中国历代陵寝多讲究厚葬，因此那些皇朝在覆灭之后，贪心之徒往往会千方百计盗取陵寝，任凭它修得多坚固，总有人会进去盗掘。奴才想唯一的万全之策就是薄葬。千万别厚葬，贪一时之风光，为身后留下隐患。汉代张释之就曾劝说汉文帝薄葬。"说完之后，何太监暗中窥视慈禧太后的表情，只见她那张老脸一下子阴沉了下来，满脸的皱纹堆积，一丝诡异的笑容挂在了瘪下去的嘴角之上。她冷笑着问何太监："照你这么说，大清朝气数已尽了！？"

何太监这才意识到自己多嘴，闯了大祸，他连忙伏地下跪，磕头如捣蒜，口中不住地求饶。

慈禧却不理会他，转过脸看着李连英说："小李子，你都听到了。他让我将来穿得像个叫花子一样，去见列祖列宗，你说成吗？”李连英跟何太监关系很近，此刻为了救他小命，他急中生智，抬脚踢了何太监几脚，还骂着让他滚到一边。然后，李连英到了慈禧面前施展他那条三寸不烂之舌，口吐莲花：“老佛爷，您别听他瞎胡说。老佛爷定当是长生不老，如果哪天您想去极乐世界，奴才们也一定把您打扮得风风光光的，比神仙还要美上百倍呢！”

慈禧听了这一番花言巧语，脸色才渐渐好了起来，也不再计较何太监的话了。

何太监谈及了这一段宫廷往事，似隐隐还有恨意，对慈禧太后的不满溢于言表。他又跟梁朗先谈到了地宫内珍宝的大概情况。

最后，何太监又颤颤巍巍地捧出了一本小册子。原来这正是李连英的侄子李成武详细记载的慈禧地宫藏宝录！

可以说，梁朗先不虚此行，何太监提供的这本小册子对此后他们的盗陵行动提供了很好的便利。

之后的一切，验证了当年何太监跟慈禧说过的话，定东陵被盗，慈禧珍宝被洗劫一空，这个统治了中国近半个世纪的铁腕人物最终落得一个尸骨难全！

一个不起眼的小太监说过的话，慈禧没有放在心上，结果导致了身后的悲剧。为政者，能不慎乎？

助力英国成为日不落帝国的一种水果

15 世纪人类进入大航海时代。葡萄牙人达·伽马开辟欧亚新航路，他从印度回国期间，船队 160 多人，就有 100 多人在中途病死。环球航行的麦哲伦船队 200 多人也有 160 多人病死在旅途。导致这些船员病死的罪魁祸首就是坏血病。

坏血病在那个时代是不治之症。病情初发时，病人四肢无力，极易疲惫，皮肤红肿。病情继续发展，病人会牙龈出血、牙齿脱落、脸部肿胀，同时皮肤下大量出血，看上去像被打伤。病情发展到最后，病人腹泻不止，内脏衰竭，最后死亡。在欧洲各国大航海初期，坏血病是困扰船队远航的严重问题。此病的发作就是因为病人严重缺少维生素。船员在海上航行，基本的食物就是面包、咸肉、鱼类，基本不可能接触绿色蔬菜，而且远洋航行也没有条件保存新鲜的蔬菜。由此坏血病的大规模爆发就不可避免。

有一个明显的对比，我们知道大明王朝在 15 世纪初有一次震撼世界的壮举，就是郑和下西洋。那七次远航，每次基本船员都保持 2 万多人的庞大规模，但是却从来没有发生过大规模的坏血病，这是因为郑和船队航海时会带大量的豆类储存在船上，然后泡发豆芽，而豆芽富含维生素，船员通过进食可以保证身体必需的营养；同时船员来自江南的比较多，喜欢喝绿茶也为船员提供了大量的维生素补给。

郑和的船队没有到达欧洲，欧洲人也无从知晓远洋航海击败坏血症的秘密。早期大航海的主力国家西班牙和葡萄牙之所以没有成为英国那样空前强大的殖民大帝国，除了国力以外，一个很重要的原因就是败血症严重影响了船队的远航，当时的欧洲各国对此基本束手无策。

英国在工业革命后强势崛起，他们的海外殖民活动同样面临着这个问题。

直到 1747 年，英国皇家海军的医官詹姆斯·林德才找到了解决问题的办法。

之前林德在爱丁堡大学学习时，就致力于对数千例坏血病例进行观察和研究。他发现坏血病就是因为船员在船上食物单调，没有新鲜蔬菜和水果导致。他相信通过饮食是可以防治此病的。他给船员做了一个实验：他给船上 12 名得了严重坏血病的船员吃同样的食物，并告诉他们有治疗坏血病的药物提供给他们。其中两个病人每天吃两个橘子和一个柠檬，两个病人每天喝苹果汁，其他船员喝海水、稀硫酸和其他被称作可以治疗坏血病的药物。6 天以后，只有吃橘子和柠檬的病人病情好转，其他人却病情依旧。

林德的研究在当时没有引起重视。因为新鲜蔬菜水果在当时远洋航海条件下难以保存。他建议海军当局把柑橘类水果或者柠檬汁作为远洋航行主要饮食，当时保守的海军将领没有采纳此法。直到他逝世一年以后，在英法海战中，英军迫于战争压力才开始采纳此法。当时英国海军部命令每个海军官兵每天必须要喝下 3/4 盎司的柠檬汁，从此坏血病在英国海军中被根除。

1797 年英国圣文生角海战中击败西班牙舰队，英国海军迈向了海军强国的行列。因为坏血病问题得以解决，英国舰队更是驰骋大洋，毫无顾忌，终于在 19 世纪成为统治地球四分之一人口的日不落帝国。小小的柠檬竟然助力英帝国，成了重要的功臣！

泰坦尼克号沉没的罪魁祸首竟然是它！

20世纪末，美国好莱坞推出了一部灾难大片《泰坦尼克号》，此片制作精美，场景逼真，男女主人公那生死之恋加之动听的主题曲，让这部大片获得了巨大成功，一举夺取了当年的票房冠军，并荣获多个奖项。该片描述的是发生在1912年4月15日的一场震撼世界的大海难。

号称“永不沉没”的巨轮，在它的处女航不幸撞上了冰山，导致1513名乘客的死亡。此次海难也是和平时代死亡人数最多的海难之一。

海难至今已经100多年了，人们对灾难发生的原因一直在探究。各种说法不一。有人说是船长醉酒没有很好地操控轮船航行，才导致撞上冰山，而有人则认为北极的冰山是被月亮引发的潮汐作用无意间推到航道上；有人说是因为海面出现幻象，导致船手看不清海面冰山；有人认为是巨轮在建设过程中偷工减料引发灾难……众说纷纭，哪种说法才接近事情的真相呢？

其实仔细想想，这次海难有些匪夷所思。

冰山撞击钢板是什么结果？简单做个实验就知道了。用巨大的冰块撞击在钢板上，断裂的必然是冰块！多大的冰山能撞沉一英寸钢板厚的船体？更何况泰坦尼克号基本船体都是钢结构造成，以当时英国领先世界的造船技术，号称不沉的巨轮缘何脆弱到不堪一击？

还要从这个“不沉”来分析，既然号称不沉巨轮，泰坦尼克号是否真的顽强到无懈可击？船体所用的钢材钢板一直以来都是众多专家学者怀疑的对象，大家把矛头纷纷指向泰坦尼克号船体上的劣质钢板，他们认为这种劣质钢板掺杂了很多杂质，船在低温的海水中航行导致钢板变脆，遇到冰山撞击时候，钢板裂开大口，海水灌入导致海难——可是事实确实如此吗？

海底打捞上来的船体残留钢板，经过美国科学家的材料检验实验，得出的结论确实出人意料。钢板质量非常好，材质也没有杂质，泰坦尼克号所用的钢板质量跟今天的轮船所用钢材别无二致。

那究竟是哪里出了问题？随着佛艾克博士对打捞上来的沉船铆钉的研究，真相渐渐浮出水面。

佛艾克博士发现两颗铆钉里面矿渣含量竟然是现代所用锻铁的三倍之多。换言之，泰坦尼克号所用的，是劣质铆钉！

一艘巨轮竟然用劣质铆钉，这个惊人发现如果得到进一步的验证，还需要翻看泰坦尼克号的制造商——北爱尔兰的哈兰德与沃尔夫公司的文档。佛艾克博士和麦卡锡博士完成了此项工作。他们在公司所存档案中，发现了公司当时野心勃勃地致力于建造三艘世界上最大的豪华游轮，而每一艘巨轮都需要 300 万个铆钉。铆钉的作用如同连接衣服布料的缝纫线，如果缝纫线用劣质材料是什么后果？这样拼接的衣服一用力，袖子就可能掉下来！同样道理，泰坦尼克号是通过铆钉把一块块钢板铆合在一起，才构筑成完整的船体。如果铆钉不合格，导致的结果就是钢板的分离！

很不幸，当年的造船公司就是因为同时上马的三艘巨轮工程浩大，所需要的铆钉数量惊人，为了财政考虑，寻找了一些小规模的厂商作为合作商，来为巨轮提供铆钉。公司所订购的是三号铁料制成的铆钉，而不是用更好的四号铆钉。两者之间的区别是三号铁料制成的铆钉可以承受 4000 公斤的压力，而四号铁料可以承受 9000 公斤！

就是这些三号铁料制成的铆钉质量问题也是严重的。这些铆钉里面含有很高的矿渣成分。用这种矿渣锻造的铆钉非常脆弱而且容易断裂。

当然造船公司也使用了钢制铆钉，可是仅仅用在了中心船体部分，而不是船首和船尾。船首船尾用的是小厂商生产的铁质铆钉，而且其中还掺杂了大量次品。后来海难中，冰山撞击的恰恰是船首。

让我们再次回首泰坦尼克号沉没的那悲惨一幕。当庞大的冰山迎面而来时，泰坦尼克号试图躲避或者倒退，但是时间已经来不及了。航行的惯性使得巨轮对着冰山迎面撞上。冰山撞击了船首，巨大的压力使得脆弱而不合格的铆钉纷纷断裂，由此船首部分六条焊缝开裂，钢板分离，海水无情地灌入了船舱和机房，最终巨轮倾覆。

如果这些铆钉是合格的，单纯凭借冰山撞击无法撕裂质量上佳的钢板。当时造船公司一念之差，用的小小劣质铆钉却成了罪魁祸首，导致了轮船的倾覆。

一颗不起眼的铆钉导致了1000多条鲜活生命的消逝，这血淋淋的教训提醒我们做人做事都要认真负责。

为救病危女儿，他倾力一赌，这一赌造福人类

20世纪初，人类医学已经有了大幅进步。可是面对细菌感染这个难题，众多的医学家却束手无策。医学的发展在这一刻遇到了它最大的敌人。因为这方面难题迟迟难以解决，受到伤口感染的病人往往难以救治。在战场上，无数战士倒下再也不能醒来。其中很多人并不是致命伤，而是伤口细菌感染导致了败血症等并发症而无法救治。

不过随着一项实验的成功，这个难题的攻克已经指日可待。1932年12月20日，德国病理学家、药物学家、细菌学家格哈德·多马克的实验获得了成功。他发现把一种橘红色化合物给被感染的小白鼠灌下之后，小白鼠不但没死，而且器官也没有受损，并渐渐恢复健康。让他惊讶的是，这种化合物并没有抗菌作用。

这种化合物是1908年人工合成的一种染料。它可以使纺织品饱经洗晒而不褪色。这种染料被称作“百浪多息”。这种染料之所以进入多马克的视野，应该归功于他探索医学的敏锐眼光。

不过，这种染料经过他多次试验，发现对链球菌等各种细菌并没有杀菌作用。不甘失败的多马克经过无数次失败的试验，终于发现百浪多息可以使感染的小白鼠康复。只不过，这种试验还从来没有应用于人类，至于它对人类效果如何，多马克一点把握都没有。

多马克有一个可爱又顽皮的小女儿。有一次，女儿在玩耍时，不小心

被铁钉刺破了手指。女儿的手指迅速感染并肿胀，同时还伴有高热不退。这在今天看起来是微不足道的小伤，在当时可是威胁生命的，因为细菌感染会导致败血症，最终夺取病人的生命。而当时的医学条件，是拿细菌感染没有什么办法的。

心急如焚的多马克带着女儿找遍了全城最著名的医生，可是他们都束手无策。眼看得女儿病情一天天加重，多马克心如刀绞。他知道如果女儿发展成败血症，他将会永远失去这个可爱的小天使！

多马克此刻已经没有选择，为了救女儿，他决定赌一把，把还没有应用于人类的百浪多息注射到了女儿体内。不久之后，奇迹出现了。女儿渐渐痊愈了！

其实百浪多息之所以能有如此神效，是因为它能分解出氨苯磺胺，从而抑制细菌的繁殖生长。多马克的研究成果引起了轰动，此药用于临床，败血症致死率从 100% 下降到了 15%！

多马克的这个发现意义重大。人类终于可以自豪地宣布：细菌感染已经被医学攻克！而多马克凭此也获得了诺贝尔医学奖。根据他的发现研制出的廉价胺磺类抑菌药物，不仅挽救了千千万万家庭的幸福，同时也大大减少了第二次世界大战的死亡人数。真的无法想象，如果没有他的发现，二战的伤亡恐怕不止 9000 万了！

一个父亲对女儿深沉的爱，不但挽救了自己的“小棉袄”，更赐福祉于芸芸众生。观此，父爱如山，信矣！

小蚊子改变大历史

历史发展的进程是诡异的，为什么这么说？很多时候，一个小小的不起眼的事件或者事物就能从某种程度上影响或改变历史进程。让我们乘坐时光转换机，回到距今2300多年之前看一看到底发生了什么。

公元前323年6月初，巴比伦一座奢华的行宫内，一个年轻人正躺在床榻之上，呻吟不止，豆大的汗珠顺着他的额头流淌，他的嘴唇干裂，脸色苍白。他嘴里含含糊糊地说着什么，只不过谁也听不懂，此刻他的意识已经模糊了，弥留之际，他眼前仿佛闪现出了一幅场景：英姿勃发的他正全副披挂，乘坐骏马，指挥他战无不胜的雄师，横扫敌军…… 这位年轻人就是震撼世界的亚历山大大帝，当时的他还不满33岁，他有太多的梦想，如果有足够的时间，他要征服世界！

从发病到死亡，才短短10天，到底是什么原因导致了亚历山大的死亡？长久以来，关于他的死因一直有很多种说法，我们归纳一下，可以分为五种说法：

第一，死于疟疾说。苏联学者塞尔格叶夫在《古希腊史》中就曾提出："亚历山大死于恶性疟疾。"美国学者在《世界文明史》中也写道："公元前323年，他身染巴比伦疟疾，死时年32岁。"而另一位美国学者富勒将军在其著作《亚历山大新传》中进一步认为："可能是因为他长期在沼泽地区与野蛮人作战染上了恶性疟疾，于6月13日日落时永远地闭上了眼睛……"

此说流传甚广，乍一看也确有道理。因为亚历山大在印度作战时就曾感染过疟疾，但是仔细分析，当时巴比伦的气候条件跟印度差异非常大，疟疾在炎热环境下容易流行，不同的环境使得疟疾重新发作的几率也是比较低的。更何况，根据亚历山大的死亡前记录，他最明显的症状就是高热，其他疟疾常见的症状比如血液变成黑色血块，尿液变成黑色，还有全身各器官衰竭都是没有出现的。所以说亚历山大死于疟疾证据不足。

第二，死于酒精中毒说。持此说者认为亚历山大晚年染上了酗酒的恶习，据说曾经有过一次喝下 10 斤酒的纪录。比如英国著名史学家韦尔斯在《世界史纲》中提出："亚历山大在巴比伦有一回酩酊大醉以后，突然发烧，病倒死去了。"但是根据记载亚历山大酒量十分惊人，而且当时的酒是低度酒，即使酒精中毒也是一个长期的过程，怎么会从发病到死亡仅仅 10 天时间？所以此说明显不能成立。

第三，旧伤复发说。亚历山大一生在战场上受过重伤八次。其中在摩坦的那次最为严重，他被一只带着倒钩的箭射中了肺部，箭头取出，他却流血不止导致昏迷，以至于部下以为他要死了，此次重伤一直没有痊愈。亚历山大一直带伤作战，如果是旧伤发作，肺部出血，应该会有咯血，但是他死前 10 天都没有咯血的记载，所以此说只能存疑。

第四，毒害说。持此说法者认为亚历山大晚年喜怒无常，暴虐无比，很多人（包括他的老师亚里士多德、他的部将安提帕特和他的妻子罗克珊娜等人）对他忍无可忍，于是决定毒死他。他们用的毒药是白菟葵，这是一种在亚历山大家乡常见的毒性植物。但是马其顿人并不喜欢用毒药作为武器杀人，马其顿是一个尚武的民族，他们钟情于用武力直接解决问题。比如亚历山大的父亲腓力就是死于女儿的婚宴上，是被人用剑杀死的。所以此说也只能存疑。

第五，蚊子叮咬感染的西尼罗河病毒说。美国疾病控制和预防中心在 2004 年 7 月《新型传染疾病》杂志里刊登了几篇论文，论述了此说的可能性。美国专家约翰·玛尔医生致力于热带病，他根据历史记载首先排除了疟疾说。他发现古希腊历史学家有一段关于亚历山大攻入巴比伦的记载。书中说亚历山大进入巴比伦以后，看到空中有一群鸟儿在互相啄食，然后从天空掉落而死。巧合的是 1999 年在纽约也有大量的鸟掉落而死，因为它们感染了西尼罗河病毒。而随后的两三周内，很多人也感染上了此病毒。这种病毒是由蚊子传播，鸟儿和人类都会因为被叮咬而感染。典型症状就是高烧，而亚历山大死前一直高烧不退！同时他下半身已经瘫痪，而西尼罗河病毒恰恰会引发脑炎，脑炎又严重影响到了病人的活动能力。此说可能性比较大。一只小小蚊子叮咬了亚历山大大帝，西尼罗河病毒进入大帝体内，而感染到发作只需要 10 天左右，严重者会死亡。正是这小小蚊子夺走了叱咤风云的一代大帝的性命，也深刻改变了世界格局！

亚历山大发病之前，已经有了野心勃勃的计划，他要征服意大利地区，当时罗马共和国并不具备跟亚历山大帝国对抗的实力。他成功了，就没有后来影响深远的罗马文明，西方世界的格局将会改变。如果远征顺利，他还要回师印度完成未竟的东征，试想一下，如果印度被打下，极有可能亚历山大的下一个目标就是中国！当时处在战国乱世的中国就要面临强大的外敌入侵，中国历史的走向也许就是另外一番情景了。就是亚历山大不再远征，33 岁的他安于现状，如果不是这场疾病，他多活几十年，他的亚历山大帝国也不至于在他身后分崩离析。

历史，有时候真的很诡异！

成败关键决议——斯巴达克南下谜团

就是对世界历史不太熟悉的小伙伴们，也听说过斯巴达克这个人名。他确实是一位鼎鼎大名的英雄人物。公元前73年夏，他领导了世界古代史上最为波澜壮阔的奴隶大起义。沦为奴隶的人们不甘心于自己悲惨的命运，在斯巴达克的领导下，由最初的70多人，壮大为7万人。他们屡次击败了罗马军队，斯巴达克率领主力沿着亚平宁半岛一路北上，势如破竹。

公元前72年，起义军击败了罗马元老院派出的两名执政官带领的军队。起义队伍一度发展到了12万人。

面对危局，罗马城中的贵族和奴隶主们惊恐万分。危急关头，元老院推选克拉苏为独裁官，让他倾尽全力消灭斯巴达克义军。克拉苏为了提高军队战斗力，实施了残酷的“十一抽杀律”：如果有战败或者临阵脱逃的，10个人里面抽签选出一人处死。在这种残酷的军法下，罗马军队战斗力大大提升。斯巴达克义军被压制到了意大利半岛的布鲁提翁，打算渡海去西西里岛，可惜并没有成功。公元前71年春，克拉苏在得到庞培军队增援后，势力大涨。他在阿普利亚之战中，击败了斯巴达克，斯巴达克最终英勇战死，6000多名俘虏被罗马人钉死在十字架上。

这次大起义给人们留下了不少疑团。奴隶起义军在粉碎罗马克劳狄和瓦里尼围剿后，曾经制订过一个北上的计划：全军向着阿尔卑斯山前进，越过高山，北上出意大利。一部分人回到色雷斯，一部分人回到高卢。这个计划遭到了副将克里克苏的坚决抵制。他带领2万军队离开大部队出走。斯巴达克率领剩下的部队按照原计划北上，他们一路上击败了罗马名将林图鲁斯和格里乌斯，终于抵达了阿尔卑斯山脚下的穆提那城。眼看北上出境的计划就要完成，恰好此时，斯巴达克突然放弃了原先的计划，带领全军掉头南下。

为何斯巴达克突然改变了北上计划？斯巴达克本人是色雷斯人，他的部下很多跟他一样，来自罗马本土之外。为何他们要放弃返回故乡的计划？

关于他这一次突然改变计划，史学家们有各种解读。有人认为，他之所以改变计划，主要因为当时客观形势发生了变化。制订这一计划时，斯巴达克的军队相比罗马军队，显得弱小，敌强我弱的形势迫使斯巴达克力图缩短与罗马军队作战的时间。争取早日翻越阿尔卑斯山，回到故乡。但是后来随着斯巴达克军的节节胜利，义军的思想状况发生了变化，大家觉得也许一举攻克并灭亡罗马也不是不可能的事情。此时义军内部的骄傲情绪蔓延，斯巴达克只得顺从大家意愿，改向南下。

另外有的学者考虑到了斯巴达克北上计划执行的难度。阿尔卑斯山是欧洲最高的山脉，常年积雪，要翻越它，必然要付出沉重代价。当时义军身着单衣，而且给养不足，这无疑增加了翻山的难度。义军最终只得知难而退。

还有的学者提出，斯巴达克之所以改变计划，与缺乏意大利境内北部居民的支持有关。北部的小农经济比较稳定，人民安于现状，不想改变稳定的生活。因此，他们不愿意冒着风险来支持义军，而缺少当地居民物资支持，是无法翻越阿尔卑斯山的。

到底是什么原因使得斯巴达克改变了计划，这还有待于史料的进一步发掘，才能做一个令人满意的解释。

如果不是这两次行动，人类也许最终毁灭于“二战”

1941 年 12 月，美国陆军部艾森豪威尔将军正在办公。突然一个人急匆匆闯入了他的办公室。由于焦急，他连门都没来得及敲。“嗨，格罗夫斯，我的小伙伴，是什么事情让你如此焦急？”来人是领导美国核武器研究计划的莱斯利·理查德·格罗夫斯将军。他大口喘着粗气：“德国人的原子弹进度已经超过我们了，他们在挪威维莫克化工厂的重水现在生产顺利，而且他们已经有了很完善的实验性重水反应堆图纸。”听到这里，艾森豪威尔将军也大吃一惊。格罗夫斯平缓了一下气息，继续说道：“我建议将军尽快请示罗斯福总统采取行动对德国人的重水工厂进行破坏，我们不能让德国人在我们前面研究出原子弹！”

原来早在 1939 年，核裂变的发现和它可以作为武器使用可行性就已经引起了纳粹德国的注意，德国拥有当时欧洲最先进的核物理研究设施和处于世界前沿的一批优秀科学家。他们为了实现自己的战争狂想，致力于革命性的新式武器研发，以便为了即将开始的欧战做好准备。战争狂人希特勒更是在各种场合狂妄地宣称：“我们将使用一种别人不知道的而又能保护我们自己免受攻击的武器。”

事实证明，希特勒并不是痴人说梦。1940 年 4 月，在德国闪电战的袭击下，丹麦和挪威、比利时先后沦陷。这对盟军是巨大的打击：当时世界上最权威的物理学家之一，丹麦皇家科学院院长玻尔被德国人控制了；另外重水工厂挪威维莫克化工厂也被德国人占领；比利时精铀矿石全部被德军缴获。

德国科学家研究性反应堆在紧锣密鼓地制造核武器，他们缺少的只是作为减速剂的重水。只要得到足够数量的重水，德国人将会研究出原子弹。于是挪威那个当时世界上最大的重水生产工厂——维莫克化工厂在日夜不停地加速生产重水。

面对如此严峻形势，盟军方面也在积极应对。艾森豪威尔将军请示罗斯福总统后，美英协商，决定任命英国安全协商局主管威廉·史蒂文森为破坏挪威重水工厂的总负责人。

史蒂文森的优势在于他非常熟悉挪威的地形情况，并且他手下还有熟悉维莫克化工厂的挪威物理学家利夫·多伦斯达德博士。

为了执行这次艰巨而重要的任务，史蒂文森在加拿大建了秘密特工培训学校，专门训练勇气和能力上佳的敢死队员。其中一名佼佼者是挪威人艾因纳尔·斯金诺兰德。他成功潜伏打入化工厂并绘制了详细地图以及德军兵力部署情况，他发回的一个情报再次让盟军方面震惊：德国人已经成功把重水生产提高到了每月 100 公斤，这意味着德国人离核武器的成功只有一步之遥了。

1942 年罗斯福和丘吉尔会晤磋商，他们就德国核武器计划达成一致，那就是要不惜一切代价把维莫克化工厂破坏掉，阻止德国人的核武器脚步。要知道这一年美国才刚启动“曼哈顿工程”计划开始研究核武器。

维莫克化工厂周边地理环境决定了大规模空袭轰炸的方式是难以实施的。唯一可行的方式就是派遣一支突击队潜入厂区，用引爆炸弹的方式摧毁工厂。最终此次行动被命名为“燕子”。1942 年 10 月，飞机运送四名经过特殊训练的突击队员在距离工厂 20 公里的雪山成功跳伞降落。在艰难的环境下，他们历尽困苦花了半个月才到达了工厂附近并安排就绪。但问题出现了：第一批四名队员携带的炸药不够摧毁工厂之用，他们需要增援。盟军指挥中心派出两架滑翔机带着 32 名突击队员增援，不料遇到了恶劣天气导致飞机失事，两架飞机上的人员无一生还。更危险的是，一架飞机的残骸还被德军发现，里面一张地图落入敌手！

多亏这张地图是盟军迷惑德军制造的假地图，它标注的目标是距离工厂 40 公里的水库大坝。盟军这次行动失败了，可是阴差阳错那张假地图却使得德军把大量兵力调集到了大坝加强防卫。

1943 年 2 月，盟军组织了第二次行动，这次有六名突击队员成功降落并与其他四名“燕子”突击队员汇合。他们摸到了工厂，由于敌人大部分兵力被安排到大坝防守，麻痹的德国人没有想到盟军的目标会是重水工厂。乘德军换岗时间，一名突击队员用大钢剪刀剪断了工厂大门。五名手持冲锋枪的队员守住要道，随时准备击毙发现他们的德军。队长罗尼带领两名突击队员来到工厂地下室，顺着管道找到了提炼重水的高浓缩车间。罗尼等人迅速安装了炸药，随着定时器开始运转，他们迅捷地顺着管道撤退，到了门外 18 米以外，身后一声惊天动地的爆炸声响起。德国人花费数年心血造出的 450 公斤珍贵的重水全部顺着排水沟流失一空。

1943 年底，德国人又修复了维莫克化工厂，重水生产恢复。这次吃过大亏的德国人加强了防卫力量。盟军多次轰炸都告失败。英国情报部门得到了一个重要情报，1944 年 2 月，600 多分斤重水会从工厂运往德国。盟军情报部门决定从重水运送途中实施破坏行动。经过探测，他们确定了行动的最佳地点也就是运输必经的廷斯约湖，那是深达 1400 米的深水湖，如果破坏成功，运输重水的船将沉入湖底，使德国人无法打捞。

1944 年 2 月 19 日，三名盟军突击队员潜入德军运输重水的船上。20 日 10 点 45 分，突击队员安装在运输船上的炸弹准时爆炸，600 多分斤重水沉入深深的湖底，随之沉没的还有希特勒制造核武器的野心。

盟军的这两次行动彻底击碎了希特勒的迷梦，从某种程度来说，也拯救了人类。试想如果希特勒的原子弹计划成功，这个战争狂人极有可能把这种毁灭性武器运用于战场上，看看美国在广岛、长崎引爆原子弹的巨大威力、造成的破坏，我们就可以想象核战争对于人类将会是灭顶之灾。

愿人类珍爱和平，远离战争。

没有比随意叫嚣战争、核战争的人更轻薄无耻的人了，请不要忘记战争给人类带来的，只是痛苦！

华盛顿拒绝连任美国第三任总统之谜

作为美国的开国元勋，乔治·华盛顿在美国历史上享有盛誉。他领导美国人进行了艰苦卓绝的独立战争，彻底摆脱了英国殖民者的统治，使美国走上了独立自由之路。而且在战后，华盛顿主持建立的合众国政府，为美国的国家形态奠定了基本格局。

华盛顿在第二任总统期满后，很多人准备再次推选他为美国总统，而且按照当时的宪法，对于总统连任并没有任期的规定。但是，华盛顿却毅然决然谢绝了大家的美意，在 1796 年 9 月发表了著名的《告别词》，说服了国会，同意他卸任回家。

按照当时华盛顿的声誉，不要说连任总统，就是称帝都有可能。为何在人生事业的巅峰，他选择了归隐呢？对此，历史学家做了长期的探讨与研究，而华盛顿本人从没有公开表明自己拒绝连任的原因。历史学家只好做出一些推测。

有些历史学家认为，华盛顿之所以不再连任总统，是担心自己卷入激烈的党派斗争。当时美国国内出现了党派斗争，华盛顿也觉察到了选民中间日益增长的狂热党派情绪。他在告别演讲中，用心良苦地希望美国人保持团结，反对党派斗争和其他分裂势力。但是，在党派斗争中，虽然他一直保持中立，在第二任总统任期后期，他却失去了非党派的立场，成为一名联邦党人。在这种情况下，他只好中断自己的政治生涯，以免涉入更深的党派争斗之中。这也是一名开明政治家的最佳选择了。

还有一些历史学家认为，是舆论的攻击迫使华盛顿做出了拒绝连任的决定。英国一名历史学家提出："由于想要空闲，由于感到体力衰退和受到反对派的谩骂而气馁，华盛顿拒绝接受要他担任第三任总统的要求。"

美国的历史学家也持有类似的看法。随着党派斗争加剧，舆论界的斗争也愈演愈烈。在两派报刊互相攻击之际，华盛顿在第二任总统任期内，也遭受了反对派无情的攻击。这种攻击相当激烈，华盛顿被指责为"伪君子""独裁者恺撒"，并说他藐视公众。就是在华盛顿提出不连任第三届总统时，还有报纸杂志称他这是"恶毒的谎言"。费城《曙光报》在华盛顿告退次日宣称："这一天应该成为合众国的纪念日。因为，原是我国一切灾难根源的那个人，已经降到了与他的同胞们平定的地位。"华盛顿在自己的日记中写道："我现在把自己比作要寻找一个休息之处，并正在屈身倚伏其上的疲惫旅客。但是，人们听任你安安静静地这样工作，这未免太过分了，不是某些人能够忍受得了的。"

关于对华盛顿不再连任的这些推测确实有一定的道理。华盛顿拒绝连任的事件，对此后美国历史的发展产生了深远影响。当时，美国宪法没有做出对总统连任的规定，而华盛顿创立的这一传统一直到 1940 年富兰克林·罗斯福当选第三任总统为止。当然，当时有着反法西斯战争的大背景影响。

1947 年，美国制定第二十二条宪法修正案，规定任何人不得担任总统职位两届以上。华盛顿创立的传统得以恢复。

第六章

奇人怪事

古今中外历史上的奇人奇事实在太多：UFO曾经造访古代中国？美丽的少女怎么就变成了杀人不眨眼的女魔头？竟然还有人喜欢吃人，而且还是皇帝！美国总统为何连连遭受厄运？这些都是教科书之外的历史，它们让历史更加有趣！

唐朝下西洋第一人的传奇一生

提起下西洋，很多朋友脑海中一定会出现一个名字，没错，就是郑和。作为七下西洋的领导人物，郑和以其丰功伟绩将自己的名字永远镌刻在了历史长河的记忆中。很多人甚至认为，郑和是中国下西洋的第一人。

其实，鲜为人知的是，唐朝就曾经有人出使西洋，而且此人也是宦官，他的事业比郑和早了整整620年。

他就是杨良瑶，陕西省泾县人。杨良瑶的曾祖是唐朝开国功臣，官至云麾将军、五官中郎将，只不过墓志里面并没有记录下其曾祖的名字。杨良瑶祖父杨怀贞，做过许州别驾；其父杨彦昱，乃是一介布衣之身。

杨良瑶是父亲的第四个儿子，他少年时候以气节义气为志向，长大后又以忠义勇敢为己任。他心怀抱负，常思有所作为。

杨良瑶娶妻刘氏，还生了杨升、杨操两个儿子。唐肃宗至德年间，时年二十出头的杨良瑶入宫做了宦官。至于他为什么放弃妻子，入宫为宦，历史上并没有记载。也许他对现状不满，也许他想有所作为。

杨良瑶多次奉命出使，屡次立功。

唐代宗永泰元年（765年），山西慈县等地发生叛乱，狼山部落首领塌实力率领部属掠夺州县，给山西地方造成了极大的动荡。当时，两河一带刚刚平定，百姓需要休养生息，朝廷也在积蓄力量。鉴于唐廷暂时无力大规模东征，唐代宗派遣中使刘崇进前往招抚，杨良瑶充任判官与之同行。

哪想到，见识到了叛贼的凶残，刘崇进畏惧胆怯不敢前往。关键时刻，杨良瑶挺身而出，在贼众面前义正词严宣读了皇帝的口谕。狼山部众摄于杨良瑶的威严，纷纷屈膝跪倒在地，解下盔甲，将弓箭丢弃在地上，表示臣服。刘崇进和杨良瑶同样都是宦官，为人可谓差别巨大，此时的杨良瑶勇敢无畏，其风采真不亚于任何一个文官武将。

唐代宗大历六年（771 年），杨良瑶晋升为朝议郎，任宫闱局丞。他忠于职守，任官有为，兢兢业业，不曾懈怠。他先后出使安南，传达朝廷宣慰之意。之后，他又招抚广州叛军首领哥舒晃，大义凛然，不辱使命。代宗皇帝赏识他的办事能力，升迁其为宫闱令。

杨良瑶尽职尽责，在任期间，宫廷秩序井然，治理严格。建中四年（783 年），发生了泾原兵变，唐德宗被迫逃亡奉天。杨良瑶随驾有功，再次受到德宗重用。

唐德宗兴元元年（784 年），大唐境内各地反叛势力蜂起，德宗只好借师助剿，派遣杨良瑶出使回纥。杨良瑶成功借到回纥之兵，帮助大唐平定了叛乱。当年，杨良瑶因功被升为内侍省内给事，六月，又加朝散大夫。

杨良瑶一生多次出使各地，他也多次不辱使命，成功完成。他最重要的一次出使，还是出使黑衣大食，也就是阿拉伯帝国。

阿拉伯帝国当时处于阿拔斯王朝时期，是西亚强大的帝国，当时的唐人称呼该国为黑衣大食。唐德宗派遣杨良瑶出使黑衣大食，有重要的政治军事目的。

崛起于青藏高原上的吐蕃王朝，在松赞干布时期，就已经开始挑战大唐帝国的权威。两个政权时战时和，历时百余年。到了安史之乱爆发后，吐蕃乘着大唐内乱，无暇顾及边陲，乘机攻取了河西诸镇。唐代宗广德元年（763 年），吐蕃军队攻破长安。唐德宗时期，吐蕃依然步步紧逼，接连攻陷唐朝西陲重镇，严重威胁到了唐都长安的安全。

唐朝在西部边疆面临着巨大压力。一代奇相李泌主张联盟周边各邦国，提出了一项重要战略计划。此计划可以概括为“北和回纥，南通南诏，西结大食、天竺”，实现四面围困吐蕃，以达到牵制削弱敌手的目的。

而当时的大食，同大唐帝国之间关系紧密。自从天宝十载（751 年）怛罗斯之战后，唐和大食因为边疆稳定，进入了和平共处时期。双方边界贸易繁荣，大食也多次派遣使者到大唐，进行睦邻友好的访问。

唐德宗贞元元年（785 年），杨良瑶被赐予绯鱼袋，充任国使出使黑衣大食。

时年 50 岁的杨良瑶看着手中的国书，感觉到了肩上沉甸甸的重任。这次出使非同寻常，他肩负着促成唐与大食帝国建立统一战线，实现两国合作，共同对付吐蕃政权的重任。

杨良瑶选择了走海路出访大食。面对波涛汹涌的南海，他剪下自己的头发，来致祭海神，以求海神护佑使团平安到达大食。

祭祀海神之后，杨良瑶又指着太阳，当着全体使团人员，庄重立下誓言：此行必然成功。

杨良瑶一行从广州南海登船，沿着南中国海行进，经过门毒、古笪、逻越、佛逝、天竺等国家，最终到达大食国。一路上，行程艰险，自不必言。大船航行于海上，黑夜里有灯塔指明，白天会看到船边海面上海豚和大鱼跳跃。

所幸，使团最终安然到达大食国。杨良瑶见到了大食国王，运用他的外交才能，成功地促成了唐与大食之间的政治联盟。

联盟的效果是显著的。在两国结盟后，吐蕃被迫将大部分军队调动到西边，以防御大食的攻打。从而，唐朝的西疆得以安定。

杨良瑶回国后，因为其成功完成使命，受到德宗皇帝的宠信。贞元十二年（796 年），他被加太中大夫。贞元十四年（798 年），杨良瑶主持修缮先帝陵寝。工程期间，他日夜操劳，为修帝陵节省不少用度。

贞元十五年（799 年），淮西吴少诚叛乱，关东震动。德宗派遣夏绥节度使韩全义带领 20 万大军前去征讨。

韩全义指挥失误，大军屡次失败。德宗见势不妙，直接让监军杨良瑶负责指挥前线军事行动。

杨良瑶安定军士民心，派遣探子打探敌人情报，同时修缮城防工事，完备后勤储备。最终，在他的正确指挥调动下，永贞元年（805 年），淮西叛乱被平定。

该年正月，立下大功的杨良瑶以本官领右三军僻仗。他历经四朝，屡立大功，已经成为唐顺宗身边的股肱重臣。

杨良瑶并不恋权，他功成身退，笃信佛教。晚年的他修庙宇，抄经书。唐宪宗元和元年（806 年）七月二十一日，杨良瑶病死在了长安，时年 71 岁。

世人皆知唐代中后期宦官专权，可是很少有人知道曾经有这样一位宦官，他忠心为国，并以出使西洋国家第一人的功业将自己的名字留在了浩瀚史海之中，杨良瑶的功绩值得后世永远铭记！

那个被称之为“佛”的宦官

嘉靖二十九年（1550 年），注定是一个不平凡的年份。这年，蒙古俺答汗带领大兵南下破关而入，一路杀到了大明京师北京城下。

战火纷飞之中，有一个年迈的太监，他身披重铠，忙于京城防务。他就是负责京师十二团营的太监高忠。高忠不知道，他忙碌的身影被一个 12 岁的少年宦官所注视并仰慕，这个少年敬仰高忠操劳国事军事的忠心，他立志将来也要成为对大明朝有所贡献的人。

这个少年就是陈矩。

陈矩，字万化，号麟岗，北直隶安肃县人。其父名叫陈虎，本是农户出身。有一次，陈虎在服役过程中，因为供应出了问题，被宦官所鞭笞，心中愤懑不已。看着家中的三子陈矩，他狠了狠心，拿定了一个主意：既然自己不能摆脱受人虐待，地位低下的现状，那就让儿子来替自己完成心愿吧！

宦官如此威风，陈虎决定让三子陈矩入宫为奴，兴许将来混出个模样，为自己出这一口恶气。

陈虎这样的父亲确实不合格，只是为了自己扬眉吐气，竟然拿儿子一生的幸福当作赌注。

就这样，9 岁的陈矩被送入宫中，当时正是嘉靖二十六年（1547 年）冬。

陈矩有兄弟四人，他排名第三,四弟陈万策的经历也颇为传奇。还是父亲陈虎，在另一次服役过程中，又被一名进士所鞭笞，陈虎愤怒不已，让四子陈万策读书，最终考中进士，官做到了国子监博士。

愤怒的父亲多亏没有被皇帝所鞭笞，否则会不会让另一个儿子再造反称帝?

陈矩入宫后，在内书堂读书，他从小就显示出超过同龄人的机敏和懂事。陈矩在入宫之前，曾经进京，偶然间被陆炳所看见，善于鉴人的陆炳惊叹：“这个孩子将来功名不在我之下，而美名还要远远胜过我啊！”

陈矩入宫之后的表现堪称优秀，被皇帝所赏识，并进入了司礼监。陈矩一入宫便归入大太监高忠手下，高忠的一举一动也成了他学习的榜样。

万历十年（1582 年），神宗皇帝拜谒皇陵时，司礼监推荐了一些留守宫廷事务的宦官，皆不能符合神宗要求。神宗问左右之人：“司礼监中那个个高白皙的是谁？”左右之人告知神宗，那是陈矩。神宗这时候就已经知道了陈矩办事得力。陈矩也由此升迁为了司礼监典薄。

万历十一年（1583 年），陈矩被升为右监丞，不久又转为了左监丞。万历十二年（1584 年），陈矩升为了太监，被赏赐蟒衣，掌管礼仪房。

陈矩升迁速度如此之快，除了神宗的赏识之外，太监张宏在其中也起到了关键作用。正是他的大力推荐，才使得陈矩迈入了仕途的高峰期。

万历十五年（1587 年），陈矩被任命在宫内教书。担任宫内教书的宦官，一般都要德才兼备，而且无势力者。

万历十七年（1589 年），陈矩以司礼监太监兼掌皇史宬，提督新房。万历十八年（1590 年），陈矩被给予了在禁城骑马的特权。

万历十九年（1591 年），陈矩受命押送有罪的代王府奉国将军廷堂前往凤阳高墙。一路上经过各地州县，陈矩不扰民不收礼，只是每日安静读书，即使对驿站的驿卒也都客客气气。这些驿卒见惯了外出奉使的跋扈宦官，这样难得的好公公，他们还是第一次见到，大家都受宠若惊，纷纷称赞陈矩是“佛”。

陈矩事成之后，回京时经过家乡，这也是他一生中最后一次回故乡了。

万历二十一年（1593 年），陈矩升为了司礼监秉笔太监。万历二十六年（1598 年），陈矩以司礼监秉笔太监身份提督东厂，陈矩身份之高，已经成为仅次于司礼监掌印太监田义之下的第二人。

田义于万历三十三年（1605 年）病逝之后，陈矩受命成为司礼监掌印太监。

担任文华殿皇长子讲读的李廷机，与陈矩关系密切，陈矩也通过自己弟弟陈万策与朝臣们发生密切联系。

在侍奉皇长子朱常洛读书时，陈矩侍立在皇长子身旁，毫不懈怠，并且能深入浅出讲解来辅佐皇长子进学。

虽然在争国本事件中，陈矩没有公开表态，但是从他尽心尽力地辅导皇长子，还是可以看出他对皇长子朱常洛的维护之情。

万历二十二年（1594 年），皇长子朱常洛出阁之前，需要安排一些内侍作为侍读陪伴在皇长子左右。王安就是这时候被陈矩推荐，成为皇长子伴读的。

太监王安在日后对皇长子着力保护，从这次推荐中，也可以看出陈矩在国本之争中的取舍，他是极力拥护皇长子朱常洛的。

万历二十六年，陈矩掌管东厂，他为人正直，有度量，能顾全大局，常常说："我只守着八个字，就是祖宗法度，圣贤道理。"所以对刑部、镇抚司监狱所关押的、丢了官的内臣和外臣，即使是犯了重罪的，也常想着"上天有好生之德"，对他们多方曲意保存。

陈矩还颇有谏臣之风。荣昌公主是神宗的嫡长女，光宗的妹妹，她和驸马杨元春吵架，杨元春一气之下，跑回了老家。神宗非常愤怒，召陈矩商议，要从重惩办有关内臣和外臣。陈矩缓缓地说："这是闺房内的小事，不该惊动皇上，传扬出去对皇室影响不好。"神宗同意，授意他拟旨谕阁臣，让他们说杨元春不知什么缘故，出京到固安县去了。事后，神宗召杨元春回来，罚他到国子监演习礼仪，在陈矩的规劝下，一段风波就此平定。

万历三十一年（1603年），妖书案起，《续忧危竑议》一书，指出当今皇上是不得已才册立东宫，有朝一日必将更易太子，并且指出大学士朱赓和沈一贯等人是郑贵妃的帮凶，共同为贵妃谋划更换太子。

神宗大怒，命东厂太监陈矩和锦衣卫一起捉拿编造妖书之人，眼看朝廷就要掀起一朝血雨腥波。

沈一贯打算借助此案诬陷和自己有隙的沈鲤、郭正域。他找到陈矩，却被陈矩一口拒绝。

为了不使更多的人陷入此案，陈矩捉获了无赖生员皦生光，他只是嫌疑人。陈矩心知造妖书之人未必是他，但是为了拯救更多的无辜之人，只好拿他开刀了。

皦生光被指定为真凶凌迟处死，朝中一班清流大臣得以脱离险境。

万历三十三年，陈矩以掌东厂兼掌司礼监印，集纠政、监察大权于一身，这在明代宦官中也是少有的。虽然如此，他并没有滥用权力，而是力图纠正时弊缺失。万历中后期，矿税大兴，朝中文官们出于自身利益考虑，多劝阻此事。有意思的是，跟我们的传统认知不同，宦官虽然是作为矿监税使的主力军，但是身为宦官的陈矩却和文官们站在一起，极力反对矿税之事。当大学士沈鲤进谏时，陈矩支持他，也帮助进言，于是矿税在不久后得到暂时停止。

对于其他劝谏的大臣，陈矩也多方回护。参政姜士昌上疏触怒了皇帝，神宗要廷杖他。陈矩心想：上次杖打王德完的时候，自己就和太监田义极力加以劝阻，现在自己任司礼监掌印，怎能让廷杖朝臣的事再次发生？于是他乘皇帝召见的机会，苦苦劝谏，终于阻住了这次廷杖发生，只把姜士昌谪为兴安典史。

万历三十四年（1606年），云南发生民变，愤怒的群众在地方官员参与下，杀死了矿税使杨荣和他的随从，神宗震怒，连饭也不吃，要严查变乱情况，并逮捕地方官员到京师审判。当时首辅沈一贯请了假，只有沈鲤在内阁，他不敢处置，把这事报告了陈矩，和他商议。陈矩便向皇帝密奏说："奉使的内臣当然是遵循法度，不敢胡作非为的，但他们的随从仆役，难免会有个别无知惹事。如果仅仅归罪于地方官员，派缇骑去逮捕他们到京审问，只怕往返路途遥远，弄得到处惊慌，传说纷纷，反而不妥，还是在当地调查清楚，从宽处理为好，这样对安抚边远地区也有好处。"神宗听他说得恳切有理，便采纳了他的意见。一场轩然大波就这样被他很好地处理了。当然，陈矩之所以极力反对矿税，跟他与清流大臣的密切关系有关，陈矩的侄女嫁给了李三才的兄弟为妻，这层姻亲关系也是他极力支持李三才等东林党人的重要原因。

福建矿税使高寀缴获了吕宋制造的器械和土特产，进献到了京师，神宗让陈矩拟旨，送内库查收。陈矩奏称："这是岛夷小丑的一点点东西，现在让内库收储，恐怕会使人误会，以为天朝稀罕这点怪异的东西。还是写：着赃罚库查收为妥。"从这件事，也可见陈矩处事时是考虑到大局，慎重稳妥。

万历三十四年，陈矩主持大审，有个御史叫曹学程的，因为谏阻封日本丰臣秀吉关白的事得罪问斩，已经坐了将近 10 年牢，虽有不少大臣请求赦免，但神宗都不准。这次，司法部门请求陈矩放了他，陈矩表面说他不敢。然而，他却秘密地向神宗求了情，解释曹学程的冤枉，曹学程才终于被免了死刑，改判充军湖广宁远卫。

陈矩掌管东厂这段时间，是东厂抓捕人最少，京师秩序最平稳的一段。东厂大狱使用频率太少，以至于都长出了青草。

陈矩为人谦和，但是在保全君德的时候，都很有决断，敢于担当。他衣食方面自奉甚薄，闲暇时喜欢弹琴、吟诵诗歌，收集古董书画。喜欢读《左传》《国语》《史记》《汉书》和有关儒学的各种书籍，周敦颐、张载、程颢、程颐、朱熹等人的文集；尤其是常常细读《大学衍义补》。万历三十三年，还上奏进送两部，请求发给司礼监重新刊印。遗憾的是，书印成时他已去世了。

万历三十五年（1607 年），陈矩在内直房端坐去世。京城内外的百姓听说了此事，都哀伤地说："陈公是善人，今日真的成佛了！"神宗赐谕祭九坛，祠额题为"清忠"。因为陈矩良好的人际关系，文武百官都亲临吊唁，穿着素白色衣服送葬的人多至堵塞道路。大学士朱赓、李廷机、叶向高亲自在棺前祭奠，祭文中有"三辰无光，长夜不旦"等句，充分表达了他们对陈矩的敬慕之情。

从陈矩的故事，我们也可以看出，东林党人也是结交宦官的，他们一方面在怒斥结交魏忠贤的大臣们是"阉党"，另一方面，自己也通过结交陈矩、王安等大太监实现自己的政治目的，这种双重标准是我们今人读史时，要特别注意的。

390 多年前北京的一场离奇大爆炸

距今 390 多年前，正是明朝天启六年（1626 年）。当时明朝的政治局势不容乐观，内有党争，外有建州入侵，内忧外患。

老天偏偏也不甘寂寞，要降下一场奇灾给这个苦难的王朝。

天启四年（1624 年）和五年（1625 年）连续两年，出现罕见的大旱，赤地千里，民不聊生。天启六年五月，北京寒冷无比，白露从树上垂下如同棉花，正午也不消散。接下来是一连串让人无法解释的怪现象：天空云气诡异、城门大如车轮的鬼火、空中黑云压日……一切仿佛末日来临前的景象。

五月三十日上午 9 时许，原本天色明朗的天空，突然吼声如雷，一团巨大的火球在空中滚滚而来。

紧接着，城西南角一团巨大蘑菇云腾空而起，刹那间，整个北京城天昏地暗，天崩地陷，火光尘土飞扬。

一声巨大的爆炸声之后，京城王恭厂附近数万间房屋被毁，人跟禽畜的尸体如雨点般从天空掉落。

当时，皇帝朱由校正在乾清宫用膳，突然大殿晃动。朱由校反应迅速，连忙拔腿如飞，奔向交泰殿。只有一个侍从跟随，这名侍从在行至建极殿时，被从天而降的瓦片击毙。朱由校进入交泰殿，连忙躲避在了一张桌子下面。

不满周岁的皇太子朱慈炅竟然也因为受惊而夭折。

王恭厂周围的爆炸中心受灾最为严重。令人惊讶的是，所有死伤者皆是赤身裸体。

事后统计，大约死亡两万多人。

这是一场离奇的爆炸，几百年来，人们众说纷纭。有人说是因为地震，可是灾难中人们为什么都变成了赤身裸体，而且巨大的冲击波和蘑菇云也不是地震的景象。

还有人推测说是陨石坠落或者龙卷风灾害。

还有人说是因为王恭厂的火药库爆炸所致。可是火药的威力也不足以要去两万多人的生命，更何况还出现了蘑菇云这样的奇异景观。

更有人脑洞大开，说是外星人发动了袭击，他们释放了原子弹！

对于这一千古之谜，人们莫衷一是，相信还会继续讨论下去。

灾难之中那些无辜殉难的生灵，确实让人们同情！

进球1860个，入选“世界五大球王”的华人球王

巴西的贝利、德国的贝肯鲍尔、阿根廷的阿尔弗雷多·迪·斯蒂法诺、匈牙利普斯卡什，这一个个响亮的名字，相信只要是稍稍爱好足球的朋友都是如雷贯耳。跟他们并列称为“世界五大球星”的人是谁？不是拉美人，不是欧洲人，他是地地道道的华人——李惠堂！

1976年联邦德国评选出“世界五大球王”，李惠堂名列其中，他成为公认的中国足球第一人。

广大的中国球迷朋友对中国足球总有种怒其不争的哀怨，却很少有人想到，曾经有这样一个中国人，他是迄今为止世界上进球超过1000个的五大巨星之一。他在各项职业比赛中射入1860个进球，当之无愧地，他是中国足球的骄傲！

李惠堂祖籍广东五华，1905年出生在香港，当时还是清朝光绪年间。4岁时随着父母回到了五华老家居住。李惠堂自幼就喜欢足球，他把自家的狗洞当成球门来练习射门。家里唯一的足球被他踢坏了，他就摘下自己家门口的柚子树上的柚子当球踢，柚子摘完了，他又用家里废弃的布条扎成了布团当球来踢。到他16岁时，又考入了香港的皇仁书院，在那里他接受了系统的足球训练。那时候的他就已经球技过人，有一次他一人从后场带球，连过四五个防守队员，一直把球带入对方禁区，起脚怒射，球挂死角而入。

惊人的球技让当年才 17 岁的李惠堂就入选了香港最有名气的球队——南华队。他有着 1 米 82 的身高，要知道在广东，那个时代这个身高是绝对的“巨人”了。身形高大但是动作却极其灵巧，控球过人技术都让人叹为观止，尤其是他的射门技术，球在他脚上就像装了定位系统的导弹一样，指哪打哪，很少有“失脚之时”。他的独门秘籍“倒地卧射”更是赛场上的撒手锏。

1923 年，李惠堂第一次代表中国队参加了在日本大阪举办的远东运动会。在这次运动会上，作为中锋的他在四场比赛中都有夺目的表现，并带领中国队取得了冠军。

1925 年，李惠堂来到上海，参加了上海乐华足球队，他决心跟外国的强队较量一番。第二年在上海举行的“史考托杯”上，他带领球队以四比一击败了曾经蝉联九次冠军的强队英国猎克斯队，此次胜利让诸多的洋人对中国足球刮目相看，要知道那时候国际上充斥着对中国“东亚病夫”的蔑称。对中国人的足球能力，国际上一向是抱着瞧不起的态度。

随着李惠堂在各种国内国际比赛上炫目表现，他也被国人誉为一代球王。20 世纪 20 年代的中国，流传着这样一句话“看戏要看梅兰芳，看球要看李惠堂”。能跟一代京剧大师齐名，也可见当时李惠堂在国人心目中的地位之高了。

入选国家队的李惠堂先后四次带领中国队取得了远东运动会足球赛的冠军。1936 年的柏林奥运会，因为当时的国民政府财政困难，难以拿出资金支持李惠堂带领的中国队前去比赛。但是李惠堂不想放过这难得的机会，他带领球队提前两个月出发，靠沿途参加足球比赛的门票收入作为参加奥运会的费用。一路上经历了 27 场比赛的队员们到达柏林时，已经是筋疲力尽。这也导致了他们奥运会首轮就零比二不敌英国队，早早出局。

1937 年全面抗战爆发，李惠堂伤愈归来，出现在了香港赈济内地的义赛的球场上。1941 年香港沦陷，当时南京的汪伪政权给李惠堂致电，邀请他到南京和东北各地巡演足球赛，并要求他来主持南京的体育事务。李惠堂有一颗爱国心，他不想为汪精卫政权效力，于是想来想去，只好走为上计。

李惠堂带领家小以去澳门访问为借口，逃回了广东老家。回到老家的他在门口贴了一副对联“认认真真抗战，随随便便过年”。在抗战的艰苦岁月里，李惠堂响应国民政府的号召，举办了多场的足球义赛，把募捐所得全部捐给了救灾、慰劳抗战伤病官兵上。

1947 年，42 岁的李惠堂挂靴退役。中华人民共和国成立后，贺龙元帅曾经写信邀请他做中国男足国家队的教练，可惜种种原因并未成行。1965 年他当选国际足联副主席，坐到了华人在国际足联上获得的最高职位。1976 年联邦德国的足球杂志将他评选为“世界五大球王”之一。

1979 年李惠堂在香港去世，享年 74 岁。

李惠堂，他是中国足球的骄傲，他精湛的脚法，他的爱国情操，他的体育道德（他足球比赛生涯中从来没有受过任何处罚）都成为一个时代的传奇，中国足球真的要想崛起，就要好好学习李惠堂的球技以及球技之外的很多优秀品德……

儿子打劫父亲的千古闹剧

春秋五霸，战国七雄，秦皇汉武，唐宗宋祖……这些，今天咱们统统都不表。单表一桩趣闻轶事，此一事，直教人拍案称奇，细细想来，又多有可思之处。

话说大清咸丰、同治年间，粤人洪秀全揭竿而起，从广东一路北上，攻下那江南佳丽地、六朝帝王都。划江而治，与大清分庭抗礼。清廷震惊，下令各地官员就原籍操办团练事宜。曾国藩在湖南招募乡勇，号曰湘军。湖南人勇悍无匹，纷纷投入军中。

单表有一人，名唤王友雄，慨然应募乡勇。他时年 20 多岁，家中有一妻一子。幼子刚满周岁。从军之后，诸事蹉跎，王友雄也与家中断了音讯。只有妻子一人含辛茹苦，将儿子养育成人。但此儿因为家中贫困，无力就学，终日里与一帮小厮混迹，终究养成了一副无赖性格。他驾舟于湘江、沅水之间，干出了那杀人越货的勾当。母亲虽然知晓，却也无力劝阻。

话分两头，再表王友雄，在军中 20 年间立下赫赫战功，被擢升都司之职。然后，此人目不识丁，更兼得适逢乱世，与家人未尝通得音信。某年，他要远赴兰州赴任，心头念得从军 30 余年，妻子、儿子不知死活，这一番远行，又不知何时回乡。于是，心下打定主意，他要回乡省亲，并携家人一起上任。

一路晓行夜宿，王友雄这一日来到湘江地面。为渡此江，他雇用一叶扁舟。舟子四人身手不凡，舟行甚速。夜半之时，驰入一所僻静所在，舟子持刀入舱，以利刃加于友雄之脖颈。友雄好汉不吃眼前亏，跪下乞求活命。无如，四名盗匪凶残不仁，只许留他全尸。四人一起，将他沉入河中。多亏得友雄谙于水性，逃得一条性命。随身行李虽被盗贼劫走，尚有随身余钱，得以购置新衣。

王友雄沿途访问，问得妻子之居所。夫妻二人得见，抱头痛哭。妻怪问其行李何在？友雄答以盗贼之事，二人蹉叹不已。友雄问儿子何在。妻告以儿子与同乡无赖携游，一连数日不返。夫妻二人又谈及分离之后诸事。

恰此时，外间一阵喧哗，数人扛箱入内。原来箱内所装，正是友雄前日被劫之行李。其中一中年男子，正是前日劫持友雄之四盗之一。妻子呼其名姓，让其拜见父亲。此男子惊愕不已，勉强下拜，见过父亲友雄。

友雄明知其惊愕之故，假意安抚。数日之后，王友雄召集乡中父老，在祖祠之中，设下酒席。酒酣之际，友雄突然脸色一变，将为盗之子锁链牵出。于众人面前，历数其罪。言毕，友雄欲拔刀杀之，乡亲纷纷为他求情，儿子亦下跪求饶。友雄怒曰：“吾杀贼人甚多。岂能家中留一贼人。今日，吾为乡里除此一害！”言毕，手起刀落，将孽子斩杀于众人面前。

此一番有分教：

一生平贼立功劳，孰料亲子竟为盗。

关公继光杀亲子，大义灭亲立身教！

一夜之间消失的三个村庄

浩瀚宇宙总有太多未解之谜。就拿我们人类居住的地球来说，各种诡异离奇失踪事件屡屡见诸报端。可是鲜为人知的是，世界历史上竟然发生过三个村庄一夜之间人去楼空的诡异事件。

1587年，116名英国殖民者来到了北美洲的罗阿诺克岛（现今美国的北卡罗来纳州罗阿诺克岛）。他们经过研究调查决定开辟这里作为英国的海外殖民地。三年之后，1590年的一个傍晚时分，一队英国士兵端着火绳枪，在军官约翰·怀特的率领下，打算进入罗阿诺克村。在快到达村子的时候，英国士兵们看到了村里升腾而起的狼烟，这是村民的求救信号。

英军急行军进入村庄的时候，天色已经完全黑了下来。进村之后，英国人被眼前的一幕惊呆了：村里各家各户的门都是敞开的，餐桌上点着蜡烛，热腾腾的饭菜正在冒着香味。显然村民们正在准备吃晚饭，可是诡异的是男女老少116个村民却集体失踪不见了！（之前英国人做过村内人口统计）而且更奇怪的是家禽、家畜，一切能喘气的生物体一夜之间都人间蒸发了。

唯一的线索出现在废弃的营地附近。有一棵树上刻着这样一个词“CROATOAN”，据后人推测这个词的意思是灾难难免。

怀特赶紧向总督报告了这起离奇事件。总督先后派出四支搜寻队寻找，可是一无所获。村里和村子附近没有发现一具尸体，更没有任何血迹和打斗的痕迹。无奈的总督只好汇报给英国女王，说是魔鬼带走了村民。

罗阿诺克村已经消失400年了，各种推测接踵而至。有人说是为了躲避瘟疫，村内居民匆匆搬迁；有人说海盗来袭，村民们全被抓了俘虏；还有人说他们集体坐船打算去英国，结果遭遇风暴，葬身海底。但是这些说法也被人们一一否定。至今，岛上居民集体消失仍然是未解谜团。

1930年，加拿大北极圈内的安吉魁尼湖旁边坐落着一个村庄。村内居住着1200多个爱斯基摩人，他们以狩猎为生。这一年的12月，一个名叫乔・里贝里的猎人在狩猎的时候，经过这个村落。进入村落后，他立刻感觉到毛骨悚然，因为这个村落一片死寂，仿佛没有任何人居住的迹象。他壮着胆子去敲村民家的门，可是没有任何应答。他推门而入，发现桌上还摆放着饭菜，不过已经结冰多时了。

最令他不解的是，很多人家门后还挂着猎枪。但按照爱斯基摩人的习惯，出门是一定要带上猎枪的。

惊魂未定的他赶紧报了警。加拿大政府开展了地毯式的搜索，结果却一无所获。甚至，他们把搜寻的范围扩展到整个北极圈乃至整个加拿大，这1200多个村民依然是音讯皆无！此事已经过去了接近一个世纪了，村民离奇失踪成了未解之谜。

阿拉伯半岛西南，有一个也门共和国。1939年，这里隶属大英帝国，是它的海外殖民地。也门常年高温，年平均气温高达45度，拉达是位于也门绿洲地带的一个村落。

拉达盛产枣子，颗粒饱满，香甜无比。附近驻扎的英军经常来村里运枣子。1939年8月，一对英军跟往常一样来到了村里拉枣子。可是他们进了村子，却惊奇地发现村民消失了。

不可思议的是村里完全没有动乱的痕迹，一切都保持完好无缺，很多人家的饭桌上还整齐地摆放着饭菜。

如果是集体迁徙，空中巡逻的英军不可能一无所知。如果是集体搬迁，为何家家户户一切完好无缺？

至今，也没有人能做出一个完美的解释。

后人们针对这些千奇百怪的村落集体失踪事件展开想象。很多人脑洞大开，想到了是不是外星人劫持了村民们？至于为何外星人劫持整个村落的人，有人做出解释说：外星人为了全面考察地球人的特质，特意抽取整个村子的人作为实验对象。至于为何都选择偏远地区的村落，则是外星人为了防止引起地球人的警觉。

2000 多年前古罗马城的现代元素

诸位朋友能想象得到吗？公共浴室、公共厕所、自来水供应、穷人免费领取粮食、贫困儿童有补助金……这些完全是现代城市拥有的元素，竟然会出现在距今 2000 多年前的一个城市。这个城市就是——罗马城！

2000 多年前的罗马城已经成为世界超级都市，无论人口还是规模，抑或城市建设，世界上唯一可以与之媲美的就只有中国汉朝的都城长安了。

这个神奇的都市充满了太多现代的元素，以至于人们觉得不可思议。首先说罗马的公共浴室。对古罗马人而言，公共浴室不仅是洗澡的地方，更是非常好的社交和休闲场所。公元 5 世纪之初，罗马城内的公共浴室数量已经达到了 856 个。最大的是戴克里先大浴室，可以同时容纳 3000 多人！这个浴室是罗马皇帝戴克里先投资修建的。

公共浴室作为一项社会公益设施，收费是非常低的。军人、奴隶以及儿童都是免费的，男性收费一个 quadrans，女性加倍，而 quadrans 是罗马货币里面币值最小的单位。

中午 1 点到 2 点半，通常是罗马人最休闲的时刻，大部分人会选择待在公共浴室。一个设施完善的公共浴室通常包括会客室、图书馆、健身房、餐厅、花园以及商店。浴室的角楼通常会用作图书馆和展览室，柱廊围墙的庭院内是健身房，有的浴室甚至在室外花园放置孔雀供人观赏。这些设施完备的浴室其实是包括了浴室、围墙、角楼、庭院和沿街的商店共同组成的多体建筑，也可以说每个大型浴室就是一个城中之城，怪不得罗马人那么喜欢逛浴室了。

公共浴室的水箱和浴池是相连的。通过加热水箱内的冷水，让热水流入浴池，然后冷水下沉再次回到水箱，被二次加热，就这样循环利用。浴室地板下方是空心的，火炉产生的热气从地板下面经过，热气再顺着墙壁内安装的瓦管上升到屋顶，最终排出室外。如此一来，地板、墙壁、天花板都得到了加热，整间屋子变成了蒸汽浴室。地板设计的厚度是足以防止洗浴人脚被烫伤的。

标准的罗马式洗浴过程是这样的：先进入更衣室脱衣，全身涂上香油，再到健身室运动一会儿，进入温水池泡澡。然后进入热室，坐在椅子上熏蒸汽，进入热水池，由奴隶或者自己动手，用金属刮板把全身污垢刮一遍。最后进入冷水池冲洗。

公共浴室有各色人等。奴隶、市民、商人、政客、军人，甚至皇帝！据说有一次哈德良皇帝来到公共浴室洗浴，无意中听到几个退伍老兵的抱怨，说退休金太低，以至于雇不起浴室里的奴隶帮着自己刮身了。哈德良回去之后，就跟元老院商讨，提高了退伍老兵的待遇。看，公共浴室还是皇帝体验民情的好去处！即使你身为奴隶，一文不名，也有可能在浴室里看到皇帝的全身像哦。

我们再来看看罗马城的公共厕所。罗马帝国后期，罗马城大概有 144 个公厕，它们基本建在了公共浴室旁边，是为了方便使用浴室的脏水冲洗。进入公厕，首先映入眼帘的是装饰考究的宽阔大厅，设有壁龛和雕像。地面上有用于清洁冲洗的自来水渠。跟现在卫生间不同，公共厕所里没有挡板、没有隔间，只是一排排外形像钥匙孔一样的“联排坐便器”。

善于交际的罗马人把公厕也当成了社交场所。于是经常会有这样壮观的场面，公厕里面一个挨一个坐在茅坑上的罗马人在谈天说地，政治、天气、时尚甚至美食，尽管空气中弥漫着沁人心脾的异味。

公厕内的坐便坑前有便后洗手的水沟，还有一根根小木头，前段包裹着海绵，这就是当时的“厕纸”了。不过先别急着作呕，这些海绵是一次性的，用过后可以更换新的。有些设施豪华的公共厕所甚至备有地热系统，冬天如厕时，足以给人以无限暖意了。

因为建在公共浴室附近，公厕内的排泄物由大量浴室排出的脏水冲洗，这一点也保证了罗马城的卫生状况。对比一下中世纪的城市，我们就知道这一点有多么重要：随地大小便的行人和骡马，几乎把中世纪的欧洲城市变成了一个天然大粪坑，而巴黎城外堆积的粪便和垃圾，据说跟城墙齐高！

罗马城外有很多像高架桥一样的雄伟建筑，这些其实就是延伸到罗马城内的引水渠。11 条引水渠通往城内，它们将罗马城外清清的山泉水通过引水渠内的铅制水管引入城内，供应这个百万人口的超级都市每天的饮用、洗浴、洗涤和城市消防用水。由于有便利的自来水供应，在整个罗马帝国时期，每个罗马人每天可以享用 1100 升的水，而现在一般居民用水每人每天仅为 200—300 升。经过分水系统处理的自来水供应城市的各个角落。举例来说，喷泉内的水会被用于清洗道路。为了防止喷泉水溢到街道上影响路人行走，罗马城内遍布帮助人们跨越街道的三维斑马线。罗马人也以他们发达的城市供水系统为骄傲，他们嘲笑埃及人把大量人力物力用于建造无用的金字塔。

罗马有先进的社会救助和福利政策。共和国晚期开始，罗马城内的贫民可以买到低于市价一半的粮食。到了公元前 58 年，更是实现了免费供给。奥古斯都开始把这作为一项固定的救济制度。公元前 5 年，有 32 万个成年男子领取了每月一发的供给粮。那时发的是小麦，直到图拉真时代，开始以面包代替。免费粮发放贫民的政策一直延续到了西罗马帝国的灭亡。

公元 98 年上任的皇帝图拉真更是出台了一项惊人的福利政策——贫儿福利金。这个补助金是资助全国各地贫困儿童和孤儿，为他们提供金钱和食品补贴以及受教育机会。这项福利是很多古代国家难以企及的。

罗马帝国已经消亡，可是作为一个曾经辉煌的文明时代，它的城市建设依然值得后人借鉴。

巧合的警示——恺撒遇刺之谜

说起恺撒，在世界古代史上可谓名声遐迩。他于公元前100年出生在罗马一个贵族家庭。他自幼怀有鸿鹄之志，善于言辞，才华横溢。公元前60年，恺撒与庞培和克拉苏达成秘密协议，史称“前三头同盟”。恺撒在担任高卢总督时，征服高卢全境，为自己积累了丰厚的政治资本。公元前49年，恺撒带兵南下，越过卢比孔河，挺进罗马，讨伐庞培。公元前48年的法萨卢之战，恺撒击败庞培，掌握了罗马的权力。

公元前45年，恺撒从埃及等地凯旋，他的声誉达到了顶峰。罗马的军政、司法、宗教大权集于他一身，恺撒被称作“祖国之父”。罗马共和国的传统是不允许有人称帝，尽管恺撒不敢违背这个传统称帝。但是，他的权势还是遭到了一些元老贵族的忌恨，他们不满恺撒的独裁统治，打算暗中刺杀恺撒。

公元前44年3月，恺撒全力准备发动对帕提亚人的一场战争。有一个传说已久的古老预言：只有国王才能击败帕提亚人。罗马朝野流言四起，大家传言恺撒以征服帕提亚为名，在寻找一个公开称帝的机会。在恺撒出兵之前，元老院准备在3月15日召开一次会议，就在这次会议上，反对派打算刺杀恺撒。恺撒的部将布鲁图斯和加西阿斯也加入了刺杀恺撒的密谋。

说来诡异，在恺撒被刺杀之前，发生了很多看似十分巧合的警示。3

月 14 日夜里，恺撒到了部将雷必达家中做客。他们闲聊之间，谈到了怎么样的死法才是最好的。恺撒不假思索地回答："突如其来的最好！"之后，恺撒回到家里休息。当他睡下后，半夜里所有的门窗都被大风吹开。恺撒惊醒，他看到妻子卡尔普尔尼亚在睡梦中哭泣，他连忙将妻子叫醒。妻子说自己做了一个噩梦，梦见丈夫在自己怀中被别人刺死了，而且还在流血。第二天天亮，妻子因为梦中出现的凶兆，坚决要求恺撒不要离开家，取消参加元老院的会议。

在妻子的一再坚持下，恺撒最初同意了取消会议，他派出亲信安东尼去通知元老院。恰好此时，布鲁图斯来到了恺撒家里，极力劝说恺撒不要因为取消会议，给了别人指责他傲慢无礼的口实，并且请求他亲自去元老院宣布取消会议。在布鲁图斯三寸不烂之舌的劝说下，恺撒只好答应了他的请求。在前往元老院途中，恺撒遇到了一名占卜师，此人之前曾经警告过他 3 月 15 日这一天会有危险。恺撒不相信什么占卜，他笑着对占卜师说："3 月 15 日已经到了！"占卜师反驳道："是啊，确实已经到了，但是这一天还没有过去！"

之后，有一名奴隶想靠近恺撒，却被恺撒的侍从赶走了。这名奴隶来到恺撒家中，对卡尔普尔尼亚说："我要等恺撒回来，告诉他一件十分重要的事情。"这一天的怪事还没有结束，恺撒在途中还遇到了自己的朋友阿尔提米多洛斯，他把一个写有刺杀阴谋的纸卷递给恺撒，并叮嘱他马上打开看一下。尽管一路上恺撒几次想打开这个纸卷，可是却遇到很多请求者跟他提建议，于是，在踏进元老院庞培议事厅之后，他都没有时间打开这个纸卷看到上面的内容。

恺撒进入议事厅后，密谋分子一部分站在恺撒座椅后面，另一部分朝着恺撒走去，为一个被流放的犯人求情。突然，一名密谋分子扯下了恺撒的外袍，这就是他们事先预定的动手信号。密谋分子包围了恺撒，纷纷掏出暗藏的匕首刺向了他。最初，恺撒还在奋力反抗，当他看到他的亲信布鲁图斯也拿着匕首刺向他的时候，他绝望了，放弃了挣扎。他用衣服裹住了头部，大喊道："布鲁图斯，连你也这样吗！？"诡异的是，恺撒被刺杀倒下的地方，正好摆放着一尊庞培的雕像。而庞培恰恰是恺撒一生最大的政敌。

恐怖艺术品背后的真相——美丽少女缘何变身纳粹女魔头

1945 年 4 月，弥漫在欧罗巴上空近六年之久的硝烟即将散去。纳粹第三帝国已经走入了它生命的倒计时。人类历史上最邪恶的暴政即将终结。只不过，这时还没有人能预知它的准确死亡时间。柏林地下室里，那个吞噬了千万人生命的恶魔，此刻还在挥舞着他的拳头，狂妄地叫嚣要跟第三帝国共生死。

1945 年 4 月 11 日，从西线一路高歌猛进的美军抵达了德国魏玛附近。这里有德国最大的劳动集中营——布痕瓦尔德集中营。此集中营建立于 1937 年，至 1945 年，一共囚禁过 25 万人，约 5.6 万人被纳粹杀害。著名的德国共产党主席台尔曼也在该集中营遇难。

美军到来之际，德军已经撤离，机密文件已经被搬运一空。美军触目所及，只有两万多名瘦骨嶙峋、奄奄一息的囚犯，还有堆积如山的白骨。恐怖的场景让军人们震惊不已。

美军在搜寻纳粹留下的遗物时，意外发现了一批精美的艺术品。其中有钱包、书籍的封套，制造精美的巨大灯罩，手套、票夹，画面，等等。这些艺术品一开始并没有引起美军的注意，后来盟军的医疗小组在仔细研究之后，发现了这些艺术品的异常。原来，制造精美的艺术品，其材料竟然是人皮！知道真相的人们不禁后背泛起一阵阵冷气，太恐怖，这是赤裸裸的反人类罪行啊！

经过查证，盟军确信这些艺术品的制造者和主人竟然是一个女人，她的名字叫伊尔斯·科赫。此人是布痕瓦尔德集中营的看守，她在职期间，犯下了累累罪行，真可谓罄竹难书。鲜为人知的是：最初，她只是一个纯洁善良的少女。

伊尔斯·科赫，1906 年出生于德国德累斯顿一个普通的工厂主家庭。她上小学时，是一个有礼貌的善良孩子。性格豪放活泼的她爱好运动，待人热情，兴趣广泛。认识她的人都认为她是一个值得信赖的好姑娘。她最初的理想是做一名运动员，用自己的努力，有朝一日，让德国国歌在奥林匹克运动会的赛场上奏响。

第一次世界大战结束后，她父亲失业，母亲的女红也失去了销路，全家陷入了经济困境。她不得不放弃了运动员的梦想，去医院当伺候重症患者的护理工。虽然工作又累又脏，可是毕竟可以为家里缓解一下压力，一份微薄的收入也可以勉强糊口。

德国面临经济危机影响是全面的，失业已经席卷了整个德国，科赫一家也不能幸免，科赫丢掉了她的工作。失去工作的她陷入了人生的低谷，正在此时，她听到一种宣传：失业和灾难是万恶的布尔什维克和犹太人造成的，只要消灭他们，德国人民就能得到面包和工作。不久，她认识了一个极端狂热的纳粹党员——卡尔·科赫。相识两年后，二人结婚。在丈夫的影响下，伊尔斯·科赫加入纳粹党，她已经转变成了希特勒的忠实拥趸。

1937 年，她跟随丈夫进入布痕瓦尔德集中营任职。卡尔·科赫正是集中营的第一任指挥官。伊尔斯·科赫有着美丽的外表：高挑的身材，一头红红的长发。可是进入集中营之后，在丈夫的影响之下，她的灵魂开始被原始的兽性占据，并且无可挽回地沉沦下去。

集中营的囚犯被强迫进行高强度的劳动。隔一段时间，集中营会让医生检查囚犯，挑选出他们认定的老弱病残孕等缺乏劳动能力的人，然后送到毒气室处死。人类求生的本能促使很多老病的囚犯还有孕妇千方百计想逃脱死亡。他们尽量假装自己很强壮，每当这时，伊尔斯·科赫总会告诉医生们那些人是想蒙混过关，看到这些被揪出队列的可怜者，这个恶毒的女人反而拍手大笑。

有一次，一个荷兰孕妇不小心踩到了伊尔斯·科赫的脚，她勃然大怒，下令健壮的看守把她绑在树上，踢她的肚子，而且用大棒猛力敲击，最后，孕妇和她腹中的胎儿惨死在了这个毒妇手中！

集中营的幸存者曾经回忆道：伊尔斯·科赫喜欢在集中营里骑马转悠，如果看到哪个囚犯不顺眼，挥鞭就打，人们背地里都叫她“布痕瓦尔德母狗”。曾经善良的少女已经变身为了令人恐怖的女魔头！

在一次集中营所谓的体检中，这个女魔头发现医生卡尔·艾利希挑选了三个体格强壮的法国战俘，并把他们带入自己的诊室，随后几天，这些战俘“人间蒸发”，再也不见踪影。在女魔头的威胁下，卡尔·艾利希只好把伊尔斯·科赫带入一间手术室。手术台上，三名战俘静静躺在上面，不过此刻，他们已经变成了尸体！伊尔斯·科赫近距离观察这些战俘，才发现，他们后背上的皮已经被剥了下来。艾利希医生告诉她：他给这些战俘注射了长眠不醒的药剂，然后剥下他们背上带有文身的皮肤，然后用他们的皮肤制造成美妙的艺术品！

见到此情此景，女魔头兴奋得身体发抖，她要求艾利希医生立刻把这种剥皮技术传授给她。她痴狂地迷恋上了这种所谓的艺术。穿上白大褂，戴上听诊器，女魔头化身“医生”，在集中营的囚犯中挑选她的猎物。

不久，一批法军战俘又被送到集中营。他们来自有文身习俗的普罗旺斯山区。得知消息的伊尔斯·科赫如闻到血腥味的野狼，她兴奋不已，打算拿这些战俘作为自己的“艺术品”。艾利希医生告诉她，想得到高质量的人皮，最好可以活剥！于是，她加倍地折磨这些战俘，为的就是让他们感到恐惧或者紧张，从而刺激他们的肾上腺素分泌，而这可以促使皮肤光滑透明。

就这样，这些新来的战俘成了女魔头的试验品，他们的皮肤被活活剥离下来，被制造成了钱包、画面、灯罩，等等。这些被摆上了女魔头的案头，她时时用来把玩欣赏。

随着纳粹第三帝国灰飞烟灭，女魔头也迎来了自己可耻的结局。被盟军押上审判席的女魔头，面对血痕累累的罪证，竟然毫不动容，仿佛这些都与她无关似的。以谋杀等罪行被判处终身监禁，1967 年 9 月 2 日，这个女魔头在她的单人牢房中用一张床单上吊而死，结束了自己罪恶的一生！

美国史上最悲摧的总统

美国历史上最悲摧的总统是谁？是在任一个月就病逝的哈里森，还是无力回天的胡佛？亦或是遭遇水门事件的尼克松，还是遇到拉链门的克林顿？其实，统统都不是，我觉得最悲摧的莫过于第三十五任总统约翰·肯尼迪了。

应该说肯尼迪出身于一个显赫的政治家族。这个发迹于新英格兰的家族在美国政治界影响巨大，并以培养出了一位美国总统为豪。

奇怪的是包括约翰·肯尼迪在内的家族成员却屡屡遭遇厄运，从“二战”开始到 2009 年，这个家族已经有近 10 位成员非自然死亡。以至于报纸评价说：“肯尼迪家族的故事就是一长串的讣告……身为肯尼迪家族的一员，你别指望躺在病床上安静地离世。”

这个家族的第二代掌门人约瑟夫·肯尼迪最大的梦想就是培养一位总统。据说，他曾经在教堂祈祷：一定要让儿子登上美国权力的最高峰。他把希望寄托在了家里的四个男孩身上，他们是：大儿子小约瑟夫·肯尼迪、二儿子约翰·肯尼迪、三儿子罗伯特·肯尼迪、四儿子爱德华·肯尼迪。

作为父亲，约瑟夫在四个儿子中最看好的是长子小约瑟夫。他毕业于哈佛大学，时值“二战”后期，小约瑟夫参加了海军飞行员计划，成为美国军队的一员。

1944 年 8 月，小约瑟夫驾驶飞机去轰炸位于法国境内的德国 V 弹发射架。飞机从英国起飞，在半途中，竟然鬼使神差地突然爆炸，小约瑟夫和副驾驶当场被炸得粉身碎骨！他也成为多灾多难的肯尼迪家族第一个殉难者。这还不算完结，半个月后，又传来噩耗，二女儿凯瑟琳的新婚丈夫哈廷顿在法国与德军作战时，遭遇了德军狙击手袭击，中弹身亡。诡异的是，孀居的凯瑟琳又嫁给了菲茨威廉伯爵，1948 年二人驾飞机度假，却在半途遭遇狂风，最终机毁人亡。

老约瑟夫欲哭无泪，他只好把全部精力投入到了二儿子约翰·肯尼迪身上，而约翰最初的理想只是当一名作家。

身上寄托着家族的厚望，约翰·肯尼迪被迫放弃了最初的理想，投身到政治当中。在父亲的全力支持下，他于 43 岁登上了总统宝座，成为美国历史上最年轻的总统。

当上总统的约翰把他的弟弟罗伯特安排到了内阁，做了司法部长一职。此刻，肯尼迪家族多年的夙愿得以实现，家族也登上了政治的最巅峰。

1963 年 11 月 22 日，肯尼迪夫妇来到了达拉斯城，他们此行的目的是为连任下一届总统拉选票。12 点 30 分，肯尼迪乘坐敞篷车游街之时，在莱茵街拐角处，被埋伏的刺客开枪击中了头部和颈部，当场倒在了妻子怀中。几个小时后，约翰·肯尼迪因伤重不治而亡。

之后，担任司法部长的罗伯特·肯尼迪成为家族的当家人。经过一番精心的准备，他于 1968 年决定参加总统竞选。在一次公众集会之中，他发表了预选胜利演说，在离开之际，被一个巴勒斯坦移民希尔汉击中身亡。

老约瑟夫的唯一希望只有他的四儿子爱德华·肯尼迪了。1969 年他成为民主党的副领袖，有望角逐 1972 年的美国总统大选。但是这年 7 月的一个夜晚，他开车送一位金发美女回住处。半路在过一座小桥时，汽车却不慎落入了河中。爱德华成功逃脱，但是姑娘却不幸溺亡。这一意外事件曝光，极大损坏了肯尼迪家族的名誉，爱德华不得不放弃总统竞选。

肯尼迪家族的第三代也是命运多舛。罗伯特·肯尼迪的三个儿子无一逃脱厄运。博比因为吸毒入狱，戴维吸食海洛因致死，迈克尔滑雪的时候出了事故而身亡。

肯尼迪家族的男性直系成员，几乎无一例外地遭遇厄运。家族最后的希望寄托在了约翰·肯尼迪的儿子小约翰·菲茨杰拉德·肯尼迪身上。他英俊潇洒，曾经被《人物》杂志评选为“美国最性感男人”。他的好人缘和美誉对他日后竞选总统是重要的保障。可是1999年7月16日，他驾驶飞机出行，飞机却神秘地坠落在了大西洋，与他同行的妻子和姐姐跟他一起葬身海底。

肯尼迪家族最后的政治希望就此破灭了。

这还不是最糟的，肯尼迪诅咒好像同样适用于跟这个家族有关联的人。肯尼迪总统的夫人杰奎琳后来嫁给了希腊船王奥纳西斯。果然，二人成婚不久，船王名下四艘轮船便发生了重大事故。七年之后，奥纳西斯和儿子亚历山大相继离世，而原本他们的身体看起来都不错。

为什么肯尼迪家族连遭厄运，有一种说法：1937—1940年之间，老约瑟夫曾经担任美国驻英大使，为了避免美国卷入“二战”，他曾经拒绝给500多名被送往纳粹集中营的犹太人派发签证。等他回到美国之后，肯尼迪诅咒开始逐渐应验。曾经有人说：“这就是犹太人的诅咒，这是报应！”

肯尼迪家族的诅咒至今看来仍然不可思议，那么多的巧合和厄运为何都集中在了一个家族身上？相信，对这个话题，人们会一直探索下去。

离奇空难——印度客机坠毁疑云

1985 年 6 月 23 日凌晨，一架满载着 307 名乘客的巨型波音 747 客机从加拿大多伦多机场起飞了。它的目的地是印度的重要城市孟买。早晨 7 点 14 分许，飞机在大西洋上空平稳飞行，一切看起来是那么的祥和自然。突然，在地面监控系统上，这个巨大的身影在雷达屏幕上消失得无影无踪了。

人们为这架客机的命运而担忧。果然，不久之后，传来了噩耗，搜救人员在爱尔兰附近海面发现了飞机残骸。更加惨痛的消息是，飞机上 307 名乘客和 22 名机组人员无一生还！

飞机失事现场异常惨烈，海面上漂浮着飞机残骸以及 131 名遇难者的遗体。遗体有的衣衫不整，有的甚至身首异处，惨不忍睹。从现场分析，飞机在坠毁之前，就已经在空中发生了断裂。而从找到的 131 具尸体来看，没有一个人是穿着救生衣的。可见当时事发突然，根本没有人来得及做任何逃生准备。

这是一场世界航空史上空前惨烈的空难。调查是事后必不可少的，难道是有人在飞机上安装了炸弹？

通过调查，印度航空安全负责人霍夏尔等人提出，是飞机货舱部位的爆炸导致了空难。在货舱残骸上发现了 13 个直径不等的洞，货舱门都被炸掉了。他们断定，是爆炸的冲击力使得一些物体飞出了货舱，并撞击到了飞机机翼和稳定器，从而导致飞机坠毁。

接下来，人们关注的是，到底是谁策划制造了这场惨剧？说起来巧合，就在飞机失事的第二天，美国的《纽约时报》曾经接到过一个匿名电话，电话那头的人告发，是印度国内的“全印锡克学生联合会”派人在飞机上安装的炸弹。但是随后全印锡克学生联合会发表声明，称这次空难与他们没有任何关系，这是有人故意造谣污蔑。

更加巧合的是，在这次空难之前的52分钟，日本东京成田机场也发生了一起飞机炸弹爆炸事故。当时机场一名地勤人员在一架加拿大至东京的客机中搬运行李的时候，突然发生爆炸。万幸的是，当时飞机已经停在机场而不是在空中飞行，所以没有更多的人伤亡，只有两名搬运工人被当场炸死。这一起事故也是来自加拿大的飞机，不禁让人联想到印度客机的坠毁，是不是同一人或者组织所为？

日本警方从客机旅客的名单上发现了两名可疑分子。一名叫作L. 辛格，一名叫作A. 辛格，他们购买了加拿大至东京的客机票，而且也将行李托运上飞机，但是他们本人却没有乘坐这一次航班。这两个辛格到底是谁？有人认为，他们就是美国联邦调查局在通缉的嫌疑犯——拉尔・辛格和安芒德・辛格。这两人是锡克教的恐怖分子，他们曾经策划对访问美国的印度总理拉吉夫・甘地进行刺杀。难道是他们策划了此次印度客机的事故？因为证据不足，直到现在这次空难还是一个未解之谜。

第七章

历史的犄角旮旯

历史之所以好看，在于它们并不是冰冷的数字和数据，而是实实在在发生的事情。古人如我们一样，有过真实的呼吸，有过爱情，有过亲情，有过迷茫，他们的真情实感隐藏在历史的犄角旮旯之中。

刺杀改变春秋政局——专诸刺王僚

吴越争霸是春秋末期的重要事件，吴越争霸的背后其实是晋楚两个大国的博弈，而吴越争霸的白热化恰恰源起于一场刺杀。这是为何？就让我们追本溯源，来看看这场改变了春秋政局的刺杀吧。

吴国的公子光最近很郁闷。男人郁闷，无非为了权势、金钱或者爱情。不过，眼下的公子光妻妾成群，腰缠万贯，他的野心可不止于此。他喜欢万人崇拜、高高在上、发号施令的感觉，这就是无上的权力。也难怪公子光有这样的野心，他父亲诸樊是前任的吴国国君。但是诸樊对自己的儿子却明显看不惯，他更喜欢自己的三弟季扎。为何如此？就因为季扎是春秋时代出了名的贤人。为了能让贤惠的三弟即位，诸樊煞费苦心，他绕过“父死子继”，直接来了一个“兄终弟及”。一病不起的诸樊将三个弟弟叫到了他的床前，他让大弟余祭先继承王位，然后余祭再传位给二弟夷昧，以此类推，夷昧死后，王位自然就传到了三弟季扎手中。

诸樊死后，他的两位好弟弟乖乖听话，以此传递王位，按照这样的顺序，季扎早晚要成为吴王。但是，贤人季扎却对权势不感兴趣，王位于他而言是过眼云烟。夷昧死后，季扎不肯接受王位，竟然跑到了深山老林隐居了。

眼看着叔叔们一个个即位，王位于公子光而言看来是今生无缘了，可是世事难料，三叔季扎竟然视王位为粪土。国不可一日无君，作为诸樊的儿子，公子光又看到了继承王位的希望。但是，让公子光抓狂的事情又一次发生了，夷昧的儿子僚在群臣中威望很高，大臣们最终拥戴他继承了王位。眼看到手的王位又丢了，公子光杀人的心都有了。他想杀谁，当然不是自杀，他要杀的人就是"夺走"他王位的吴王僚。吴王僚虽然不是什么雄才大略的君主，但他事母至孝，宽待臣下，品德并没有什么问题。想找碴的公子光实在找不到堂弟的碴，他只好隐忍下来，这一忍，就是七年！第七年，公元前520年，公子光手下一个叫被离的人给他带来了一位英杰。这位英杰就是中国历史上鼎鼎大名的伍子胥。

伍子胥的爷爷伍举、父亲伍奢和兄长伍尚都是楚国的重臣。周景王二十三年（公元前522年），楚平王在奸人的挑唆下，怀疑太子有谋反之心。这就连累到了太子的老师伍奢，伍奢被杀，伍尚本来有逃跑机会，他却对弟弟说："父亲被害，我也追随他而去。你却不能死，我们的血海深仇要由你来报！"伍子胥眼睁睁看着父兄被杀却无能为力，他一路历尽艰辛，逃出楚国，流落到了吴国的街头。

在吴国的街头上，百姓们发现有一个满头白发的英俊男人，他两眼充满血丝，衣衫褴褛，面黄肌瘦。他一边走一边吹箫，箫声凄惨，令人闻之不觉潸然泪下。被离在街头邂逅了这位"犀利哥"，他将犀利哥请回了家，经过仔细询问，才知道这就是从楚国流亡出来的伍子胥。言谈之间，被离被伍子胥深深感染了，他觉得这是一位绝世奇才，将来必然建功立业，出将入相！

被离将伍子胥推荐给了公子光，怎奈吴王僚的消息也很灵通，吴国街头出现了奇人的消息也传到了他的耳中。吴王僚迫不及待地将伍子胥请到了王宫，他倾听了伍子胥字字带血的悲惨经历后，当场答应出兵楚国，为伍子胥报仇雪恨。

公子光在王宫中的耳目将吴王僚会见伍子胥的场景一五一十地汇报给了他。公子光心下着急，他担心伍子胥为堂弟所用，这不是如虎添翼吗？公子光连忙来找吴王僚，探堂弟的口风，问他对伍子胥的评价。吴王僚称赞伍子胥是一个贤而孝之人。公子光又追问："大王是否答应为他复仇？"吴王僚给予了肯定的回答，公子光连忙劝说："我的好弟弟啊，您可曾听说一国之君为了一个匹夫家仇而兴师动众的吗？吴国和楚国交战从未大胜。您如果为了伍子胥进攻楚国，岂不是匹夫私仇重于国耻？一旦失败，让世人怎么评价您？"吴王僚平时就是谨小慎微的一个人，当时在情绪感染之下，答应了为伍子胥报仇的事情。现在堂兄这样一提醒，幡然醒悟，他下令取消了攻打楚国之事。而伍子胥听说了这事之后，一气之下，就辞去了吴国大夫的职位。公子光又乘机对吴王僚说伍子胥记仇，气量狭窄，不能重用。于是，耳根很软的吴王僚将百亩田地赏赐给了伍子胥，让他解甲归田了。公子光在一个月后，暗中找到伍子胥，试探地问他可曾遇到跟他差不多的才勇之士。伍子胥还对公子光破坏自己复仇计划的事情耿耿于怀，他没好气地说："我不算什么，贵国有位叫作专诸的，才是真正的勇士！"公子光请求伍子胥帮忙引荐，并暗示他将来可能会成为吴国国君，那时候必定会为他报仇雪恨。伍子胥问公子光如何能成为国君，公子光冷冷地说了两个字："刺杀！"伍子胥感觉到不寒而栗，他从这个人坚定的目光中，发现了一种叫作执着的东西。于是，伍子胥同意为公子光引荐专诸。

公元前 521 年年末，公子光和伍子胥见到了正在磨刀霍霍的专诸。那时候的专诸正准备杀猪。公子光一进屋，就给这位"屠夫"深深拜了两拜，专诸受宠若惊，连忙还礼。公子光一挥手，手下人将金帛柴米挑进了这间寒酸的茅草屋，这些都是公子光的见面礼。专诸推脱不下，只好收下，从此，专诸成了公子光的门客。公子光对专诸真的没得说，逢年过节，送酒送肉，而且厚待他的老母亲和妻子。专诸从一介草民成为富贵之家，他感觉到真的过意不去。专诸对公子光说："在下只是一介草民，您却如此厚待，不知今生如何报答您的大恩？如果您有什么事情，只要吩咐一下，我定当赴汤蹈火，在所不辞！"公子光觉得时机差不多了，他屏退左右，把自己想刺杀吴王僚的想法和盘托出。专诸一开始觉得吴王僚并没有什么失德之处，他很不理解公子光为何要如此。公子光只好慢慢解释说，吴王僚坐着王位不肯下来，如果他找大臣跟吴王理论，吴王如果查到主使，必然会诛杀他全族，连门客都不会放过。在公子光的撺掇下，专诸终于答应了刺杀行动。但是，他还担心自己的老母亲，公子光当即拍着胸脯说他会像对待自己亲妈一样孝顺专诸的母亲。专诸又跟公子光商量如此刺杀，毕竟吴王僚是一国之君，想要刺杀他并不容易。专诸问公子光："吴王可有什么喜好？"公子光太了解他这位堂弟了，僚从小就喜欢吃鱼，而且对美味的烤鱼如痴如醉。专诸点了点头，他有了主意，他立志要先去学如何烤出美味的烤鱼。

三个月后，专诸在跟随太湖烤鱼的师傅拜师学艺之后，找到了公子光。公子光吃了专诸的烤鱼，对他的手艺赞不绝口。公子光很兴奋，他找到伍子胥，打算摆宴实施刺杀吴王的行动。没有想到，伍子胥却不同意这时候动手。

他的理由很简单，吴王僚有三位能人，也是他的左膀右臂。第一位，就是吴王僚的儿子庆忌，庆忌力大无穷，武功超群，他与父王须臾不离，想要接近吴王僚，必须要过庆忌这一关。另外两位是吴王僚的两个弟弟——掩余和烛庸，他们是能征惯战的将军，掌管吴国军队。如果不除掉这三个人，即使能成功刺杀吴王，也不能保证公子光顺利即位。

公子光一听，也着急了起来，连忙向伍子胥请教下一步的行动。伍子胥摇摇头说："我们只能等待时机，不可贸然行事。"就在公子光等人等待时机的这段时间，又发生了很多大事。公元前519年，楚国和吴国在钟离开战，楚军被击败，楚平王受此打击，在公元前516年病逝。此时的楚国也正处于虚弱时期，国君崩逝，军心不稳。公子光对局势看得一清二楚，他担心吴王僚会派遣他率兵攻打楚国，于是，他想了一个"自残"的好主意。

公子光在乘车时，故意从车上摔了下来，把腿跌成了重伤。身为"演技派"，公子光的表演骗过了所有人，包括吴王僚。公子光拖着一条伤腿，来到了吴王僚面前，对他分析了现在的国际形势，要求吴国派兵攻打楚国，而大将的人选自然不能是伤残人士，掩余和烛庸成为统帅的最佳人选。

可是真打起来，二人在战场上并不争气，楚军设计将二人击败。吴国打算联合郑国和卫国一起对付楚国。关于使者的人选，公子光建议吴王僚派出庆忌出使两国。眼看吴王僚的三个得力助手都在公子光的“忽悠”之下，远离了吴王僚，公子光觉得这一次机会真的来了。

公子光把他打算动手的决定告诉了伍子胥和专诸，伍子胥跟他说，专诸是勇士，但是他还缺少一把利刃。公子光拍手大笑：“当年越王允常曾经献给吴国三把宝剑，一把称作湛卢，一把称作磐郢，还有一把叫作刺僚！刺僚在我这边，它是一柄短剑，锋利无比，名字也符合天意，刺杀吴王僚！”说完，公子光来到卧室，取出了那把珍藏的短剑，郑重其事地递给了专诸。专诸接过宝剑，果然是一把好剑，一道寒光摄人心魄，剑刃锋利无比。

端详着这把利刃，专诸的眼泪突然流了下来，他知道这次的行动，他基本是有去无回，在死之前，他最挂念的人，是他的老母亲。

专诸来到母亲的居所，人未到泪先流，想一想今生已经无法报答母亲的养育之恩，这个七尺高的汉子泣不成声。老母亲听到儿子的哭声，心中明白，儿子这是要为了主人去完成必死的任务。她劝慰儿子说：“我们母子深受公子光大恩，我们必然要报答。再说，如果不去，也是死路一条。你尽管放心去，不要管我。”这位深明大义的老母亲含泪望着儿子离去的背影，最终选择了自尽。这下，专诸终于可以了无牵挂地去实施刺杀行动了。

在敲定了刺杀的具体行动细节之后，公子光一瘸一拐地来到了王宫，对吴王僚说：“大王，最近我府上来了一位太湖的厨师，做得一手好鱼。他做得烤鱼那真是人间美味，我从来都没有吃过这么美味的烤鱼。好东西要分享，请大王明晚驾临寒舍，到我家里品尝一下如何？”爱吃鱼的吴王僚一听有如此美味，口水都快流了出来，他当即欣然应允，去参加美味的烤鱼宴席。

当然，吴王僚的安保工作还是做得不错。他的卫队从王宫一直排列到了公子光的家，卫士们手持寒光闪闪的两刃长刀，如凶神恶煞般盯着每一个过往的行人。其实在出门之前，吴王僚的母亲曾经叮嘱过他，不要去参加宴席。因为公子光10多年都没有请过吴王僚吃饭，俗话说“无事献殷勤，非奸即盗”。但是，吴王僚却没有把自己的这位堂兄放在眼里，他相信只要安保工作做到位，他这位堂兄是无法奈何的，更何况，如果不去，岂不让天下人也看扁了自己。

除了壮观的王宫卫队之外，吴王僚还身穿三层盔甲，又亲自挑选了100名大力士，手持长戟，寸步不离自己左右。公子光这边也提前做好了刺杀工作。他把自己平时豢养的死士都藏在地窖里面，又让伍子胥带着100多人埋伏在外接应，万一专诸刺杀不成，他还预备了第二套方案，一切看起来都是万无一失，就等着“鱼儿”上钩了。

吴王僚大摇大摆地来到了公子光家里，哥俩一阵寒暄之后，开始上酒菜。那100名大力士将吴王僚的饭桌团团围住，只留下一个窄小的通道，供厨师上菜使用。而且厨师们上菜，在进入客厅之前，就已经被门口的卫士剥光了衣服，赤身裸体端着菜盘趴在地上，匍匐前进。坐在吴王僚侧边的公子光焦急万分，厨师这样的上菜方式，是他之前没有预料到的，这个堂弟也太狡猾了，让专诸如何下手！

一道道美味佳肴上来了，吴王僚这个美食家吃得不亦乐乎。公子光陪着吴王僚喝了几杯酒，最后的一道主菜该上来了。就在这时候，公子光突然捂着自己的脚惨叫了起来。吴王僚问他怎么了，公子光说：“我的腿脚伤又发作了，容我先去用布帛包裹一下，再来陪大王您痛饮。”吴王僚挥挥手示意公子光先下去，公子光这是“金蝉脱壳”，他知道下一道主菜，就是要由专诸亲自送上来，接下来，刺杀计划的关键就是要看专诸的表现了！

专诸亲自捧着一个大盘子出现在了客厅门口，跟之前进菜的厨师一样，他也被扒了个精光。盘子里面的烤鱼硕大无比，那香味充斥着客厅的每个角落，客厅的每个人都被这沁人心脾的香味陶醉了，大家努力用鼻子捕捉着烤鱼的香味，生怕错过每一缕气息。作为吃鱼的行家，吴王僚只闻到这香味，就知道这次的烤鱼美味无比，他盯着盘中那美味的烤鱼，拼命咽下自己的口水。

专诸已经通过了大力士们的人墙，来到了吴王僚的饭桌面前，他恭恭敬敬地将那盘烤鱼放在了桌上，当所有人的目光都被这条美味的烤鱼所吸引的时候，一个意想不到的事情发生了。

专诸突然将盘子转了一圈，鱼尾巴朝着自己，他揪住了鱼尾，用力从鱼肚子里拽出了一把明晃晃的短剑，身穿三重盔甲的吴王僚还没有来得及反应，一道寒光直刺吴王僚的胸前。只听得一声惨叫，这把削铁如泥的利刃轻松穿过了吴王僚的三层盔甲，刺穿了他的心脏，吴王僚当场毙命！

整个事情的过程不过短短的几秒钟，这时候，100多名大力士才反应过来。他们挥舞着兵器，将专诸砍成了肉酱。这时候，藏在内室的公子光一声令下，带着自己的死士冲进了客厅，一阵厮杀之后，吴王僚的百余名卫士被全部杀死。

公子光和伍子胥带着人马，又一路杀进王宫，宣布吴王僚的罪过，然后公子光即位，是为吴王阖闾。吴王阖闾上位之后，将专诸厚葬阊门，后世称作“专诸巷”，而专诸的儿子也被阖闾任命为卿。

吴王阖闾的上位虽然是通过不光彩的刺杀完成的，但是他登基后的表现，却说明他确实有国君之才。他重用伍子胥、孙武等人才，加强了吴国军队的建设，同时修筑阖闾大城，兴修水利设施，积蓄粮食，充实粮仓。吴国经济和军事实力不断增长，阖闾派出大军攻破了楚国国都郢都。从此，吴国威震华夏。

我们回头再看这一次刺杀，虽然是吴国的内乱，却也深深改变了春秋末期的政治格局。吴王僚在位期间，吴国只是一个中等势力的国家，在阖闾通过这次宴席刺杀吴王僚登基之后，吴国才在他的治理下，开始蒸蒸日上，并一举灭掉楚国，成为霸主级别的超级强国。而且吴国的强大又反过来促使复国后的楚国，通过背后支持越国与之抗衡，在春秋末期的政坛上又演出了一出吴越争霸的好戏，春秋的政治格局由此大变。而这一切的一切都源于专诸刺王僚。一场刺杀成了春秋末期政治走向的拐点，而专诸的名字，也因为司马迁的《史记·刺客列传》而流传千古。

杭州人为何为太监建生祠

明末人王思任在他的《西湖手镜》（换句话说，就是西湖游览手册）中，提到了这样一个景点：西湖边的孤山上，有一座生祠，是当地人自发建造的，祭祀的是明朝司礼监太监——孙隆。

那位朋友问了：百姓自发为太监建祠，是真是假？我说：这位朋友，你还受影视剧中“死太监”形象的影响？以为太监都是变态、残忍、贪婪之辈，那你 out 了！

这位孙隆，号东瀛，直隶三河人，嘉靖九年（1530 年）五月生人，18 岁时入宫。那个时代入宫做宦官，断子绝孙的事情，不是生活到了万不得已的地步，哪个为人父母的能忍心让孩子走上这样一条道路？由此可见，幼年孙隆的家境十分困苦。

穷孩子孙隆入宫之后，因勤奋好学，做事也能看上级眼目行事，颇为嘉靖皇帝所赏识。嘉靖帝赏赐他个好差事，去皇子裕王府当差。这位裕王朱载垕就是日后的隆庆皇帝。

孙隆在裕王府兢兢业业，不敢有丝毫懈怠，他侍奉裕王的儿子朱翊钧读书生活。这可是绝好的资本，为他将来仕途的飞黄腾达，奠定了坚实基础。

朱翊钧登基后，当然不会忘记孙隆的侍奉之情，将其提升为了司礼监太监。要说宦官部门哪个最显贵，当然还要说是司礼监！

万历四年（1576 年）正月二十六日，孙隆奉命带着酒食看望内阁首辅张居正，于此，也可见万历皇帝朱翊钧对孙隆的信任。

六月，孙隆受命任苏杭织造。这可是个肥差。苏杭是江南富庶之地，在苏杭担任织造，可是安逸清要之位，很多太监都可望而不可即呢！

孙隆在苏杭织造任上，能体恤民情，提出了一些合理建议：万历十四年（1586 年）二月，孙隆奏请将内帑袍服归并到五府织染局，4000 匹之内的令食粮额匠织造，不再另行招募工匠，这样每年可以节省数千两银子。

十一月，孙隆针对当年由春入夏时连续阴雨天，导致了织造段匹变色的情况，奏请不要退换，以免贫困匠人为了补偿，而卖儿卖女。孙隆的意见是挑选其中堪用的段匹解送到京城使用，万历皇帝准许了他的奏议。

孙隆的这些建议，有效地减轻了民间负担，节省了额外用度和开支。

明朝的税收体制长期以来存在着严重弊端：帝国税收以农业税为主体，商业高度发达，却只征收 3% 的税率，可谓极低。这也跟明朝工商业发展的高度极不相称。为了缓解财政危机，万历皇帝派出一大批矿监税使奔赴各地征收工商税。

孙隆就是这些外派的太监之一。万历二十七年（1599 年）二月，他被派往苏杭征收税课。万历二十九年（1601 年）五月，孙隆来到苏州征收工商税，他只是将每台织机加征三钱银，每匹丝绸加增三分银，就引发了当地织工的暴动。其实暴动背后，是既得利益集团的暗中指使，几乎可以忽略不计的几钱银子的增加，就能引发暴动，足可见既得利益集团的强大。

万般无奈的万历皇帝将孙隆的税监职位免去，让他继续担任苏杭织造太监。

孙隆在织造太监任上，尽职尽责，一直到万历三十七年（1609 年），以 80 岁高寿离世。

孙隆在苏杭期间，对当地官员以礼相待，谦虚谨慎，得到了当地士绅的好评。

不仅如此，孙隆为西湖的建设做出了卓越贡献。他喜爱西湖的秀丽景色，拿出大量资金来修缮西湖景观。

明末才子袁宏道曾经夸赞孙隆是“西湖功德主”，将其与苏东坡和白居易相提并论。

孙隆在杭州期间，对净慈寺、十锦塘、湖心亭、问水亭、烟霞寺、片云亭等进行了修缮。十锦塘就是原先的白堤，修整后的华丽程度超过了苏堤，当时人们将其称之为“孙堤”。

孙隆早年在内书堂接受过系统的教育，他对历史上人物忠奸有自己的认识。对于秦桧这样的奸臣，他恨之入骨。孙隆主持修缮了岳飞坟，为了表达对奸臣的痛恨，他还在岳飞坟前修缮了秦桧、王氏、张俊、万俟卨四人跪像，供游人永世唾骂。

孙隆热心民生工程，打算开渠清河，但是却遇到了巨大阻力，未能实现。杭州当地有个监税官打算进献集翠裘讨好万历皇帝，司礼监太监田义将其退回，交给了孙隆处理。孙隆访查到了进献之人，将其罚银3000两，用于重建湖心亭。

孙隆还能积极救助灾民。万历十六年（1588年），杭州闹灾，米价高涨，很多贫民只能靠食用树皮度日，一片饿殍满地。面对此情此景，孙隆心中不忍，他出资购买粮食赈济灾民。他在净慈寺施粥，救活了半数的灾民。

正因为孙隆在杭州当地实施的各项德政，他才能受到百姓的拥护，并甘心为他建造生祠来纪念。

孙隆文化修养极高，他擅长诗书绘画，其制墨技术堪称一绝。其“清谨堂墨”墨品，在故宫博物院还有收藏。

孙隆去世后，万历皇帝下旨给他隆重办理葬礼，并高度评价和表彰了他一生的功绩。孙隆也因为其办事不扰民，得到了苏杭一带人民的追思。

明代“中兴”盛世的污点人物

说起汉朝的飞将军李广，爱好历史的朋友可谓无人不知、无人不晓。今天小编要说的这位，他既不飞，也不是将军，而是明代一位跟汉代名将同名同姓的太监李广。

这位李广会一些道教符箓祷祀之术，常常在宫中导引明孝宗朱祐樘沉迷于这些道教的仪式。

说起明孝宗朱祐樘，大家都知道他是一位仁君，有中兴、致治的称誉。朱祐樘总体是个明君贤君没有错，但是他之所以一夫一妻，一是那位张皇后实在对付丈夫有一套，二是明孝宗自己身体底子也非常差。朱祐樘刚出世不久因为是在秘密状态下被喂养，再加上母亲纪姑娘奶水不足，于是先天的营养是比较差的。明代的野史也说孝宗因为母亲在孕期曾经服用一些药物，所以导致了他头顶是秃的。自幼身体底子弱的朱祐樘继位之初是非常勤政的，但是孱弱的体质却渐渐难以胜任各项烦琐的朝政和大典祭祀等礼仪。于是弘治中期也上朝渐渐减少。至于为什么一代明君会沉迷于符箓祷祀之术，如果从朱祐樘为自己身体祈福，希望延年益寿的角度来分析就讲得通了。掌握了这项秘籍的李广于是也渐渐被明孝宗所恩宠。

李广仗着有皇帝的恩宠，渐渐开始不法。他开始收受贿赂，把前朝的弊政传奉官又拾上台面，假借诏旨乱授传奉官。所谓传奉官就是不经过朝廷正常的选官程序，从皇帝中旨而出，直接授予官职。这种行为破坏了选拔的公正性，是一项弊政。李广凭借传奉官收取了大量的贿赂。另外李广又擅自侵占京畿的民田，垄断盐利数以万计。他的生活也极其奢侈糜烂。他引玉泉山之水，环绕自己的豪宅周围。言官交相弹劾李广，朱祐樘却置之不问。

看样子李广的幸福生活还会一直延续下去，直到他自己的一个愚蠢建议彻底毁灭了自己。弘治十一年（1498 年），李广建议明孝宗在万岁山上建毓秀亭。亭子建好了，皇帝的小公主却夭折了。接下来，清宁宫发生火灾。占卜之人说李广建毓秀亭犯了岁忌。周太皇太后这下是彻底怒了，好个李广，我已经忍你很久了。她终于爆发了："今日李广，明日李广，果然这家伙招来了祸事！"事情就此开始出现转折。可惜的是史书没有留下那位起了关键作用的占卜人的姓名，我真想为这位无名英雄点一万个赞。周太皇太后发怒的消息传到了李广耳朵里，这位李广公公心理素质毕竟不过硬，他可没有后世的同行刘瑾、魏忠贤等人那么强大的心理素质。刘瑾等八虎面对文官集团要置于他们死地的艰难处境下，以柔克刚，来了个漂亮的绝地反击；魏忠贤面对杨涟弹劾他的二十四大罪，泰山压于顶而面不红心不跳，一番眼泪化作绕指柔，让小皇帝朱由校心生怜悯。李广听了这个消息之后竟然畏罪自杀了。

明孝宗怀疑李广家里藏着什么例如养生秘籍、长生不老的秘籍之类，于是派人到他家里去找。派去的人带回的却是登记官员行贿的小册子。小册子上密密麻麻记载了当朝文武大臣的名单，以及张三李四王二麻子馈送李广公公白米黄米各多少百石、多少千石的数字。善良的朱祐樘第一反应竟然是："李广家里能放下这么多米吗？他能吃的完这么多米吗？"旁边有人善意的提醒皇帝："这不过是隐语罢了，黄米说的是黄金，白米说的是白银。"老实人明孝宗怒了，他要追查这些帝国的蛀虫们。上有政策，下有对策，涉案的朝臣数量非常庞大。别人不说，就是弘治朝名声很好的程敏政，也曾经使钱走过李广的门路，才得以东山再起的。中央官员几乎没有几个人是干净的。他们一起来找孝宗面前的大红人、皇帝的大舅子寿宁侯张鹤龄来请他为众人说情。于是大舅哥出面，估计又走了张皇后的门路，事情才摆平。更重要的是涉案的文武官员太多了，弘治朝的贪腐已经比较严重，明孝宗总不能像老祖宗朱元璋那样杀光所有的贪官吧，那朝政就停止运转了。于是事情到此为止，不了了之。

李广是明代宦官里面典型的一个反面人物，他的贪腐和徇私舞弊成为弘治中兴的一个最大污点，他的故事说明不怕领导太正直，就怕领导有需求，一代贤君明孝宗羸弱的身体需要道教的祈祷，他的符箓祷祀之术恰恰迎合了皇帝的需要，他就因此而得宠。如果说他对明朝更深刻长远的影响，是他曾经救过的一个小宦官，这人因为触犯宫规差点被处死，却因为他的解救而得以活命，他就是后来的正德朝的“站皇帝”刘瑾。当然这又是另外一个故事了……

一跪500年：岳王庙中国第一奸臣跪像史

南宋初年，岳飞率领精忠报国的岳家军奋勇杀敌，一心要消灭那猖獗的金邦，誓死要直捣黄龙，报国恨家仇。朱仙镇一战，岳飞杀得那金兀术丢盔弃甲、狼狈北逃。岳家军正要直捣北国，只可惜，此刻宋廷十二道金牌召回岳武穆。英雄扼腕，壮士长叹："十年之功，废于一旦。所得州郡，一朝全休。社稷江山，难以中兴。乾坤世界，无由再复！"

话说那岳武穆班师回朝，奸臣秦桧和高宗赵构合伙以"莫须有"之罪杀害了民族英雄，自毁长城之举，堪比那夫差冤杀伍子胥，更胜那宋文帝诛杀檀道济！英雄血洒风波亭，南宋举国沉沉，奸相得逞所愿，金人弹冠相庆，百姓暗中泪下，人人心中恨透了这奸人秦桧！

南宋孝宗继位，下诏平反岳飞冤狱，并将英雄遗骸移葬杭州西湖栖霞岭。宁宗庆元年间，朝廷追封岳飞为鄂王，并于嘉定年间修建岳王庙。几百年来，岳王庙饱经沧桑，几度被毁。现存的岳王庙建于1979年，正殿忠烈祠有一尊高达近五米的岳飞塑像。引人注目的是岳飞墓阙之下有四个铁铸人像，他们反剪双手，面墓而跪。他们即是陷害岳飞的秦桧、秦桧之妻王氏、张俊、万俟卨四人。四座跪像背后有一楹，其上镌刻字体："青山有幸埋忠骨，白铁无辜铸佞臣。"

说起这秦桧，称之为第一奸臣恐不为过。那岳王庙前的跪像，他夫妻二人的跪像尤其为人们所瞩目。只要到此瞻仰英雄的游客，无不对秦桧夫妻恨之入骨，一口唾沫乃至孩童的一泡浊尿，都体现着人民对是非善恶最朴素最直接的表达。

秦桧的跪像背后也有一段曲折的历史。这跪像最早是大明成化十一年（1475 年），浙江布政使周木为了表达对民族英雄岳飞的敬仰以及对权奸秦桧的痛恨之情而铸。秦桧夫妻二人跪像经过天长日久的日晒雨淋，成为两堆烂铁。

明武宗正德八年（1513 年），浙江都指挥使李隆为了表达对岳武穆的敬仰之情，又下令在岳飞墓前重新用铜铸造了秦桧夫妻以及万俟卨三人的跪像，而且这一次铸造的跪像双手是被反剪的。游客们出于对奸臣的憎恨，不停地捶打，这三尊跪像又损坏了。

明神宗万历二十二年（1594 年），浙江按察副使范涞又重新铸造了秦桧夫妻、万俟卨、张俊的跪像。万万没有想到的是，第二年，巡抚浙江的右副都御史王汝训，其本出于秦桧妻王氏同宗。为了照顾王氏家族的脸面，竟然冒天下之大不韪，暗中派人在深夜将秦桧之妻王氏的跪像盗走，随之将其沉入了西湖！此事，一石激起千层浪，愤怒的杭州百姓要求追查元凶。王汝训吓得连夜逃出杭州城。后来还是盐商马伟顺应民意，又出资铸造了王氏跪像。

万历三十（1602 年）年，曾任职杭州的范涞再次回到故地，这一次他任职浙江布政使。看到秦桧等四座跪像已经被游人打得千疮百孔，于是他拿出自己的俸银，又一次铸造了四具跪像。

万历三十四年（1606 年），苏杭织造太监孙隆，看到之前的跪像又被游人损坏得不成样子，他重新铸造了四个跪像，而且将他们姓名镌刻在胸前，并用木栅栏围了起来。

进入清朝，雍正初年，杭州栖霞岭的百姓们结伴来到了岳王庙王氏跪像前，一阵棍棒相交，王氏跪像头部被打落。此后，雍正、乾隆、嘉庆、同治、光绪年间，浙江地方官员又多次铸造秦桧夫妻等人跪像。

1979 年，浙江省人民政府拨款 40 万元，重新修筑岳飞墓，并在岳飞墓前重修铸造秦桧等四人跪像。这也是从成化年间到现今，秦桧等人跪像的第 12 次铸造。

秦桧作为一代奸臣，跪在岳飞墓前，千百年来本无争议。近年来有所谓秦桧后代和新锐学者站了出来，为秦桧翻案，这股歪风到了可以适可而止的时候了。因为历史是公正的，秦桧之流所作所为是损害国家民族利益的，还是那句话：是黑的，永远洗不白！

200多年前的紫禁城斩首行动

嘉庆十八年（1813年）九月十五日正午时分，紫禁城隆宗门方向突然传来一阵呐喊声。有60多人手持刀枪，正在攻打紧闭的宫门。无奈门坚墙厚，这些人无奈之下，只得由一部分人乱箭齐射做掩护，然后另一部分人搭人梯趁机爬上宫墙。一支箭镞嵌入了隆宗门的匾额之上。这支队伍正是天理教起义会众，他们总共100多人杀入了紫禁城，并分两路，一路由东华门进入紫禁城，一路由西华门进入。

西华门这路总共60多人，给他们带路的是太监杨进忠。他们装扮成了卖白薯、柿子的小贩子，挑着暗藏兵器的筐子，到了西华门外，大家齐声呐喊，拿出兵器，杀死守门清军，然后闯入宫门之内。本来他们可以直奔隆宗门。要知道杀入隆宗门，就可以进入内廷养心殿以及嫔妃居住的寝宫，顺带可以杀入后面皇帝和皇后的寝宫内殿，采取斩首行动，一举杀死当今天子嘉庆皇帝！（当时义军并不知道嘉庆已经出巡）

可是带路太监杨进忠的一个愚蠢行为却耽误了大事。

因为之前杨进忠衣服破了，他曾经请求尚衣监的管事太监给修补一下，结果被无情拒绝。伤透了心的他利用这次为天理教会众做内应的机会，“公报私仇”，他引领义军杀入尚衣监，来了个血洗仇人，把尚衣监的值班太监杀了精光。杀红了眼的义军还杀入文颖馆，杀死了校书的编修官员。但是这样一来，却让义军耽误了宝贵的时间。

待义军杀到隆宗门，发现宫门紧闭，而且宫墙高大，难以轻易进入。他们这次行动的最重要目标就是采取斩首行动，一举杀死皇帝后妃。因此他们不顾一切，拼命攻打隆宗门。

当时在养心殿读书的皇子绵宁（未来的道光皇帝）听到呐喊打斗之声，大吃一惊，他稳了稳心神，到养心殿外查看。只见对面御膳房屋顶已经爬上了几个义军。有一人挥舞白旗指挥，应该是一个小头目。绵宁举起鸟枪瞄准，一枪击毙了那个头目。接下来他弹药用尽，慌乱之际，急中生智，用自己的衣服纽扣作子弹又打死了一名义军。其他义军见此情景，纷纷退后，清廷的太监拿起棍棒追击。

清廷精锐部队火器营此刻也赶来助战，千余人的兵力远远超过了义军。义军本来打算把收集到的棉被桌椅等点燃，火烧隆宗门，可是随着火器营的赶到，一切都来不及了。义军仓皇撤退。他们一部分登上了西华门城墙，以太监高广福为首的义军高举“大明天顺”“顺天保民”的旗帜，在城墙上高声呐喊。随之这伙义军也被清军镇压。

西路军基本被肃清，而东华门那一路义军的情形又如何呢?

攻打东路的义军只有 30 多人，他们由太监刘得才带路来到东华门外。没有想到义军因为一个运煤的车老板挡路，跟他们起了冲突，造成了守门清军的警觉，义军突然发难，攻打宫门，最后只有少数人杀入东华门。在此他们又遇到总管太监常永贵率领太监们拼死抵抗，结果义军全部被擒或被杀。

这次起义有着历史必然性。清朝所谓“康乾盛世”的浮华盛世表象下已经暗藏着巨大隐忧。人口急剧增长带来巨大的压力，加之政治腐败，民族矛盾尖锐，还有频频的天灾人祸，导致民不聊生，局势早就像干柴烈火，一点就着。嘉庆登基之初就面临川陕白莲教起义的巨大考验，为了敉平动乱，清朝几乎倾尽了国力……

好景不长，嘉庆中后期积压的社会矛盾持续积累，北京周边地区的民众纷纷加入天理教。天理教是白莲教的分支，首领林清早在嘉庆六年

（1801 年）就在北京宣武门外以贩卖鹌鹑为掩护，发展了以刘得才为首的几名太监加入天理教，后来这些太监也成为他们攻打紫禁城的带路人。

林清并不知晓另一起义首领林文成被俘的情况，他仍然按照原计划举行了起义。目标就是紫禁城。可惜因为计划不周密，以及敌众我寡，最终起义失败。

此次起义震动了清廷，嘉庆皇帝哀叹“汉唐宋明从来未有之事，竟然大清出了”。他下令紫禁城隆宗门那枚射入的箭头不要拔出，以警示后世子孙。这枚箭头不仅射入了紫禁城，更深深射痛了清廷统治者的心。

隆宗门门匾上还钉着当时留下的箭镞，作为警示教育的教材。可惜，清朝衰落的形势已无法扭转，它一步步地走向衰亡。

棍棒下面出孝子的失败案例

中国有一句流传已久的名言“棍棒下面出孝子”，从古至今被众多望子成龙、望女成凤的家长奉为教育子女的圭臬。殊不知这种教育方式却有可能极大地伤害孩子的自尊心，并造就他们的逆反心理，最终导致他们长大成人后，走上一条与父母的殷切希望背道而驰的道路。

就是人世间贵为天子，也不能违反教育的规律，接下来，这两位皇帝家长的失败教育案例可能会给我们一些启迪和思考。

苻生是前秦景明帝苻健的第三子。估计是他的爹爹儿子太多，对他的教育没有上心，导致这孩子自幼顽劣不化。爷爷苻洪和父亲苻健都很讨厌这孩子。

当时苻生还是儿童，爷爷苻洪竟然拿他的生理缺陷取笑。苻生生来就瞎了一只眼。苻洪当着孙子的面，跟旁边的侍者开玩笑说：“我听说瞎子一只眼流泪，是不是真的啊？”侍者笑着说是。苻生年纪虽小，却有强烈的自尊心。被当众如此侮辱，他火冒三丈，当即拔出佩刀刺到身上出血，并朝着爷爷大喊道：“这难道不是眼泪吗！？”苻洪惊诧不已，愤怒地鞭挞孙子。苻生毫不屈服，还顶嘴道：“我生来就不怕刀刺，还怕鞭子打吗？”苻洪更加生气，说道：“你如果不知道改过，我把你贬为奴隶。”哪知这根本没有吓到倔强的小苻生，他回嘴：“难道还不如石勒？”（石勒是十六国时代出身奴隶的一代帝王）苻洪当时还不是皇帝，他听了这话，害怕别人听到，赶紧掩住了孙子的嘴。

事后，他找到苻健说："这个孩子太残暴，早点除掉他，要不早晚会祸害家人。"虎毒不食子，作为父亲的苻健根本没有考虑到自己对儿子教育上的失职，竟然真的打算杀掉儿子。多亏了苻雄大力相劝，才放弃了这个念头。

之后，苻健当了皇帝，因谶语中三羊五眼这样的字眼，就立了苻生为太子。苻生继位之后成为一代暴君，苻生喜欢活剥牛马的皮，看它们哀嚎跳跃为乐。他又下令剥去死囚脸皮，迫令他们下颌上挂着被剥去的面皮跳舞。他用各种酷刑对待天下臣民，最终激起众怒，于23岁时被人勒死在醉梦之中。

可以说，苻生成长为一代暴君，作为祖父的苻洪和父亲的苻健要负绝对责任。孙子有生理缺陷，做爷爷的竟然当众侮辱取笑他，事后还毫不反思自己的错误，对反抗的孙子一味责打，甚至要杀掉他。从小就缺乏关爱加之粗暴简单的棍棒式教育，造就了苻生人格的扭曲，这可以说是一个典型的教育失败案例。

北周武帝宇文邕乃是一代明君。在南北朝的乱世纷争之中，以自己卓越的政务和军事能力，把北周治理成了一个强国。他对自己的太子宇文赟要求十分严厉。他亲眼见证了北齐几代皇帝荒淫无道，加之对子女教育极其放纵，从而导致了国家最终败亡。吸取了北齐亡国教训的他，矫枉过正，对太子的要求近乎苛刻，从而走向了另一个极端。

宇文邕要求宇文赟每次上朝觐见，行为举止都要跟大臣们一模一样，就是严冬酷暑都不能休息。因为儿子喜欢饮酒，又下令跟酒有关的东西都不能带入东宫。太子一旦有过错，无论大小，宇文邕都会亲自用棍棒责打他，边打还边恶狠狠地说："古往今来被废掉的太子多了去。我儿子那么多，其他人也可以取代你的太子之位！"他还不放心，让太子属官每天都记载他的一言一行。每个月都要跟他汇报。太子畏惧父皇的威严，刻意掩饰自己的恶行，表面上装出一副贤明的样子。

结果后来宇文邕驾崩，在他的棺材前，宇文赟没有一丝伤痛之情，他摸着自己身上被老爹责打的伤痕，恨恨地说："这老东西死得太晚了！"他打破历代新帝守孝一个月的传统，于父皇驾崩次日继位，是为北周宣帝。

宇文赟继位之后，多年在父皇高压教育下的压抑和不满，终于来了一个总爆发。他沉迷酒色，同时立了五个皇后，同时滥用刑罚，派亲信监视大臣们的言行。终于，他自食恶果，长期的酒色生活掏空了他的身子，于22岁的年纪早早离世，只留下一代暴君的骂名。

宇文邕望子成龙，希望儿子成为像他一样的一代英主。只可惜，他的简单粗暴的棍棒教育，反而让儿子产生逆反心理。后来他将自己从父亲这里遭受的粗暴加倍施加给了臣民，从而造就了自己暴君的恶名。其实这一切本可以避免的，如果宇文邕教育得当的话。

看了这两则故事，相信天下为人父母、为人家长的朋友们都应该认真思考一下："棍棒下面出孝子"这句话到底是否具备普遍适用性。

太监中的正能量

在中国2000年的帝制史上，有一个群体一直被人们所诟病。他们口含天宪，凭借着皇帝的宠信，胡作非为、祸乱朝纲、迫害忠良、贪婪残暴，他们就是变态的“死太监”！

可惜，这样的认识确实是不完全正确的，跟士大夫文官群体一样，宦官也有七情六欲，也分善恶忠奸，他们对历史的发展也有满满的正能量！

秦汉以降，考诸汗青史册，我们会发现宦官群体也有很多值得肯定的人物。他们或者导君以正，或忠君爱民，或清廉无私，或文采斐然，或惠泽地方，或做出丰功伟绩，在历史上浓墨重彩地留下了自己的名字。

典型人物太多，一起上台领奖，怕是会挤塌了领奖台。就让我们选取几个典型让大家来评价吧。

（一）最佳清廉奖——阮安

阮安的入宫本是一场悲剧。大明征伐安南的战争中，他作为明军的俘虏被阉割入宫。童年时代的阴影没有影响他以后的人生。他精通建筑和治水，并担任营建北京城池和宫殿的工作，通济河、固安河、杨村河的治理也都离不开他的身影。

他一生都献给了治河和建筑事业，他接受的最后一项任务是治理张秋河。可是，在半途中，他病逝了。人们惊讶地发现，这位主持了多个重大工程的太监，身后留下的财产还不到十两金子！比大明朝最著名的清官海瑞余财还要少。

（二）最佳劝谏奖——吕强

吕强是东汉末年的宦官。汉灵帝要封他为都乡侯，被他拒绝。他上疏言事，怒斥张让、曹节等宦官的卑劣行为，建议皇帝提倡节俭、反对奢靡浪费，同时要求朝廷减轻百姓负担。针对汉灵帝的卖官行为，吕强指出，天下之财都属于皇帝私有，皇帝何苦卖官败坏朝纲，导致天下民怨沸腾。

吕强建议诛杀贪污的宦官，审查地方官员是否称职。他的建议得罪了很多同僚，在中常侍赵忠、夏恽的诬陷之下，吕强被迫自杀。

（三）最佳政治作为奖——张承业

张承业是唐末的宦官，他一生忠于唐朝。曾经辅佐李克用、李存勖两代豪杰。他欲借力打力，辅佐两代李王与篡唐的朱温政权对抗。在李氏的霸业上做出了自己的卓越贡献。

但是出乎意料的是，最后李存勖要登基称帝，这位一生忠于唐室的老宦官极力反对，最终含恨而终。

（四）最佳帝师奖——覃吉

覃吉是明宪宗安排给太子朱祐樘的老师。在宫中，他时常讲授历史上宦官专权祸国之事，并给太子讲授四书五经。他时常跟太子说："老奴年迈，只希望您将来做一个圣君明主。"

有一次，太子在看佛经，远远看到覃吉朝这边走来，赶紧把书藏起来。

一本正经地读起了《孝经》，覃吉对朱祐樘后来成为一代明君做出了辅导之功。

（五）最佳地方贡献奖——崔保

崔保在明朝天顺年间出镇居庸关。自己出钱在居庸关修建了一所社学，招收地方子弟读书。他又修建先圣孔庙，在永安城构建一所禅庵。崔保出钱给患病者免费提供医药，给贫穷而无力治丧者提供棺木，恤养老弱孤儿，怎么看都有社会福利院的性质。

（六）最佳才艺奖——冯保

书画、琴艺、书法无一不通，还是著名的政治家哦。

通过历史上这些宦官的事迹，我们可以看出简单地否定这个群体可不是客观研究历史的态度哦。

让慈禧暴怒不已的遗诏

同治皇帝是一个悲情天子。他生来就对慈安太后比较亲近，因为他总能看到这位名义上的母亲脸上洋溢的温暖笑容。而自己的生母慈禧总是阴沉着脸，一脸严厉地要求他这样那样。训斥和责罚就是母子之间相处的常态，天长日久，小同治对生母产生了深深的抗拒感。

他喜欢慈安，这位“母亲”总会对他嘘寒问暖，那种慈爱是慈禧身上所欠缺的。时间一久，慈禧也察觉了出来，对儿子对慈安，她都心生不满。其实，母子二人最大的矛盾还在于母亲慈禧的控制欲，她对权力的迷恋，让已经渐渐成人的小皇帝愈加不满。

更过分的是，慈禧对儿子的私生活也进行干预，她希望儿子立她中意的富察氏为后，哪里想到儿子就立了阿鲁特氏为皇后。这让她心生不满，此后，她频频干预儿子的宫闱私事，让儿子多多临幸惠妃富察氏，少去阿鲁特皇后那里。同治帝内心极为抵触，后来干脆两个那里都不去了。他在一帮皇室纨绔子弟导引下，微服出巡，频频出入于京城的八大胡同。

染上恶疾的同治，病情眼看得愈加严重。他深知自己时日不多，便召见军机大臣李鸿藻。李鸿藻见有皇后在侧，想退出去。病榻之上的同治说：“无妨，朕有要事跟你们二人说。”同治先告知二人，自己深感不治，要托付后事了。二人痛哭流涕，同治跟阿鲁特皇后说：“皇后，你看朕百年之后，可以立谁为嗣君，你赶紧说出中意人选，以防不测啊！”

阿鲁特皇后此刻强忍悲伤，抹了抹眼泪说道：“现今天下多变故，国家依赖年长的君主。我可不愿意再立一个幼主，然后我像慈禧太后一样居虚名，继续垂帘听政，这样要贻误国家大事的。”

同治听完这句话，那蜡黄的脸上勉强挤出一丝微笑，他说：“你深明大义，朕没有什么可以担忧的了。”同治跟李鸿藻一起商量，打算以贝勒载澍继承大统。

商量完毕，同治口述遗诏，由李鸿藻书写，大概有1000多字，大意是防止慈禧再度专权。遗诏写好，同治看罢，让李鸿藻回去休息，也许明日君臣还能见上一面。

李鸿藻出宫之后，两股战栗，面无人色。他想到慈禧太后有可能会知道此事，那定然不会饶过自己，他越想越怕。最后他竟然决定——告密！

李鸿藻来到慈禧面前，把遗诏交给了慈禧，并把事情原委和盘托出。慈禧暴怒，当即撕碎了遗诏，然后下令断绝皇帝宫中的医药饮食，任何人不得出入乾清宫。她心想身为儿子，大不孝，她就不再顾及母子之情。毕竟，她深知失去权力，对她，就意味着死亡。

这日，她怒气冲冲地赶往乾清宫，在门口停留了一下，看到同治正在跟皇后说着什么。她命令旁人不得出声，侧耳窥听。此刻，阿鲁特皇后正在跟同治交谈，她深知皇帝将不久于人世，对自己的命运甚为担忧。同治安慰她说：“卿忍一忍，终究会有出头之日的。”听到这里，慈禧再也忍不住怒气，破门而入，指着阿鲁特皇后的脑门，破口大骂：“狐狸精，此刻还想着魅惑人主，我必定让你跟着皇帝一起随行于地下！”

然后，她劈头盖脸就打了阿鲁特皇后，边打还边拽着皇后的头发往外面拖，说要对她大刑伺候。病床上的同治帝哪里受到了这样的刺激，病情加重，不久就一命呜呼。

失去了倚靠的阿鲁特皇后，得到了父亲让她自尽的暗示。她也觉得生无可恋，就吞金而亡了。

同治帝一封瞒着慈禧的遗诏，引得专权太后暴怒不已，灭绝人伦，最终加速了儿子的死亡。

权力这东西，真是魔鬼，它可以让母子失和，相恨相杀！

波云诡谲时代的皇陵浩劫——清东陵盗宝案始末

1928 年 7 月 9 日的深夜，一声惊天动地的爆炸声响起，河北遵化马兰峪周边的居民纷纷从梦中惊醒，很多人惊叫着爬出被窝，他们来到院子里战栗不已，人们不清楚到底发生了什么，是地震抑或战争？这一夜对于他们乃至于对于整个中国来说，都是一个梦魇之夜。震惊世界的东陵盗宝案发生了！

（一）清东陵的兴建、发展和管理

一切都要追溯到 277 年前顺治皇帝的那次围猎。顺治八年（1651 年）的一天，顺治皇帝带领着群臣来到河北遵化马兰峪凤台山围猎。意气风发的少年天子驱马来到一处高坡，他举目远望，只见此地崇山峻岭，万绿无边，东西两边各有一处波光粼粼的清纯碧水，白云渺渺之处，群山若隐若现，恍如人间仙境，这真是一处地造天成的风水宝地！顺治皇帝被眼前的美景深深打动，脱口而出："此山王气葱郁，可为朕寿宫！"

随行的堪舆大臣和钦天监官员测算后，纷纷表示这确实是难道的一处"万年吉壤"，顺治帝大喜，将凤台山改为昌瑞山，以此处为皇陵之所，这就是清东陵的由来。其实顺治帝相中的这块宝地，早在明末就被崇祯皇帝朱由检所看中。只是世事难料，在内外交困的政局下，陵寝尚未动工，崇祯帝就以身殉社稷，吊死煤山，大清“鸠占鹊巢”，将他选定的宝地占为已有。

从顺治十八年（1661 年）营建清世祖顺治帝孝陵开始，一直到光绪三十四年（1908 年）普陀岭定东陵重修工程竣工，清东陵的修建共历时 247 年，共建有皇帝、后妃陵寝 14 座，陵区周边还建有十几座太子、公主、王爷园寝，陵区南北长 125 公里、宽 20 公里，占地 80 平方公里，整个陵区气势磅礴，规模宏大，让世人惊叹不已。

康熙十五年（1676 年），康熙下旨在父皇顺治孝陵东南建造自己的陵寝，被后来雍正帝亲自命名为景陵。按照前朝的陵寝规制，雍正的皇陵自然也应该在东陵。但一生不拘泥于陈法的雍正帝却别出心裁，以佳穴难寻为借口，把他的“万年吉地”定在了易州境内的太平峪一带，从此，清朝入关后的“昭穆之制”被打破，清帝陵寝以京师为坐标，分为以遵化境内东陵和易县境内西陵两大系统。

乾隆帝把帝陵选在了东陵，他还做了关于后代皇帝陵寝的规定，即父子分葬，后代皇帝父在东陵，子在西陵，以此类推。乾隆朝恰逢清朝鼎盛之时，所以乾隆裕陵的建筑取材极尽奢华：两广、云贵川的珍惜楠木、临清的砖料、琉璃厂的瓦料，历时九年，耗银 203 万两，终于建成，随葬的珍奇书画古玩数不胜数。具有讽刺意味的是，一生好大喜功，生活极具奢华的风流天子乾隆皇帝，他驾崩之后，权臣和珅被嘉庆帝抄没的几亿两的家产，竟然可以建造 400 多座裕陵！这恐怕是乾隆皇帝做梦也想不到的，当然 100 多年后的那场帝陵浩劫更是出乎他的意料。

恪守祖制的平庸帝王嘉庆按照父皇的规制，把陵寝定在了西陵。一开始，后继的道光皇帝按照祖制把他的慕陵定在东陵埋葬，后因为地宫浸水事件，又被迫违反祖制，在西陵改建陵寝，当时被陵寝事件折腾得头昏脑涨的道光，恐怕绝不会想到，正是因为他的改建，躲过了一场身后的惊天大祸。苦命太子咸丰帝的定陵选定在了东陵，而他的儿子同治帝死前并没有来得及建造皇陵，于是专断的慈禧又一次打破祖制，将儿子葬在了东陵，同治帝的惠陵是整个清东陵帝陵中建造时间最短、质量最差的。到此为止，清东陵五位皇帝：顺治、康熙、乾隆、咸丰、同治的帝陵都已经建造完毕。

那位不是皇帝胜似皇帝的晚清女主慈禧，她和慈安太后的定东陵从同治十二年（1873年）开始兴建，历时七年完工，慈安太后陵寝规制明显高出慈禧一格。一生好强的女强人慈禧自然不会心甘情愿，她觉得只有把自己的陵寝建造得富丽堂皇、金碧辉煌，随葬的宝物数不胜数才能压过慈安一头，并显示自身的无上权威。光绪二十一年（1895年）十一月，慈禧下旨正式开始重修定东陵。隆恩殿前的丹陛石龙凤戏珠浮雕被换成了凤在上，龙在下；慈禧所厌恶的壁虎石雕也被换掉，整个定东陵的建筑风格按照慈禧的意愿重新设计。重修工程历时14年，其奢华程度和建筑水平之高，都是明清24代帝后陵寝之冠。有意思的是，慈禧也深知自己陵寝修建得过于富丽堂皇，价值连城的随葬物品也必将成为各路盗匪垂涎的目标。她深知前朝许多皇陵曾经被盗取，不但珍宝丢失，而且陵墓主人还要被劈棺暴尸，一想到这些，她就变得惴惴不安。有一次，她突然问身边伺候她的一名何姓太监："你们说除了把陵寝地宫修建得固若金汤以外，还有什么法子能使得陵寝永保无恙呢？"何太监壮着胆子说出了心里话，那就是历代皇陵都因为厚葬被盗，如果薄葬就能打消盗墓贼的兴趣。哪知道，慈禧却大怒，当即要责罚何太监，多亏李连英及时出手相救，才保住一条性命。

清东陵在整个清朝得到了朝廷的重点防护。14座陵寝以昌瑞山脚下的孝陵为中心，错落有致地分布东西两侧。明代名将戚继光曾经在昌瑞山建造长城，清朝担心长城妨碍风水，把山顶城墙拆除，使得整个陵区连贯为一体。为了表示对东陵的重视，乾隆年间将遵化升为直隶州，乾隆元年之后，马兰关总兵都由满洲八旗充任，级别和地位尊崇。为了保护陵区，清政府在陵区周围修建40里的风水围墙，开割火道，并竖立红、白、青三道界桩和界石。因为顺治年间建陵以来，清政府不断在整个陵区种植大量陵树，据清末估计，总共有大概800万棵之多。如此多的陵树自然容易引发火灾，陵区内除了每年会割除一次荒草以外，还开割火道，把火道内一切树木、荒草去除，以防止火灾蔓延到陵寝。

陵区内驻有重兵。光绪朝中期，东陵驻守的精锐八旗兵已经达到 1100 多人。另外还有设在马兰关的绿营，总共包括八营 3100 多兵力。陵区的巡防制度是严格的，“签牌挨拨传递法”和“传筹夜巡法”等严密的昼夜巡逻方法，使得陵区的防守可谓固若金汤。

清东陵的管理和保护机构分属陵区内所设内务府、礼部、兵部和工部。马兰关总兵负责整个陵区的保卫工作。清东陵的最高权力机构是驻守在马兰峪的王府和公府。雍正初年，参与争储的十四阿哥允禵就曾经奉命看守景陵。

清东陵在清朝统治者心目中的地位至高无上，《大清律》明文颁布关于保护皇陵的各项法令、法规。法令法规不仅针对百姓，也针对官兵和官员。清王朝对清东陵管理得力，所以在清朝灭亡前，陵区内偶有小范围的失火、偷盗现象，但是毕竟无碍大局。

随着宣统皇帝溥仪的退位，清朝灭亡，根据民国政府对清皇室的优待条件，清东陵的护陵人员和机构依然保存，归属逊清朝廷管理。清东陵属于皇族私产，保存 400 多名八旗兵看守，另外民国政府每年发放白银 400 万两供清皇室支配。

1915 年，民国大总统袁世凯批准在东陵成立林垦局，归清皇室经营。可以说在袁世凯统治期间，因为全国政局表面上的稳定，也使得清东陵可以勉强维持原状。随着 1916 年袁世凯称帝迷梦的破灭，袁世凯一命呜呼，各路军阀更迭，混战不已，天下大势分久必合。动荡的政局也影响到了清东陵的管理和维护。在短短的十几年中，清东陵的陵树遭到了空前破坏，盗采盗伐使得原先葱葱郁郁的陵区变得日渐荒夷。1924 年爆发了第二次直奉战争，张宗昌部进入东陵大肆劫掠，混乱之中，东陵地面建筑被各路军阀和土匪洗劫。陵区内各享殿的窗棂、门槛都被拆除一空，昔日管理严格的皇陵此时已经沦为了任人宰割的“刀俎”。1928 年 7 月，军阀孙殿英来到马兰峪一带驻军，这场东陵浩劫也即将上演。

（二）军阀孙殿英的发迹

光绪十五年（1889年）正月，河南永城县西杨楼村的一个普通农户中，传出了一声响亮的婴儿啼哭声，没有人意识到这个看似普普通通，跟大清朝亿万如蝼蚁般卑微的生命一样降生世间的男孩，未来将会成为大清朝真正意义上的“掘墓人”。这个男孩就是孙殿英。孙殿英自小颇具游侠之气，长大之后行走江湖，加入了民间组织庙道会，他早年投靠在姜桂题部下从军，后来自己带着队伍单干，渐渐沦为土匪。在军阀混战的大动荡时期，孙殿英难改他的土匪本色，在1925年制造了亳州惨剧。事情源于他投靠姜桂题时受到的40军棍侮辱，现在虽然姜本人已死，他的亲属还在亳州，复仇的火焰烧红了他的双眼。在攻陷亳州之后，他下令军队大肆掠夺，不仅姜桂题的家属，满城的百姓都遭了殃。抢劫、强奸、杀戮……他的匪军在亳州犯下各种罪行，孙殿英部在事后竟然逃脱了安徽、河南两大督军派来的40个营重兵的包围圈，逃出生天的他被张宗昌收编为第三十五师，靠着与国民军作战的军功，次年，孙殿英又被任命为十四军军长。

1926年7月，广州国民政府誓师北伐。北伐军在短短数月间，先后大败吴佩孚、孙传芳，几乎统一了整个南方。面对北伐军的强大攻势，奉天的奉系军阀头领张作霖自任安国军总司令，张宗昌命令孙殿英部调往山东境内阻击北伐军。1928年，国民革命军重新整编为四个集团军，分别由蒋介石、冯玉祥、阎锡山、李宗仁任四个集团军总司令，一路杀向北方。在北伐军强大攻势下，奉军和直鲁联军连连败退，张宗昌放弃济南，仓皇逃窜，徐源泉率领着孙殿英等部也由山东退往河北蓟县、马兰峪一带。这年6月4日，张作霖乘坐火车在皇姑屯被日本人炸死，奉系军阀遭受沉重打击。7月1日，张学良通电南京国民政府，愿意用和平手段统一全国，北伐军的大业眼看就要胜利了，全国即将和平统一，在这举国欢庆的时刻，谁也没有想到河北遵化发生了一起惊天大案。

（三）东陵盗宝案

1928年6月末，徐源泉、孙殿英带兵退到了蓟县县城，蒋介石命何成濬策反二人，二人见大势已去，只好接受了蒋介石的改编，孙殿英摇身一变，成为国民革命军第六军团第十二军军长。长期的战争使得孙殿英部缺钱少粮，他把遵化、玉田、蓟县三地富商、土豪召集而来，商量军队粮饷筹措事宜。正在此时，他得知消息，马兰峪土匪首领马福田率领部下四五百人在当地劫掠百姓，而且还准备杀入清东陵，盗取珍宝，运往北京变卖。正为缺少军饷而苦恼的孙殿英听说了这个消息，计上心来。他先派出部下谭温江摸清清东陵的情况。谭经过一番调查，告诉他：清东陵现在已经处在了无人管理的混乱真空阶段。时任护陵大臣的毓彭监守自盗，把各陵隆恩殿陈设的值钱器皿暗中偷运转卖，而当地土匪、百姓见形式混乱，也纷纷进入陵区盗取宝物。孙殿英和部下商量一番，决定7月1日开始，封锁东陵各个交通要道。此时，土匪马福田已经带人洗劫了东陵的地面财宝和部分王爷、皇子、公主的墓地。7月1日深夜，已经被封锁在了陵区的马福田带人悄悄潜入康熙皇帝的景陵，准备挖掘地宫。出人意料的是，才挖掘了数尺，地下突然喷射黄色水浆，地上的积水使得挖掘工作被迫中止，匪军又转向顺治皇帝的孝陵，可是部下一名匪军告诉马福田：当地人都说顺治出家，他下葬之时，陵墓内除了一把扇子、一双鞋之外，别无珍宝。马福田自认倒霉，只好带人杀向同治帝惠陵和咸丰帝定陵。正在他们干得热火朝天时，谭温江部发现了他们的行踪。一场激战后，马福田率领匪军逃窜。

7月3日，赶走了匪军的孙殿英部又成为“匪军”，他们在东陵内大肆抢夺残存的建筑物饰物，而且进入周边几个村庄，放火抢劫、强奸。这时，指挥部内的孙殿英和部下正在紧锣密鼓地商量着他们的盗陵计划。梁郎先建议找寻之前修陵的工匠或守陵人员，以便于确定地宫入口。经过一番打探，居住的定大村的定陵郎中苏必脱林被孙殿英部下抓获。为了寻访藏宝图，梁朗先和谭温江二人又专程赶往北京，拜访跟李莲英关系不一般的何太监（前文劝说慈禧薄葬的何太监即为此人）。他们用重金换得何太监珍藏的一份李连英侄子李成武登记的慈禧地宫随葬宝物清单。这份清单被原原本本地记录在了李成武的《爱月轩笔记》之中。

听到梁、谭二人绘声绘色地描述慈禧、乾隆、康熙三位帝后陵寝地宫的宝藏情况，孙殿英张大了嘴，惊讶得半天没有合拢，贪婪的光芒从他的眼睛中射出。当天他就迫不及待召集部下开会讨论要崩开皇陵，盗取珍宝。部分部下对此有所疑虑，孙殿英却巧妙地以崩皇陵是革满清死人的命为借口，说此举是继承孙中山先生遗志，也是革命。他们在确定了具体盗陵细节之后，于7月9日严密封锁了东陵陵区，对外宣称为了保护陵区，免遭土匪劫掠。谭温江所率一师人马，直奔慈禧陵而去，当然他们没有忘记带上苏必脱林。在威逼利诱之下，一开始抵死不从的苏必脱林最终被迫告知谭温江，慈禧地宫的入口就在明楼旁边的琉璃照壁下面，这一点是谁也意想不到的。

谭温江下达了挖掘的命令，身强力壮的士兵们分为几批轮流挖掘出了一个大深坑，再往下挖，却碰到了一堵坚硬无比的青石砖墙面，铁锹镐头等工具全部失效。无奈的谭温江面对这堵封闭地宫入口的金刚墙，只好下令工兵团团长颛孙子瑜来实施爆破。随着一声惊天动地的爆炸声，金刚墙被炸裂，出现了一道长豁口。为了看清楚里面的状况，工兵们又将这个豁口扩大到一米左右，等待里面喷涌而出的霉气散去之时，才由颛孙子瑜带领十几个工兵进入地宫入口。地宫内伸手不见五指，渗入骨髓的阴森潮湿让人不寒而栗，颛孙子瑜让手下人分为两队，沿着地宫砖墙小心谨慎地呈蛇形前进。他们到达甬道最底端，发现一道汉白玉石门挡住了去路。一番敲击之后，地宫内用自来石堵住的石门纹丝不动。颛孙子瑜不愧是经验老到的工兵团长，他让士兵们砍伐了一株粗壮的树干，命令40名精壮的士兵怀抱着树干一起用力撞击石门，几番撞击之后，石门终于轰然倒塌。他们用同样的方法撞开了第二道石门，终于发现了一个巨大的棺椁停放在地宫宝床之上。清代的丧葬习惯是外椁里棺，棺椁皆用云南珍稀的楠木制成，外面罩有金漆，整个棺椁金碧辉煌。几十个士兵一起动手，将金光四射的外椁劈开，一具红漆的内棺呈现在他们眼前。士兵们撬开了棺材盖，随着一股阴风窜出棺外，浓郁的霉臭味熏得士兵们几乎要晕倒。他们等霉味散出，一起朝棺内观看，一具女尸面色如生，正静静躺在棺材之内。只见她身着华丽的寿衣，头戴凤冠，静静地躺在铺满了奇珍异宝之上。那些珍宝散发着夺目的奇异光芒，一瞬间照亮了几乎整个地宫，所有人的嘴巴惊讶得都合不拢了，他们这一生从来没有见过如此多的奇珍异宝！

毫无疑问，那具女尸就是曾经掌握了近代中国半个世纪命运的慈禧太后。此刻已经没有人关心她的遗体，所有人已经开始疯狂了，他们的贪欲战胜了恐怖。士兵们一起把慈禧的遗体抛出棺外，那些珊瑚树、翡翠马、翡翠白菜、宝石西瓜、羊脂玉碗、玉佛、金佛、钻石、珍珠等奇珍异宝被他们搬出棺外。闻讯而来的孙殿英亲自带人来到地宫，当看到数不胜数的璀璨珍宝之后，他的大嘴笑得无法合拢。慈禧的遗体此刻因为长时间暴露在空气之中，已经开始变得丑陋不堪。孙殿英盯着慈禧遗体看了一会儿，突然发现慈禧口中发射出了一道瘆人的蓝色光芒。他命令几个士兵上前抠开遗体的嘴巴，看看里面到底是什么东西。几个士兵壮着胆子用力掰开慈禧嘴巴，发现里面竟然是一颗硕大无比的夜明珠，旁边的梁朗先插话道："我听说世间有一种宝珠，死者含在嘴里，可以保尸身永不腐烂，难道这就是传说中的旷世珍宝夜明珠！"孙殿英朝一旁的刘副官使了个眼色，刘副官拿着一把闪亮的刺刀，刺入慈禧嘴巴里面，朝左右各割开一道大口子，那颗鸡蛋大小的夜明珠从她嘴中滚落，一刹那，整个地宫都被夜明珠蓝绿色的光芒照得明亮了起来！

孙殿英命令将所有的珍宝抬出地宫，剩余的零散珍宝命令士兵们可以自由抢夺。命令一下，地宫内枪声、打骂声响成了一片，昔日在战场上生死与共的弟兄此刻已经被贪欲的魔鬼占据了心灵，人人恨不能置对方于死地，把所有珍宝收入自己囊中。一番厮打之后，两人死亡、两人重伤，心满意足的士兵们怀揣着珍宝走出地宫。只留下被劈碎的棺椁和旁边几乎赤身裸体的慈禧尸体孤零零躺在冰冷的地宫之内。在之前的抢夺中，士兵们扒下了她的寿衣和身上所有值钱的葬物。

此刻的隆恩殿内，孙殿英正带领部下检查从地宫抬上来的“战利品”，梁朗先手拿那本《爱月轩笔记》，对着珍宝一一对照。他口中念念有词：“金丝绵褥制价为 8.4 万两白银；绣佛串珠薄褥制价 2.2 万两；翡翠荷叶估值 85 万两；陀罗经被铺珠 820 颗，估值 16 万两；后身串珠袍褂估价 120 万两；身旁金佛每尊重 8 两，玉佛每尊重 6 两，翡翠佛每尊重 6 两，红宝石佛每尊重 3 两 5 钱，各 27 尊，共 108 尊，约值 62 万两；翡翠西瓜 2 枚，约值 220 万两，翡翠甜瓜 4 枚，约值 60 万两；玉藕约值 100 万两；红珊瑚树约值 53 万两；慈禧头上戴的珠冠，上面一颗 4 两重的大珠系外国人进贡，价值 1000 万两。慈禧身上填有大珠约 500 粒，小珠约 6000 粒，估值 22.8 万两……”

就在慈禧陵被盗掘的同时，孙殿英部下师长柴云升正带人寻找乾隆裕陵的地宫入口。一番忙碌之后，他们却毫无所获。旅长韩大保派人探听到了谭温江部挖掘慈禧地宫的情况，他们吸取经验，也找到了明楼前的琉璃影壁开始挖掘，终于发现了地宫入口。先行进入地宫入口的两个士兵却被甬道内的苔藓滑倒，一直滑落到了积水的地宫深处，在一番无力的挣扎之后，二人殒命。韩大保为了扩大地宫入口，也想到了用炸药爆破的方法。一声巨响之后，地宫入口增大了很多。两名士兵又被派出，进入地宫。地宫底部积水严重，柴云升只好派人连夜到天津购买消防用的抽水机，他们打算抽出地宫积水，以便进入。天亮之时，五台抽水机从天津运到东陵。韩大保指挥部下用了四个小时，抽干了地宫积水，他们用大树干撞开了地宫三道石门，可是到了第四道石门时，却怎么也撞不开了。原来地宫的积水太多，后室宝床之上的棺椁漂浮起来，到了石门背后，紧紧顶住了石门，导致无法撞开。韩大保决定用炸药炸开石门，爆炸声过后，第四道石门洞开。韩大保命令士兵们劈开三具棺椁，里面安放着乾隆皇帝和他后妃的遗体。乾隆一生风流文雅，喜欢收集名帖字画。粗鄙的士兵们哪里知道这些字画秘籍的价值，他们野蛮地把字画当成废纸扔进了污水之中，任其淹没腐烂。在乾隆棺椁内，他们意外发现了一柄莫邪剑，这柄宝剑可是春秋传下来的旷世珍宝。当所有的棺椁被劈开之后，乾隆帝后的遗体被扔出棺外，那些佛像、珊瑚、玉石、象牙、铜鼎等宝物被抢夺一空。

孙殿英的另一个师长丁綍庭开掘康熙景陵的过程中，遇到了大麻烦。无论怎样挖掘，地面都有泉水喷出，尤其是宝顶前部的泉水如瀑布一样，根本无法继续挖掘。最后他们只得放弃。

连续三天三夜的东陵盗宝直到 7 月 10 日才落下帷幕。孙殿英望着整整 30 大车的珍宝，露出了满意的笑容。

孙殿英带着珍宝撤退了，东陵的浩劫并没有结束。周边的土匪、奉军、直鲁联军的残余部队以及当地土著居民，又来到慈禧、乾隆地宫，进行了第二次洗劫，他们拿走了地宫中散落的珠宝。不仅如此，之前被盗窃过的同治帝惠妃陵寝又被打开，所有随葬品被抢劫一空。

东陵的守护大臣毓彭此时为逃脱责任，早已跑到北京躲了起来。在天津张园的废帝溥仪是 8 月 2 日才得知东陵被盗的消息。得知消息的溥仪当场晕倒在地，他发誓跟孙殿英誓不两立，定报此仇。满清遗老们纷纷要求民国政府惩办盗墓主谋。8 月 4 日，孙殿英的上等兵张岐厚等三人在青岛被抓获，他们交代了事件的前前后后。孙殿英部如此明目张胆的盗陵行径激起了社会各界的愤慨，不仅国内各媒体，国外各报社也纷纷发表报道，严厉谴责孙殿英的盗墓行为。

孙殿英和他的部下现在已经如热锅上的蚂蚁，惶惶不可终日。在幕僚的建议下，他只好忍痛割爱，从盗取的珍宝中取出一部分变卖或者直接送给了徐源泉、阎锡山、朱绶光、商震等人。而商震正是审理东陵盗宝案的审判长。不仅如此，孙殿英还派人到南京送给了孔祥熙、宋霭龄夫妇一颗翡翠白菜和一包珍珠；并委托他们夫妇送给蒋介石、宋美龄夫妇慈禧嘴中的那颗夜明珠及乾隆陵内的莫邪剑。

孙殿英的贿赂攻略取得了奇效，法庭没有审理他，只找了几个无关紧要的小人物做替死鬼。孙殿英在击败了张宗昌残部之后，还被升任河北省大名镇守使，他手下十二军的兵力增加到了 5 万。

国民政府对孙殿英盗宝案的态度，溥仪为首的满清遗老极其不满，这也许是日后溥仪投靠日本的一个原因。

后来孙殿英在 1947 年与解放军的豫北作战中被俘虏，解放军优待俘虏，孙殿英深受感动。在病危之际，他忏悔说："我过去做了许多坏事，对不起民众，对不起共产党。共产党宽宏大量，不计怨仇，比蒋介石不知好多少倍啊！"是年秋天，东陵大盗孙殿英病故，这个曾经盗掘了无数珍宝的盗陵将军，死时身上却没有一个铜板！

对于他的盗墓行为，国内外谴责者居多，但是也有不同的声音，比如冯玉祥曾经跟孙殿英说："殿英老弟，你的革命精神我很佩服！咱们是好朋友，好同志！在反对清廷这一点，我干的是活的（指驱逐溥仪），你干的是死的（指盗陵）。"不管如何，孙殿英在盗取东陵财宝时候，个人的贪欲是占据了首位的。

在孙殿英身后，东陵的苦难并没有结束。1933 年，日本接管了清东陵的管理事务，随着 1945 年日本帝国主义的战败投降，东陵的管理又出现了真空。1945 年 9 月，伪冀东防共自治政府辖东陵的冀东军区 15 军分区情报队队长张尽忠伙同土匪王绍义、穆树轩、贾正国、赵国正等人，明目张胆地开始盗窃陵寝。他们进入了同治帝后的惠陵。棺椁打开，同治帝遗体已经高度腐烂如烂泥状，同治皇后阿鲁特氏的遗体却保存完好，宛然如生。盗墓贼们听说阿鲁特氏是吞金自杀，于是残忍地剖开了她的腹部，寻找那传说中的金子。

1945 年 12 月，王绍义一伙又洗劫了康熙的景陵，康熙皇帝被拖骨暴尸，他们带着搜罗的好几麻袋珍宝满意而去。盗墓主犯没有逃脱惩罚，张尽忠被国民党军统特务抓获后，病死在北平牢房内。而王绍义 1951 年 3 月被人民政府执行枪决。

中华人民共和国于 1952 年成立清东陵文物保护所，对其进行管理保护。1978 年，清东陵对中外游人开放，对普通民众来说是往昔不可涉足的皇家禁区，今日却成为历史教育的基地。

一部清东陵的历史，背后深深映射了一个波云诡谲的时代。清朝从鼎盛到败亡，原本象征着皇家无上权威的东陵却成了乱世里人人可以染指的刀俎。逊清皇室无力保护皇陵，而随着民国政局的动荡，各路军阀混战不已，孙殿英乘机盗窃皇陵，惹下惊天大案，后来又凭借手眼通天的关系网贿赂政要，保住了自己的官位和性命。那是一个钱可通神的腐败时代，法律、道德成为摆设，乱世中，皇陵可以随意盗取，更何况普通百姓的身家性命，更是如乱草般“难以苟全于乱世”！

而孙殿英本人的发迹史更是乱世草头王的典型人生路。张宗昌、张作霖、孙殿英……这一长串民国初年大军阀名单，他们的人生虽然各不相同，但是从社会底层凭借个人能力，于乱世中乘乱而起，手握兵权的他们或多或少地影响着历史的发展轨迹。孙殿英自从军以来，多次易主，从张宗昌到蒋介石，利益是永恒的追求。袁世凯病死后，新旧军阀之间的混战又使短暂稳定的政局重新陷入混乱。当时的北方几次易主，混乱之中，清东陵的管理成了真空。军阀、兵痞、土匪、土著居民垂涎于东陵惊人的珍宝，纷纷赶来盗取。本属于国家管理的珍奇宝藏落入私人囊中，几经易手，这些价值连城的珍宝多半下落不明。这是乱世中，国家的悲哀，更是一笔无法弥补的巨大损失。一座皇陵背后却是几多沧桑，旧社会无力管理祖宗留下的珍奇异宝，只有等到中华人民共和国成立，清东陵才焕发了自己新的青春，也获得了新生，这些珍奇异宝也真正实现了它们的价值。

宋子文和盛七小姐的情缘往事

20世纪80年代初，上海的一处里弄。

阳光明媚的时候，过往的行人会注意到有一位老人家在晒太阳。她已经80多岁，满头银发，但是精神还不错，衣着很是得体。她坐在自家门口的一张小椅子上，抽着雪茄烟，动作优雅，像极了旧上海的富家小姐。有时候她会拿着一只金叶子，定睛看着，嘴里还在喃喃说着什么，说着说着眼角还会流下一行浑浊的眼泪。

这位老人家就是赫赫有名的民国名媛盛爱颐。

金叶子背后其实是一段刻骨爱恋，那是1917年的上海滩，盛爱颐永远不会忘记和他初次相识的那一天。

一身笔挺的西装，带着一副金丝眼镜的他显得那么的儒雅得体，谈吐间尽显才子风范。他就是刚从美国镀金回来的海归男——宋子文。他恰如一缕春风吹拂了她心底最柔软的角落。从看到他的第一眼开始，她已经对他有了深深的好感。那一年他23岁，她17岁。

盛爱颐是当时上海滩的名媛。她的父亲就是上海滩最大的资本家盛宣怀，当时盛宣怀虽然已经去世，但他留下的1349万两银圆足以让家族富甲一方！作为盛家的七小姐，盛爱颐容貌秀丽，而且能诗能绣，更写得一手好字。可谓才貌双全，豆蔻年华的她名声已经响彻整个上海滩，无数官宦富家子弟为之痴狂。

盛爱颐在上海圣约翰大学就读，面对众多富家公子的狂热追求，她不屑一顾。她在等待着自己的白马王子。

其时，宋子文刚刚从美国回国不久。他担任汉冶萍公司总经理盛恩颐（盛家四公子）的英文秘书。因为经常出入盛府，他认识了盛七小姐，初始之际，盛爱颐的优雅和美貌已经令他深深着迷，他深深喜欢上了这位富家小姐。为了追求心上人，他主动要求担任盛爱颐的英文老师。一口熟练的英文，加之广博的美国见闻，宋子文渊博的知识令盛爱颐深深钦佩。随着二人相处时间越来越长，他们的感情也逐渐升温。

但是这段师生恋却没有得到家人的祝福。盛爱颐的母亲庄夫人虽然最初对风度翩翩的宋子文非常欣赏，但她不了解他的家世，于是派出家中大管家李朴臣去打探。李朴臣打探的结果让庄夫人的心瞬间凉了下来。李管家说宋子文是广东人，他父亲只是教堂里面拉琴的。其实，李管家的消息不尽可靠。虽然宋子文的父亲宋嘉树只是个传教士，但是家世也算小康。极其看重门第的庄夫人觉得宋子文配不上自己的女儿。门不当户不对，她是绝对不会答应的。于是她开始千方百计阻挠两个热恋中的年轻人。

已经深深陷入爱情的年轻人怎会因为家人的反对而放弃。盛七小姐写给宋子文的情书有炽热的表白："爱并不因瞬息的改变而改变，爱一个人或被一个人爱都是世间顶顶幸福的事。"宋子文的回应深情而温柔："爱是亘古长明的灯塔，没有你，我的世界将是一片黑暗。"

眼见得女儿已经对宋子文无法自拔，庄夫人看在眼里，急在心头。她授意儿子盛恩颐下令把宋子文调到武汉任职。可是一心只想跟盛七小姐在一起的宋子文，隔三岔五就会偷偷溜回上海，跟爱人私会。有一次他在街头跟盛爱颐说话，因为太专注，差点被车撞倒，此情此景，盛爱颐看在眼里，心中却是满满的幸福。

1923 年 2 月，平定了陈炯明兵变之后，孙中山在广州筹办新政权，当时急需各方面的人才。宋子文由二姐宋庆龄引荐，被孙中山启用。孙中山几次电报催促宋子文南下广州任职，宋子文也觉得这是非常好的发展机遇。

但是他舍不得离开盛爱颐。宋子文便劝说盛爱颐跟着自己离家出走，一起南下广州。但是盛爱颐却犹豫不决，她有自己的考虑和担心。面对犹豫的她，宋子文追到了杭州。他来到了正在跟妹妹一起看海潮的盛七小姐面前。从怀中掏出了三张船票，宋子文真诚地看着爱人，深情说道："爱颐，你知道我放不下你。革命一定会成功，你跟我一起去广州吧！带着妹妹一起。"望着痴情的爱人，盛七小姐心如刀绞：一方面，她舍不得离开这个深爱的男人；另一方面，她又深深地担心自己的私奔会让母亲伤心绝望。更何况，一向做事缜密、为人理智的她考虑得很长远。如果就此私奔，这得不到家人祝福的婚姻会幸福吗？自己将永远背负着良心和道德的谴责，无颜面对同样深爱自己的母亲啊！想到这里，她狠狠心，流着泪回答宋子文："还是你自己去吧，我等你回来。"

说完，她掏出一把金叶子（金制的树叶形状的礼金）交给了宋子文。她以此作为宋子文的路费。宋子文心中失望之极，却也深深感动，他接过金叶子，感激地说："这些就算你借给我的吧！"其实，宋子文不知道，金叶子也是当时上海上层社会订婚的礼金啊！

二人就此分道扬镳。几年之后，宋子文坐到了国民政府财政部长的高位，但往日的海誓山盟已经被他抛到脑后。1927 年，他与富商之女张乐怡结婚。1930 年，再次回到上海滩的宋子文，已经是身边"佳人相伴"了。得知爱人背叛了爱情，盛爱颐伤心欲绝，大病一场。

财产分配案后，盛七小姐得到了 50 万两银圆的遗产。她投资兴建了上海滩最负盛名的百乐门舞厅。32 岁那年，她嫁给了庄铸九。

有一天，盛爱颐到五哥家中喝茶，却在客厅看到久违的初恋爱人——宋子文！原来是宋子文想跟盛爱颐道歉，解释当年的事情，所以刻意安排了这次见面。因为担心她不来，就没有提前告知她。没有想到她一点都不给宋子文面子，面对劝说她留下来跟宋子文共进晚餐的亲友们，她冷冷回道："不行，我丈夫还在家等我呢！"说完，拂袖而去，只留下目瞪口呆的宋子文。

事后，她跟别人说起此事："他高官厚禄，春风得意，我何必巴结于他？再说，他欠我的那把金叶子还没有还呢！"

可是，上天还要安排这对欢喜冤家重新见面。盛爱颐的侄子盛毓度曾在日本领事馆担任秘书期间，与军统头目戴笠联系，并营救过一批国民党人士。可是戴笠飞机失事死后，盛毓度的身份无法核实，被当作汉奸投入了监狱。几次努力之后，朝中无人的盛家无法救出盛毓度。绝望之际，盛家人想到了盛七小姐跟宋子文的关系，他们哀求盛爱颐出面营救自己的侄子。面对家人的苦苦哀求，盛爱颐只好硬着头皮打了一个电话给宋子文："宋部长，我想明天跟侄子一起吃个饭，可以吗？"电话那头答应得非常爽快。第二天，盛毓度就被放出来了。那一刻，盛爱颐的心绪十分复杂，她知道，这么多年了，宋子文心里其实一直有她！

1947 年"黄金风暴"之后，宋子文被迫辞职，远赴美国。远隔重洋，宋子文的心里却一直在记挂盛爱颐。在赴美之前，他就托人关照盛爱颐。后来盛七小姐晚年患病的时候，宋庆龄曾经派自己的办公室秘书从北京来看望，这也许跟宋子文的嘱托有关。

1971 年宋子文在旧金山病逝。历经沧桑的盛爱颐晚年生活平静而舒适。天气好的时候，她会晒晒太阳，也许当她再次看到金叶子的时候，心底依然会有暖暖的回忆。虽然他曾经辜负了她，现在的她已经选择了原谅。那段刻骨铭心的爱情永远是她心底最温暖的回忆，即使这爱曾经把她伤得千疮百孔。

这正是：

一把金叶，一番真情；一生挚爱，无缘同行；沧桑度尽，梦牵魂萦！

中外刺客往事

要说起职业的古老性，刺客也可以名列前茅了。在春秋战国时期，就出现了最早的职业刺客。那时的刺客大多出于政治原因，刺杀政治人物，以消灭目标肉体为最终目的。很多手握实权的人物由于实力的强大，难以通过常规政治或者军事手段推翻，由此他们的对手通过刺杀这种最高效的手段来达到自身目的。负责专门刺杀的刺客应运而生。

一般说来，刺客刺杀的目的也分好多种，有的是为了国家民族大业，比如安重根刺杀伊藤博文；有的为了个人私怨，比如施剑翘刺杀孙传芳；有的是受人指使，比如专诸刺杀吴王僚；有的是为了钱财名利，如武士英刺杀宋教仁；也有的纯粹莫名其妙，比如陈德刺杀嘉庆。刺客并不都是职业的，也有很多人通过一场刺杀行动千古留名。最典型的如李猪儿成功刺杀安禄山。以刺杀为目的，实施了刺杀行动的都可以称之为刺客。

古今中外各种刺客层出不穷，很多著名的政治人物都是死于刺杀。比如腓力二世、恺撒、甘地、马丁·路德·金、林肯、列宁、肯尼迪、孙策、张飞、宇文护、李辅国、阿合马、也先、铁良，等等。

刺客有很大的危险性，先不说那些刺杀没有成功的（如荆轲），就是很多成功刺杀的刺客也难保性命（如专诸）。很多刺客行事之前，也是如荆轲般抱定了“壮士一去兮不复还”的必死决心。

古代刺客的事迹流传至今的很多。司马迁在他的《史记》里面就专门开了《刺客列传》专章来介绍刺客的事迹。司马迁生活的西汉时代，人们对于侠客、刺客还是怀有崇拜之情。当然《刺客列传》里面描写的春秋战国的刺客也多是怀着“士为知己者死”的信念，演出了一幕幕悲壮而感人的历史大剧。比如四大刺客：专诸、聂政、豫让、荆轲，他们的故事直到今天也为人们所津津乐道。秦汉之后的时代，刺客渐渐更多的是为名利而刺杀，或者是迫不得已而为之。比如为了生存而杀掉了辽朝暴君耶律璟的那几位厨子和宦官，还有刘克明等宦官为了不受毒打而杀掉了喜爱捕夜狐的唐敬宗。

无厘头的刺客也有，清朝那位失业的厨役陈德入宫刺杀嘉庆皇帝，竟然在众目睽睽之下差点得手。还有那位闯入皇宫闹出一场惊天“梃击案”的疯癫张差。他们的刺杀目的到现在都没有定论。

笔者对刺客这一行当并不感冒，也没有过多的喜爱之人。也许我心中有“宋襄公般的蠢猪仁义”情节吧，总觉得正大光明地在战场上杀掉敌人才是君子之道。但是历史上有几次刺杀事件，我还是要竖大拇指称赞的。1932 年 4 月，朝鲜义士尹奉吉在上海虹口公园成功刺杀侵华日军司令百川义则等日军政要人，那一幕是多么的解气！还有唐朝李猪儿不堪安禄山虐待，深夜刺杀安禄山，最终成功。想想这个双手沾满了无数大唐子民鲜血的魔头破肚而亡，也着实可以告慰无辜的亡灵了。

笔者又为两次失败的刺杀扼腕叹息。一次是壮士施全感忠义岳飞之死，奋起刺杀奸贼秦桧，可惜壮志未酬身先死。一次是“二战”末期德国军官施陶芬贝格刺杀希特勒失败。如果这次成功也可以提前一年结束欧洲战场的战事，可以使千万人免于战祸。

从刺杀的结果来看，刺客的刺杀行动有的成功改变了历史。比如专诸刺王僚成功，才有了阖闾的继位和吴国的霸业。安斯特洛姆成功刺杀瑞典国王古斯塔夫三世，也使得瑞典王权渐渐衰落。但是有的刺杀行动却误打误撞，并没有实现行刺者的最终意图，甚至还产生了截然相反的结果。中外都有这样的事例。如燕国派遣荆轲刺杀秦王嬴政不成，秦王大怒，发兵灭六国。本来刺杀想延续割据局面，最终却更加加速了六国之灭亡。再如布鲁图斯等贵族面对恺撒的称帝野心，想通过刺杀来遏制罗马帝国化。后来刺杀成功，但是恺撒死后，屋大维上台，却加速了帝制进程，也使得罗马进入了帝制时代。一战前塞尔维亚爱国者普林西普想通过刺杀来访的斐迪南大公来阻止祖国被奥匈帝国吞并，刺杀成功，大公夫妇的死却成为“一战”爆发的导火索，最终在战乱中塞尔维亚被同盟国侵占。

近代日本也演出过这样一幕滑稽剧。甲午战后，小山丰太郎拔枪刺杀来日谈判的李鸿章，李鸿章利用这次刺杀事件，为清朝争取少损失了一些利益。本来那个狂热的刺客想通过刺杀来反对日本政府与清朝谈判，以继续扩大侵华战争。没有想到阴差阳错，刺杀事件反而被经验老到的李鸿章用来为中国争取权益。

刺杀这种方式值得商榷，但是对于历史进程来说有时候又是无奈的选择。辛亥革命时，革命党兴起了一股刺杀浪潮。为了推翻腐朽的清廷，革命党也展开过多次武装起义，却基本都以失败告终。无奈的革命党只好采用暗杀清廷要员这种方式来加速革命的进程。从史坚如、吴樾到温生才、徐锡麟、汪精卫（可惜在抗日战争中沦为汉奸），一批批革命义士前赴后继刺杀清朝高官，一定程度上加速了清廷的灭亡。

刺客是一个永恒的历史话题，如果他们的刺杀确实是为了国家民族而战，为了反抗暴政、争取自由而不得不采取这种方式，后人尽可以对之宽容理解，相反如果是为了一己私利以及逆历史潮流而动的刺杀行动，是应该受到后人的批判和唾骂的。

千年罗马帝国的辉煌与衰落——人类历史的魅力话题

《角斗士》《庞贝末日》《埃及艳后》《第九军团的消失》《斯巴达克斯》《天降雄师》《罗马大帝》……这一系列的古罗马题材的电影总让人神往。那个消失 1500 多年的帝国（这里的计算没有算入东罗马帝国亦即拜占庭帝国）对今天的人们而言，仍然充满了魅力。

古罗马这个西方文明中的辉煌帝国何以能从台伯河上的一个小小的七丘之城发展成了横跨三大洲的大帝国？又何以能持续千年之久？又是什么因素导致了这一强大的帝国轰然倒塌？自从公元 476 年罗马帝国末代皇帝罗慕洛斯让出帝位那一刻就有人在讨论这一话题。

公元前 753 年罗马建成，这一年在欧亚大陆的另一端，东方历经了 300 多年的西周帝国已经是穷途末路。褒姒望着烽火台那诡异的笑声，也导致了周幽王父子的身死国灭。这一年已经是他儿子姬宜臼在位的第十八个年头了。

罗马城建成非是一日。罗马人崇拜狼，更以武力立国。经过了无数次跟周围部族的大大小小的战争，罗马也在日渐壮大。当然罗马也有危险之时。几次差点儿被攻破。

罗马人凭借着不屈的斗志和永不放弃的韧性，终于挺过了一道道难关。他们进入了王政时代，随后是共和时代。罗马的权力机构是元老院，还有平民官保民官等职务。没有世袭制，基本职务要通过公选确定，战时所有年轻力壮的罗马男性都是士兵。罗马夫妻吵架时会去神庙，然后夫妻一方在神像前先陈述自己的理由和苦恼，另一方静听，然后换另一方陈述，往往还没有等一方陈述完毕，另一方就已经原谅和理解了对方。这就是倾听的效果了。

罗马共和国经历了很多的战争，他们打败了腓尼基人、皮洛士、马其顿人，还有亚平宁半岛的各个部族，他们的领土渐渐扩展。

罗马的最危急时刻是遇到了迦太基的战神汉尼拔。这个终生被仇恨燃烧的人，对罗马恨之入骨，他几次三番打入罗马境内，歼灭了罗马10万以上的主力军，让罗马几乎面临无兵可派的窘境。好在幸运的罗马有西庇阿这个汉尼拔命中注定的克星。战败的汉尼拔只好抱恨终身，本来他是有机会把罗马城从地球上抹去的，可是战争的失败最终导致了日后自己的祖国被罗马人彻底终结。

罗马外战刚停，又遇内乱。角斗士斯巴达克率领不甘压迫的角斗士和奴隶揭竿而起。斯巴达克一度差点攻破罗马，但是关键时刻的战略决策失败以及内部的分歧最终导致了起义的失败。但是在生命最后时刻单膝跪地坚持作战的斯巴达克永远值得后人的崇敬。

起义被镇压之后又是罗马内部贵族的钩心斗角。前三头、后三头之间的尔虞我诈，这个时代涌现出来一批卓越人物。最终恺撒凭借自己惊人的能力一举打败了所有对手。打算称帝的恺撒却意外死于暗杀。

罗马的福利制度让人吃惊。当时罗马城里的权贵或者有钱人会集中拿出一批钱给失学儿童作为教育基金专用。罗马权贵要想选举成功必须拿出大量钱财兴建公共建筑。今天我们看到的罗马城的古罗马时代的古迹建筑很多都是权贵自己掏钱兴建的。

恺撒之后的屋大维终于让罗马进入帝制时代。但是这个帝制跟东方的帝制又有着根本的差别。他们称作元首，他们的权力不是无限的，他们的权力来自元老院。罗马之后经历了几个王朝的统治也进入了极盛时代也就是安东尼王朝五贤帝时代。一个欧洲史上亘古未有的帝国傲视欧亚大陆。

当然在东方的另一端，中国的东汉帝国已经进入中年，宦官后妃外戚轮流坐庄，帝国已经尽显疲态。

罗马极盛时代的民生也是让人夸赞的。各种海产品的供应，地中海温暖湿润的气候适合农耕，粮食也是不缺乏的。罗马人常常举行各种宴会。罗马人极其重视教育，但是一个很不好的方面是重男轻女。女人的地位跟同时代的汉帝国非常相似。罗马人的晚餐是极其丰盛的，他们习惯于躺在床上，单臂撑着身体吃晚饭。罗马人爱好卫生，城市中可以容纳千人共浴的浴室就上百个。他们有城外的水管供水，有类似今天抽水马桶一样的厕所设备。如果今天人们穿越到公元 2 世纪的罗马还真没有太多的违和感。看看那宽阔的道路建设，那城市的地下水道你肯定会为之赞叹不已。

在罗马的浴室你有可能邂逅哈德良大帝，如果你是一个退伍老兵，你的薪水不足以支持你在公共浴室洗澡时候请一个搓背的奴隶。你可以告诉哈德良元首，第二天元老院就会通过法令提高退伍老兵的待遇，这是一个重视法令法律的国度，十二铜表法的颁布，罗马法律的健全也让人惊叹。上到元首下到平民必须按照法律来行事。

图拉真大帝征服了达契亚人，让帝国的东方疆界达到了极盛，并且打败了劲敌安息帝国，罗马人用凯旋柱来纪念他们的英雄元首。

随着五贤帝最后一位马可·奥勒留的继位，帝国已经不复往日的强盛。一场瘟疫的到来让帝国元气大伤。几百万人的死亡，甚至最后哲学皇帝奥勒留自己也死于瘟疫。在东方的汉帝国，一场巨大的瘟疫同样导致了民不聊生，黄巾军趁势而起。

面对着帝国的困境，罗马何去何从这个巨大的难题在拷问着接下来的历任元首。

在帝国危机之时，罗马几任元首都是兢兢业业，努力带领帝国走出一道道关口。西边北边东边蛮族势力越来越强，随着帝国兵役制度的变化，越来越多的蛮族进入军队，军队蛮族化成为帝国灭亡的祸根。舒适的城市生活让罗马公民丧失了祖先的狼性。他们贪生怕死，逃避兵役。无奈的帝国只好招募彪悍善战的蛮族士兵加入帝国的军队。

军队蛮族化，随之而来的一个影响就是军事政变的频繁。许多元首死于军队的叛乱，新的元首又被军队所拥立并控制。元老院开始变得有名无实。

战斗力的下降也是一个严重后果。亚德里安堡一战，皇帝瓦勒斯被活活烧死在小木屋。罗马的强盛已经成为过去。

随着民族大迁徙浪潮的到来，东方的诸多民族为了生存开始不断西迁。有一个叫作匈人的民族在首领阿提拉的带领下迁徙到东欧草原并站稳了脚跟。他们据说是匈奴人的后代，但是文字史料的缺乏只能让此说存疑。他们的彪悍凶悍却丝毫不次于匈奴人。

阿提拉借助罗马公主事件攻打西罗马的城市。焦头烂额的罗马只好让大将军艾提乌斯出面来力挽狂澜。艾提乌斯号称最后的罗马人。他有勇有谋，他率领数十万罗马和哥特等蛮族联军在沙隆一战中击败了不可一世的阿提拉，逼得对方差点自焚。这也是在战场上罗马军队取得的最后一场大胜。

渡过难关的罗马元首瓦伦提尼安三世却开始猜忌罗马的救星艾提乌斯，他亲手在朝堂上杀死了艾提乌斯，也杀死了罗马最后的希望。他真应该跟几乎同时代的中国宋文帝刘义隆交流交流“自毁长城”这词的含义。因为跟他相似，刘义隆也杀死了功臣檀道济。

罗马后来又面临阿拉里克和汪达尔人的两次破城。500 年没有被攻陷的罗马城成了蛮族士兵的乐园。建筑被烧毁，男人被屠杀，妇女被劫走，整个城市在战火中哭泣。

“不死鸟”罗马终于耗尽了它最后的元气。公元 476 年，跟罗马建城的始祖罗穆洛斯同名的末代小皇帝被迫禅位给蛮族将军，罗马帝国终结。

西罗马灭亡后，定都君士坦丁堡的东罗马仍然存在了 1000 年。但是这个帝国已经是希腊化的文明，跟地中海文明的罗马帝国完全不同了。只能说是貌合神离而已。接下来的沙皇俄国自称第三罗马那更是跟罗马风马牛不相及了。

进入近代，意大利纳粹首领墨索里尼自称要重建罗马帝国的辉煌，却是东施效颦，徒增后人嘲笑而已。而希特勒要效仿罗马一统欧陆的迷梦也在苏美英等大国的抵抗中，被无情击碎。

罗马之后不再有罗马。中世纪的欧洲充满了野蛮与战乱。街道上是随地大小便的行人，一下雨就无法通行的泥泞道路。不讲卫生，疾病流行，巴黎城外的垃圾和粪便堆积如山……

罗马灭亡的原因很多。兵役制度的失败、自来水道的铅中毒、蛮族的强大、信仰的混乱、奢侈糜烂的生活，这一切都在腐蚀着帝国强大的躯体。

罗马终结，后人只有在罗马城残存的断壁残垣间感叹历史的沧桑与无情，只有那雄伟的罗马斗兽场还在无声地诉说着罗马曾经的辉煌昨天。

中世纪的肮脏之城

中世纪的欧洲有多脏，别的国家不说。咱们单表法国，有人五六十年从来没有洗过澡，街头上随时可以看到大小便的人。走在巴黎的街头，楼上从天而降的粪尿让人无处可逃。

自从罗马帝国消亡之后，整个欧罗巴仿佛一夜之间从文明顶峰走入了蛮荒时代。蛮族混战不休，罗马帝国的辉煌如往日黄花一去不返。昔日罗马帝国极其重视卫生，城市里有数不胜数的公共浴室和公共厕所。可是到了中世纪，这一切都消失了。

中世纪法国的很多绅士小姐，把终身不洗澡当作了一种时尚和养生方式。

人们家中没有专门的厕所。卧室、厨房、餐厅随处都可以方便。每家都有一把特制的铲子，大小便后，拿铲子一铲，就算完成了清洁工作。不止民间如此，就是宫廷也是这样。卢浮宫、凡尔赛宫屎尿随处可见，以至于太阳王路易十四不得不经常搬家，每到一处新家，都让人彻底打扫，去除那难以忍受的臭味。

法国王室上厕所更是奇葩，竟然没有厕纸！古罗马人用沾过水的海绵当厕筹。法国王室如厕后，用来清洁身体的竟然是一根绳子！如厕后，只需要用这根绳子擦一擦即可。而且更让人大跌眼镜的是，这根绳子从国王到奴仆，不分男女，大家都可以使用。而且，不到用烂了，这根绳子都不——会——换!

每天早上，巴黎城都会上演一个壮观情景：住在楼上的人们开窗往下倒垃圾，这些垃圾竟然是屎尿！于是也就有了城市中的另一景，不管晴天雨天，绅士小姐们都会带上一把雨伞，那伞是用来遮挡随时可能从天而降的排泄物!

巴黎城成了猪的快乐乐园。那时候，猪是不圈养的，喜欢粪坑的它们随意在臭气熏天的城市内瞎逛，以至于最后酿成了一场血案。公元1131年，15岁的菲利普王子骑着马，在塞纳河边游玩。突然，从粪坑里蹿出一只黑猪。这头黑猪冲到了王子马前，结果马受惊，把菲利普重重摔在马下。几天后，王子因伤重不治而亡。

王子的父亲也就是胖子路易伤心欲绝，下了一道法令，猪从此以后失去了在街道上散步的自由，它们进入了被圈养的时代。

中世纪晚期，巴黎人民意识到再也不能这样过了。全民大扫除，大家把粪便集中起来，堆积到了城墙外侧。随着巴黎城市规模的扩大，粪堆的高度也在不停地增长。最后，粪堆竟然跟巴黎城墙一样高了!

这可难不倒智慧浪漫的法国人，他们为了防止敌人直接踩着粪堆攻入城中，又开始不断增高城墙。于是乎，粪堆和城墙开始了一场旷日持久的比谁高的竞赛!

想想中世纪那场夺取了无数人生命的黑死病，糟糕的卫生条件就是罪魁祸首!

当然黑死病过后，法国人吸收了经验教训，花大力气加强了城市卫生建设，终于经过几代人的努力，把巴黎真正建成了一座美丽浪漫的城市!

自杀还是他杀？——玛丽莲·梦露死亡谜团

要说起好莱坞的明星，必然会有这样一个家喻户晓的名字——玛丽莲·梦露。她以无可挑剔的荧屏形象征服了众多的影迷，她在荧幕上演绎了不同身份不同命运的众多女性形象。而现实中的梦露出身社会底层，她幸运地进入电影界，以自己的奋斗一路走红，并结交了很多政坛要人和社会名流，享受到了成功后的喜悦。但她最终的结局却不美妙，常常让人们想起四个字——红颜薄命。

1962 年 8 月 4 日，梦露家的女管家默里夫人半夜醒来，发现梦露卧室门下隐隐透出一丝灯光，她在想为什么这么晚了，女主人还没有休息。出于关心，她试图打开卧室门，可是用尽力气也打不开。默里夫人心头一沉，知道大事不好。她连忙打电话给梦露的心理医生格林森求助。格林森赶到之后，砸碎窗户玻璃进入卧室，眼前的一幕让他震惊不已：梦露整个人僵硬了，身上裹着皱成一团的被单，手上还握住电话听筒。她已经死去多时。经过检查，格林森确认梦露是服用了过量的镇定药物巴比妥酸盐而死。

8 月 5 日，电台在新闻节目发布了一则震惊世界的消息：玛丽莲·梦露因为服用了过量安眠药死于洛杉矶市郊的豪华别墅，时年 36 岁。噩耗传来，梦露的影迷们实在无法接受，他们想不明白，正处在人生事业巅峰的她，为什么会自杀？最初很多人推断是生活孤独导致梦露心理出了问题而自杀。但是梦露的尸检报告却给了人们更多的想象空间。

报告提到梦露一次吞服 47 颗安眠药，但是又有自相矛盾的说法，说她的胃几乎是空的，没有发现安眠药残留物。更加让人疑惑不解的是，最初梦露的死亡报告长达 723 页，经过删减，最终只剩下了 54 页！

梦露的前夫罗伯特·斯莱泽在梦露死后不久，曾经去过她的住处仔细观察。他发现了很多疑点：首先，梦露卧室窗户外散落着很多玻璃碎片，如果说是格林森大夫破窗而入导致的，玻璃碎片应该是房间内才对。其次，他发现有一本对于梦露来说非常重要的红色日记本不见了，这本日记本记录了很多梦露与肯尼迪兄弟来往的秘密。斯莱泽的推断是，一定是有人杀死了梦露，拿走了那本日记本，破窗逃走。

在梦露死亡前一晚发生的一件事情又给事件增添了几分疑云。《纽约先驱论坛报》记者在采访梦露邻居的时候被告知，曾经有一架直升机在房子上空低飞，并发出了很大的噪声。而且梦露死时，手中还紧握着电话听筒，显然，她是跟某人通话过的。顺着这些线索，记者向电话公司索要一份梦露电话录音磁带上的通话号码记录副本，却遭到了电话公司的拒绝。对方告知他，这一资料已经被联邦调查局扣押了。政府已经亲自出面干涉，以保护女明星个人隐私为理由。记者并不死心，他和同事设法查阅了卡尔弗机场的直升机出租公司工作记录。他们发现 8 月 5 日凌晨 2 时许，曾有一架直升机将某人从劳福德海滨别墅运送到了洛杉矶机场。而劳福德正是约翰·肯尼迪总统的妹夫，他也是一名好莱坞影星。目击者推测，他通过直升机运送的人，正是罗伯特·肯尼迪。众多证人证实，8 月 4 日曾经在贝弗利希尔顿饭店见过罗伯特·肯尼迪。

按照劳福德的说法，他在 1954 年就将梦露引见给约翰·肯尼迪，从此，两人开始频繁交往。而肯尼迪当上总统之后，梦露在他 45 岁生日庆祝会上演唱了歌曲。两人之间的暧昧关系引起了多方的注意。总统的弟弟罗伯特·肯尼迪和联邦调查局长胡佛警告他说：他与梦露之间的亲密关系已经为黑手党所掌握。而美国黑手党正是肯尼迪当政期间所打击的对象。肯尼迪总统只好就此断绝与梦露之间的联系。

肯尼迪为了摆脱纠缠，只好派出弟弟罗伯特去加州当说客说服她。没有想到的是，罗伯特竟然与梦露一见钟情，梦露甚至对外界宣称她也爱上了罗伯特。但是不久，两人的关系却出现了裂缝。1962 年 8 月，梦露通过劳福德见到罗伯特，并威胁说要召开记者招待会，来告诉全世界，肯尼迪兄弟对她造成的伤害。当时，情绪激动的罗伯特与梦露起了冲突，梦露甚至用厨刀刺向罗伯特。幸亏旁人阻拦，才没有酿成流血事件。此事后不久，4 日夜梦露就死在了家中。

1985 年，第一个到达梦露死亡现场的警察杰克 · 克莱蒙斯警官证实，当时梦露身上有乌青块伤痕，尸体也有被移动或者重新布置过的痕迹。种种迹象表明，梦露的死，确实与罗伯特有着千丝万缕的联系。不过有关梦露的档案，相当一部分材料已经被联邦调查局以“危害国家安全”为理由转移封锁。所以，梦露的死亡至今仍然充满了谜团。